JN425853

테이블 코디네이트의 역사

A History on the Elements of the Table Coordinate

테이블 코디네이트의 역사

식공간연구회 지음

(주)교 문 사

머리말

시간은 시위를 떠난 화살촉처럼 정말 빠르게 흘렀습니다. 그런데 돌이켜 보면 시간의 길이는 늘 달랐습니다. 더 빨리 지나가 버렸으면 했던 순간은 도무지 흘러가지 않았고, 이대로 머물렀으면 했던 순간은 손에 쥔 모래알처럼 사라졌습니다. 그렇게 동고동락同苦同樂을 같이 하며 수학修學하고 있는 대학원 동기들이 '식공간연구회' 라는 이름 아래 모였습니다.

식공간연구회라는 이름으로 《테이블 코디네이트》, 《푸드 코디네이트》, 《테이블 & 푸드 코디네이트》, 《음료의 이해》에 이어 《테이블 코디네이트의 역사》라는 책을 집필하게 되었습니다.

테이블 코디네이트의 역사는 '테이블 코디네이션이란 무엇인가?' 라는 근원적인 화두話頭에서 시작되었습니다. 이러한 물음은 결국 '서양 식사 공간의 양식사는 어떻게 정리할 것인가?' 와 '한국 상차림의 역사는 어떻게 접근할 것인가?' 라는 담론의 장으로 이어졌습니다. 그리하여 이 책은 단순히 역사적 사실의 열거가 아닌 시대적 함의含意를 담고자 노력을 기울였습니다.

서양 식사 공간의 각 장은 시대적 배경과 식문화, 양식, 테이블 코디네이트의 5대 요소를 중심으로 정리하고, 그 양식이 현대에 미친 영향을 나름대로 분석하였습니다. 또한 한국의 상차림 역시 시대적 배경과 식문화, 그리고 상차림의 요소순으로 정리하였습니다.

원고가 인쇄되는 순간까지도 마음을 졸일 것입니다. 탈고脫稿가 아닌 이제 시작이라는 생각으로 끊임없이 수정 · 보완할 것을 독자讀者들께 약속드립니다.

끝으로 경기대학교 관광전문대학원의 나정기 교수님, 진양호 교수님, 김기영 교수님, 김명희 교수님, 한경수 교수님께 감사드립니다. 또한 이 책을 출판할 수 있도록 배려해 주신 (주)교문사 류제동 사장님과 편집부 여러분께도 감사드립니다. 무엇보다 저희를 마음 깊이 믿어 주시는 가족과 어려운 환경에서 아름다운 식사 공간의 연출을 위하여 고민하며 현장에서 뛰는 식공간 연출 디자이너들에게 응원의 박수를 보냅니다.

2008년 6월 저자 일동

차례

Part 1 서양의 상차림

Chapter 1 고 대

Chapter 2 중 세

Chapter 3 르네상스

Chapter 4 바로크

Chapter 5 로코코

Part 2 한국의 상차림

Contents

A History on the Elements of the table Coordinate

PART 1

서양의 상차림

Chapter 1

Greece & Rome

그리스는 발칸 반도의 동남부를 차지하는 육지와 에게Aegean 해, 이오니아Ionia 해에 흩어져 있는 많은 섬으로 이루어져 있으며, 일찍부터 해외로 진출하여 식민지를 건설함으로써 지중해 일대가 하나의 역사적 세계로 형성될 기반을 조성하였다.

로마는 아펜니노 산맥에서 발원하는 테레베 강에 면하고 있으며 BC 6세기에는 귀족에 의한 공화제를 실시함으로써 고대 로마 국가의 중심이 될 기초를 닦았다. 962년 신성 로마 제국의 성립으로 로마는 형식적으로는 서유럽 그리스도교 세계의 중심지가 되었다.

그리스

BC 2000~AD 30

시대적 배경

BC 3000년 중엽 에게 해의 남쪽으로 길게 뻗은 크레타Creta 섬에서는 마을을 이루며 모여 사는 초기의 문명이 발생하였다. 섬의 동쪽인 바실리카에서 발견된 가장 오래된 집합건축유구集合建築遺構는 돌벽·계단·도로·광장의 흔적을 갖추고 있어 이 마을 주민이 평안하고 풍요로운 생활을 보냈음을 이야기해 준다.

BC 2000년 말경 인도·유럽 어족의 다른 일족인 도리아족이 발칸 반도를 남하해 왔다. 이 민족이동으로 인한 혼란 속에서 새로운 그리스Greece라는 문화가 싹트기 시작하였다.

고대 그리스는 원시시대Primitive Period(BC 2000~1000), 고대시대Archaic Period(BC 1000~480), 황금 시대Gelden Age(BC 480~AD 400), 4세기Fourth Century(400~336), 알렉산더 대왕기Alexandrian Age(BC 336~323), 헬레니즘 시대(BC 323~30)를 거친다. 모든 자연이 신神이라는 개념의 신인동화론Anthropomorphism인 그리스 신화를 낳았다.

식문화

호머 시대의 그리스인은 앉아서 식사했지만, 시대가 지나면서 점차 사치스러워진 아테네인Athenians들은 바빌로니아인들이 기원

1 클리네

전 7세기경 시작했던 방식을 따라 옆으로 누워 식사하였다. 침대와 데이 베드daybed의 원형으로 생각되는 클리네kline는 잠잘 때와 식사할 때 겸용으로 사용되었다. 이집트의 침대와는 다르게 침대의 경사를 없애고, 동물의 다리 형태를 침대 받침에 사용하였으며, 머리 부분에는 소용돌이 문양으로 장식하였다. 클리네 침대 밑에는 보조 탁자인 트라페자trapeza를 두어 식사 때 옆에 놓고 사용하였다.

향연은 대개 개인 사택에서 개최되었는데, 손님을 접대하기 위하여 고용된 여자들을 제외하고는 남성들의 전유물이었다. 이 시대의 여성은 단지 음식만 준비하고 부인방에서 여인들끼리 먹는 것이 법도였다. 손님은 집에 도착하면 우선 신발을 벗는데, 이 시기의 명화에서 신발이 침상 아래 놓여 있는 것이 자주 표현되고 있다. 노예들은 손님의 발을 닦고 손 씻을 물이 담긴 그릇을 건네 준다. 손님은 1~2인용의 침상에 인도되는데, 침상에는 기대기 위한 줄무늬 베개가 놓여져 있고 그 옆에는 음식이 놓인 낮은 탁상이 있다. 향연의 절정은 식사가 끝나고 여자들이 도착하여, 주연이 시작된 후였다. 포도주는 항상 물과 섞어 마셨고, 때로는 염분이 적은 에게 해의 해수海水를 섞어 마시기도 하였다.

그리스인은 음식을 뜨겁게 하여 식탁에 내 놓도록 특히 주의를 기울였다. 몇몇 대식가들은 다른 손님보다 많이 먹으려는 욕심으로 평소 열탕에 손을 담가 단련했고, 또 어떤 이는 뜨거운 음식에도 견딜 수 있도록 '혀의 위험도tongue guard'를 시험해 볼 정도였다는 우스갯소리도 있다. 고대 그리스의 항아리에는 향연의 정경이 많이 그려져 있지만, 그 중에서 나이프를 사용하는 사람이 그려져 있는 것은 하나뿐이어

2 그리스의 향연

서 그리스인들은 대개 음식을 손으로 먹었음을 알 수 있다.

손으로 집어 먹는 경우, 음식은 한입 크기로 미리 작게 썰어 놓거나 적당한 크기로 뭉치도록 눌러 놓아야 했다. 걸쭉한 소스는 음식을 작게 뭉치는 데 편리한 이점이 있지만, 점액이 많은 고깃국은 닦아 내기가 어렵기 때문에 아무리 맛이 있어도 귀찮게 여겼다. 따라서 사람들이 옆으로 누워 식사하는 관습은 음식의 제공 형태에 있어 많은 제약 사항이 될 수밖에 없었다.

양 식

그리스 문화의 여명은 무엇보다도 도기 형태와 그 장식에서부터 싹텄다. 미케네 시대에 이미 보여 주었던 질서에 대한 지향은 명확하고 엄격하게 조형화되었다. 기하학은 도형으로 질서를 직관시키는 것인데 이러한 의미에서 그리스 시대 초기, 즉 기원전 10~8세기의 도예 양식을 '기하학 양식幾何學樣式'으로 부른 것은 타당하다. 각 부분이 명쾌하게 분절되고, 확고한 윤곽선을 지닌 문양이 그릇 표면에 컴퍼스와 자로 기하학적이고 정연하게 그려졌다.

design keywords

pediment
Doric
Ionic
Socrates
Corinthian
acanthus leaf
scroll

테이블 코디네이트의 요소

디너웨어dinnerware

크레타에서 출토된 토기의 대부분은 녹로로 성형되었으며 화장토化粧土를 소결燒結시키는 기법으로 장식되었다. 여기에서 이후 약 3000년에 걸쳐 화려했던 고대 지중해 지방 채색 도예의 역사가 시작된다.

기원전 19세기에서 18세기에 걸쳐 크레타의 도예는 최초의

3 **취형수주 嘴形水注** 카마레스 양식. 크레타. BC 1900~1700. 높이 27cm. 헤라클리온박물관 소장

4 **식물문 植物紋 암포라** 궁정 양식. 크레타. BC 1430. 높이 78cm. 헤라클리온박물관 소장

융성기를 맞이하였다. 이 시대에 만들어진 소용돌이와 팔메트palmette의 분방하고 힘찬 추상무늬를 검은색 바탕 위에 붉은색, 흰색, 황색으로 그린 유려한 도기는 최초 출토지의 이름을 따서 '카마레스Kamares 도기' 라 부른다. 기원전 16세기에는 전 시대의 추상문양을 대신하여 표면에 자연계의 동식물, 특히 바다의 생물인 소위 '바다의 양식' 을 주제로 한 사실적 회화로 장식되었다. 크레타 문화의 중심지였던 크노소스Knossos 궁전은 기원전 15세기에 번영의 극치를 맞이하였는데, 그 무렵 궁전의 도요에서 동식물 문양으로 화려하게 장식된 소위 '궁정 양식' 의 대형 도기가 만들어졌다.

발칸 반도의 남단에 위치한 그리스 본토에서 동지중해 전역을 지배하고 미케네Mycenean 문화를 구축한 이들은 우선 크레타의 그림본을 모방하는 것부터 도예를 시작하였다. 그러나 질서를 중시하는 민족 고유의 기질은 자유분방한 크레타의 장식 모티브를 서서히 균형 잡힌 패턴으로 바꾸어 갔다. 또 막힘 없이 흐르는 윤곽선을 지닌 크레타 기형器形에서는 다리 · 몸체 · 어깨 · 목 · 주둥이 각 부분이 명확히 분절分節된 새로운 그릇 모양이 탄생되었다. 그리고 동물이나 인간 등 크레타의 도공이 사용하지 않았던 주제도 등장하였다.

고졸 시대Archaic에 이미 그리스의 도예는 그릇 모양이나 장식 그리고 기술적인 면에 있어서도 완성의 경지에 이르렀다. 기원전 7세기가 되면 엄격한 기하학 구성이 와해되고, 그릇 표면에 날개를 지닌 괴물 등 표현력이 풍부한 초자연적인 모티브가 등장하였다. 동 시대의 말

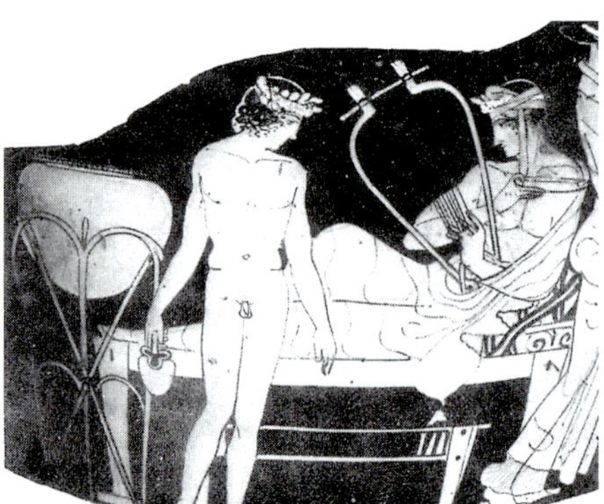

5 **그리스의 향연에 쓰인 토기**

6 **술 항아리** 커다란 그릇에 담아 포도주를 물로 희석하였다.

7 에크세키아스 흑회식 암포라 BC 530. 높이 61 cm. 바티칸박물관 소장

8 적회식 암포라 BC 500~490. 높이 56cm. 뮌헨 국립고대도자관 소장

9 적회식 키릭스 BC 460. 높이 43cm. 뮌헨 국립고대도자관 소장

에는 적색 바탕에 흑색 상像이 표현된 소위 흑회식黑繪式이 창안되었다. 이어서 기원전 6세기에는 이 기법을 이용하여 신화나 영웅, 전설의 장면이 도기 표면을 장식하게 되었다. 그리고 6세기 후반에는 도공 에크세키아스Exekias와 아마시스의 화가Painter of Amasis가 이 흑회식 기법을 뛰어나게 구사하였다.

기원전 5~4세기에는 도기 표면에 상 부분을 적색 그대로 남기고 다른 부분을 검게 바른 적회식赤繪式이 도기 장식의 주류를 차지하였다.

적회식 도기화도 기원전 4세기가 되면 어떤 것은 우아하고 아름답게 흐르고, 또 어떤 것은 지나치게 호화로워져 이윽고 쇠퇴해갔다. 그리고 헬레니즘Hellenism 시대에는 도기 표면을 회화로 장식한 그리스 도예의 전통은 사라졌다.

글라스웨어glassware

그리스어에는 '유리'를 일컫는 두 개의 단어가 있다. 하나는 유리로爐에서 녹여 만든 유리(코아 유리 등)를 일컫는 말이고, 다른 하나는 히알로스hyalos라는 단어로서 투명질의 물질을 일컫는 말이다. 이 두 단어는 늦어도 기원전 8세기경의 유리 용기들에 그대로 적용될 수

10 그리스 도기의 형태

1) 암포라 ampora : 양손잡이가 달린 항아리 와인 · 오일 · 곡물 · 어육소스를 담는 용도, 끝이 뾰족
2) 크라테르 krater : 와인이나 물을 섞는 용도
3) 오이노코에 oenochoe, dipper : 와인을 크라테르에서 키릭스로 옮기는 용도
4) 히드리아 hydria : 물을 나르거나 보관하는 용도
5) 키릭스 Kylix : 평형의 물잔
6) 레키토스 lekythos : 좁고 기다란 형의 기름 담는 그릇
7) 아리발로스 aryballos
8) 알라바스트론 alabastron

있다. 기원전 8세기 이후의 투명한 초록색 계통의 단단한 유리 용기들은 대부분 후자에 해당한다.

단단한 유리 덩어리를 깎고 갈아서 모양을 완성하는 유리 용기들은 대개 맑고 투명한 초록색 또는 무색의 유리 덩어리를 마연 가공한 것들이다. 이 방법은 코아법의 형태보다는 접시처럼 벌어진 형태의 용기 제작에 용이하다.

식어서 딱딱하게 굳은 단단한 유리를 도구나 회전판을 이용하여 표면을 깎고 갈아서 그릇의 형태와 장식 문양을 완성하고 마무리한다. 보통 이러한 유리 용기의 기벽은 두꺼운 편이고, 그릇의 내부와 손잡이 등에는 속을 파내고 여러 번 갈아낸 흔적이 남아 있다.

코아법은 인류가 유리 용기를 만드는 가장 최초의 기술이었다.

코아 유리병은 보통 불투명의 남색 · 코발트색 · 감색 바탕색의 작고 긴 형태의 병이다. 가끔 주전자나 둥근 항아리 형태도 있다. 또한 코아 유리병은 바탕색과 대조되는 색, 즉 노란색이나 흰색, 갈색 등의 유리띠를 몸체에 감아 붙여 줄무늬 장식을 하고 있는 것이 특징으로 다른 기법의 유리 용기와 쉽게 구분된다.

BC 2000년 동안, 이집트와 서아시아에서 절정에 달했던 초기 유리 산업은 기원전 12세기경에 이르러서 점차 기울기 시작했다. 이는 근동과 지중해 연안 지역의 전반적인 청동기 문화의 쇠퇴 현상과 더불어 이해될 수 있다.

BC 1000년 동안, 기원전 9~8세기에 이르러 메소포타미아와 시리아에서 유리 산업이 재부흥되었다. 특히 기원전 6세기부터는 동부 지중해 연안에서 번창하여 시리아 연안 지역이 유리 제작의 중심지가 되는데, 지중해의 로도스Rhpdes 섬과 사이프러스Cyprus 등지도 포함된다.

이 지역에서 만들어진 유리 제품은 지중해를 누비던 페니키아 상인에 의해 광범위하게 퍼져 나갔고, 당시 주요 교역 상품이 되었다. 당시의 유리 제품들이 남러시아나 멀리는 골Gaul(지금의 프랑스) 지역까지도 넓게 분포하고 있음에서 이러한 사실이 증명된다.

이 시기의 유리 용기들은 헬레니즘 문화의 영향을 받아 그리스의 토기나 금속제 용기의 형태를 본떠 만든 것들이 많았다. 즉, 알라

11 후기 헬레니즘식 암포리스코스 유리병 목이 긴 플라스크 모양의 향료병인데, 병의 양 어깨에 달린 두 개의 손잡이와 뾰족한 바닥에 달린 꼭지(손잡이) 모양 등이 전형적인 그리스의 양손잡이 암포리스코스 형태이다.

12 그리스 시대의 무색 투명 유리 볼

바스트론alabastron, 암포라amphora, 아리발로스aryballos, 오이코노에 oenochoe 등 그리스의 토기 형태를 그대로 이어받은 작은 유리 용기들이 귀중한 향료나 의식용 기름 등을 담는 무역 상품으로 널리 보급된 것이다.

영 향

고대 그리스의 문화는 서구의 문명화에 지대한 영향을 끼쳤다. 그리스의 건축, 장식, 문학 및 조각은 지금까지도 완전한 모델로 여겨지고 있다. 로마인이 그리스 문화를 모방했지만 어느 예술 작품도 그 완벽성에 비할 수 없다. 그리스의 형태나 원리를 모방한 것이 여전히 존재한다. 그리스 예술의 아름다움은 정교한 비례나 우아한 선에서 찾을 수 있다.

현대 실내디자인 관련 디자이너들 중 잭 덴스트Jack Denst라는 벽지 디자이너가 있는데, 그가 사용하는 기술은 이미 로마 시대부터

13 잭 덴스트의 실내디자인 로마에서 개발한 트롱프 오일 기법이 현대인의 심리적 공간 문제를 해결해 주기 위해 사용되었다. 마치 집 안에 앉아서도 숲속에서 식사하는 듯하며 그 분위기에 맞추기 위해 시골풍의 가구를 선택하였다.

있었던 트롱프 오일Trompe L' Oeil이다. 이것을 실내공간에 응용하여 활동을 전개하고 있다.

1774년에 후일 웨지우드Wedgwood는 트레이드마크가 된 '재스퍼 웨어jasper ware'를 개발하여 독보적인 위치를 확보하였다. 당시는 귀족의 자녀들이 유럽과 지중해권을 여행하는 이른바 그랜드 투어grand tour 시대로서 여행자들로부터 폼페이 발굴 소식을 접하고, 고전으로부터 모티프를 얻어 재스퍼를 만들었다. 재스퍼는 청색, 녹색, 적갈색, 황색, 흑색 및 라일락색 바탕에 그리스 · 로마 신화의 이미지를 무광택의 백색 문양으로 장식한 작품으로, 로마 제국의 카메오 글라스를 도자기로 재현하는 데 성공하였다.

14 재스퍼 웨어

로마

BC 510~476

시대적 배경

이탈리아는 일찍부터 많은 민족으로 이루어졌다. 기원전 8세기에는 소아시아에서 온 에트루리아Etruria인이 중부 및 북부 지방에 살기 시작했으며, 이어서 그리스인이 반도 남부와 시칠리아 섬 해안에 식민 도시를 구축하였다.

로마 국가 성립 전의 이탈리아는 그리스인과 에트루리아인에 의한 두 종류의 문화가 굳게 자리잡고 있었다. 전설에 의하면 처음에는 에트루리아계의 지배하에 있었다고 하나, 기원전 6세기 말경 라틴계의 귀족들이 에트루리아계의 국왕을 축출하고 공화정을 수립함으로써 로마의 기초를 이룩했다.

식문화

로마의 주택은 크고 안락했다. 상류층 주택은 방마다 용도를 다르게 꾸며 가족이 식사할 때는 세나티오cenatio라는 작은 방을 이용하였고, 부유한 가정에는 트리클리니움triclinium이라는 넓은 파티용 방이 있었다. 여기에는 3~9개 혹은 그 이상의 침상이 1~2인용으로 준비되었고 총 9명 이내의 수를 구성하여 정찬을 즐겼다. 디너파티는 로마 시대의 주요 행사였으며, 손님은 신을 벗고 카우치에 기대앉아 이동식 원

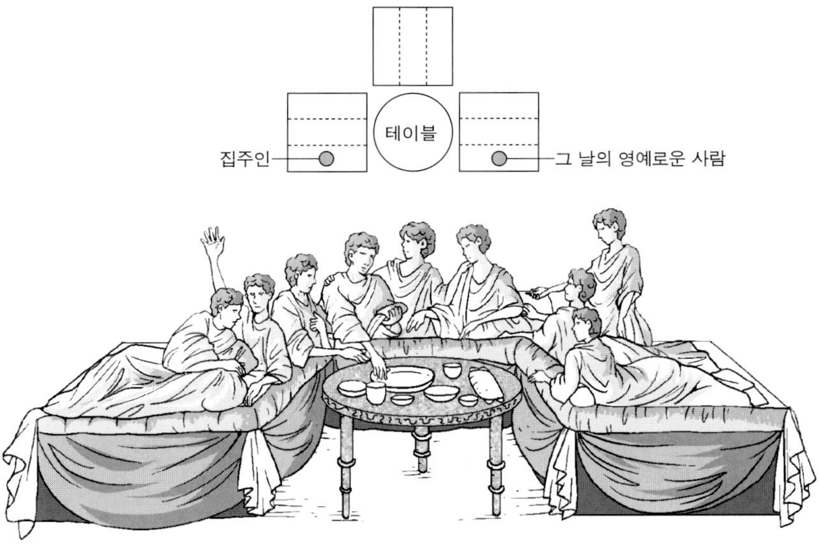

15 트리클리니움

형 테이블 위의 음식을 먹었다.

그리스인은 각각의 침대 옆에 낮은 테이블을 놓는 데 반하여, 로마인은 하나의 커다란 테이블 주변에 침대를 'U' 자 형태로 배치했다. 또한 그리스인의 1인용 침대에는 낮은 등받이가 있고 쿠션이 놓여져 있기 때문에 옆으로 누운 사람도 필요에 따라서는 양손을 사용할 수 있었지만, 로마인의 경우는 침대 위에서 항상 한쪽 팔꿈치를 붙여서 몸을 일으켰던 것 같다. 이 때문에 식탁에 공급된 음식의 형태도 한정되어, 특히 고기는 적당한 크기로 잘라서 내 놓아야 했는데, 이것은 칼 쓰는 법이 매우 중요했음을 의미한다.

제정 로마 시대에는 넓은 테이블에 호화로운 도기나 유리 기구가 놓이고, 산해진미의 기름진 요리가 산더미처럼 쌓였으며, 정찬은 정오에 시작하여 저녁 때까지 계속되었다. 또, 매일 연회 때마다 먹기 경연대회를 열어 대식가에게는 상금을 주었다. 이 때문에 새의 깃으로 간질여 먹은 것을 토해 내고 다시 먹기를 계속하는 이도 있었다.

로마인의 식사나 요리 방식의 기본적인 특징을 살펴보면 조리 기구나 요리 방식은 그리스 시대와 차이가 없었으며, 여전히 포크를 사용하지 않고 손으로 음식을 집어 먹었다. 식사는 각 코스별로 우선 식탁 위에 차린 다음 식탁을 'U' 자 형의 열려 있는 부분의 끝에서부터 안으로 들여보냈다. 식사를 마치면 식탁이 치워지고, 다음 코스의 진행을 위하여 미리 차려진 다른 식탁이 들어왔다. 포도주는 식사 중인 사람들 뒤편으로부터 서빙되었다. 노예들은 나무 사발로 식사하는 반면, 왕족과 귀족은 금 · 은 · 유리 · 도기 그릇으로 식사를 하였다.

단순히 친구들끼리 친목을 도모하는 식사인 경우에는 날이 어둡기 전에 끝나는 것이 보통이었으나, 대연회인 경우에는 시간이 훨씬 더 늦어져, 저녁 8시 무렵까지 이어졌다. 회식자들은 자유롭게, 심지어 그 자리에서 생리현상을 해결하는 경우도 있었다.

여성들이 연회에 참여하는 일은 오랫동안 금지되어 있었으나, 로마 여성들은 연회에 참석할 수 있는 권리를 얻게 되었다. 정찬을 즐기다가 여성들은 식사가 끝나면 물러났는데, 연주자들과 무희들 그리고 소수의 식객들이 파티에 가담되면 연회의 성격은 갑자기 변하였다.

식사 때는 항상 음악이 따랐다. 상차림이 끝날 때마다 막간극으로 악기 연주, 곡예, 흥겨운 놀이나 묘기 또는 복권 추첨 등이 이루어졌다. 이러한 즐거운 관행은 중세 때에도 계속 이어졌다. 특히, 로마 시대에는 관능을 자극하는 농염한 무희들의 호색적인 춤이 인기를 얻었다.

향연에서 손님은 요리의 식단표를 보고 미리 먹게 될 음식을 알 수 있었다. 그리스인은 냅킨을 사용하지 않았던 것 같지만, 로마인은 사용했던 것이 확실하다. 그들은 정찬에 초대될 때 냅킨을 지참하였고, 때로는 남은 음식을 냅킨에 싸서 집에 가져가기도 하였다. 많은 로마인들은 또한 정찬에 초대된 집에 도착했을 때, 가벼운 식사복인 토가toga를 가지고 가기도 하였다.

대개 회식자들은 가벼운 옷차림에 신을 벗는 경우가 많았고, 노예는 손님을 씻기기 위해 향기나는 물병을 들고 부지런히 연회장을 오갔다. 손님들은 저마다 네모난 테이블 옆에 놓인 경사진 침대, 즉 3인용 트리클리니움 위에 누웠다. 대개 나무나 금속으로 된 트리클리니움은 현란한 장식이 되어 있고, 회식자의 편안함을 위해 푹신한 쿠션이나 베개가 갖추어져 있었다. 이처럼 로마인들은 누워서 식사했기 때문에 자연히 식사 시간이 길어졌다. 누구나 식사 때 눕는 권리를 향유했던 것은 아니며, 이 자세는 일종의 사회적 특권을 의미했다. 로마에서 앉은 자세로 밥을 먹는 것은 주로 아이들과 노예, 그리고 지방의 촌민들이었고, 과거에는 여성들도 여기에 포함되어 있었다.

양 식

18세기 중엽에 발굴가들이 로마 귀족의 휴양지였던 폼페이의 폐허를 발견하자 예술가와 디자이너들은 고대 로마 시의 주택 예술을 연구하기 위해 나폴리Napoli로 모여들었다. 폼페이에서 발견된 다양한 형태와 패턴들은 파리와 런던에 전파되어 모든 예술 산업에 영향을 주었다.

design keywords

grotesque
griphin
mask
pompeii
nich
column

폼페이의 예술가들은 2차원상에서의 3차원을 표현하도록 주문받았었고, 덕분에 그들의 상상력을 최대한 발휘할 수 있었다.

16 헤클라늄에 있는 넵튠nebtune 모자이크 주택에 있는 여름용 식사실의 모습이다. 오른쪽 벽에 보이는 것처럼 모자이크는 바닥뿐 아니라 벽에도 이용되기 시작했다.

테이블 코디네이트의 요소

디너웨어dinnerware

17 흑색각선문호 黑色刻線紋壺
빌라노바. BC 8세기. 빌라 줄리아 국립박물관 소장

이탈리아 중부에 있던 토착민족은 에트루리아인이 이주하기 이전에 이미 독자적인 철기 문화인 빌라노바Villanova 문화를 갖고 있었다. 이 문화는 검은색으로 특이한 형태를 지닌 기하학적 추상문으로 장식된 유재遺灰 용기를 남겼다. 경제적 부를 과시했던 에트루리아인은 그리스 도기를 대량으로 수입하여 보물로 그들의 지하묘실에 부장하였다. 에트루리아인의 도예는 카노포스Kanopos라 불리는 인체를 모방한 초벌구이 항아리와 누워 있는 인물상을 뚜껑 위에 설치한 테라코타 관棺, 부케로bucchero라 불리는 흑색 도기 외에는 없다.

기원전 1세기에 지중해역의 패권자가 된 로마인은 그리스 헬레니즘 시대의 도예를 계승받아 제정시대에는 테라 시길라타Terra Sigillata라 불리는 주홍색 도자기를 대량 생산하였다.

라틴어로 '작은 상像으로 장식된 토기'를 의미하는 테라 시길라타는 오늘날에는 오직 로마 시대의 주홍색으로 번쩍거리는 도자기의 총칭으로 사용되고 있다. 세계의 도예사상 특이한 이 도자기는 기원전 1세기 말경부터 4세기 초기까지 주로 식기로서 로마 제국의 거의 전역에서 사용되고 있었다.

테라 시길라타는 로마 제국의 초대 황제인 아우구스투스(BC 27~AD 14 재위) 시대에 아레초Arrezzo 등 북이탈리아의 몇 개 도시에서 만들어지기 시작했다. 그것의 기법은 그리스 도예의 전통을 이어받은 것으로 특히 헬레니즘 시대에 남이탈리아에서 주로 만들어지고 있던

18 도기 제작의 모습이 그려진 항아리 BC 470
19 녹로로 성형하는 모습의 도기화陶器畵

흑색 도기, 소위 캄파니아 도기를 본보기로 한 것이었다.

식당에서 사용하는 식기류도 금이나 은으로 만들었으며 도기류는 붉은 유약을 칠하였고 얼스웨어earthware와 테라코타terracotta로 인간이나 동물, 새의 형상 등을 만들기도 하였다. 나폴리 박물관에 펜과 잉크스탠드, 부엌 용품, 악기, 화장 용품이 소장되어 있다.

20 물고기 모양의 접시

커틀러리cutlery

고대의 나이프는 청동이나 쇠로 만들었고 나무나 조개, 뿔로 된 손잡이가 달려 있었다. 이런 나이프들은 여러 용도로 쓰였다. 식사 도구로서만이 아니라 연장이나 무기로도 쓰였으며, 앵글로색슨인들은 '스크래머색스scramasax' 라는 외날 나이프를 늘 품에 지니고 다니기도 했다. 대개의 사람들은 아직도 손가락으로 뼈에서 고기를 떼어 냈지만 세련된 사람들은 점차 나이프를 이용하게 되었다. 가장 품위를 지켜야 할 상황에서는 딱딱한 빵 조각으로 그릇을 고정시킨 뒤에 잘라 낸 고깃점을 다시 나이프로 찔러 입으로 가져갔다. 이렇게 하면 두 손에 기름을 묻히지 않고도 먹을 수 있기 때문이다.

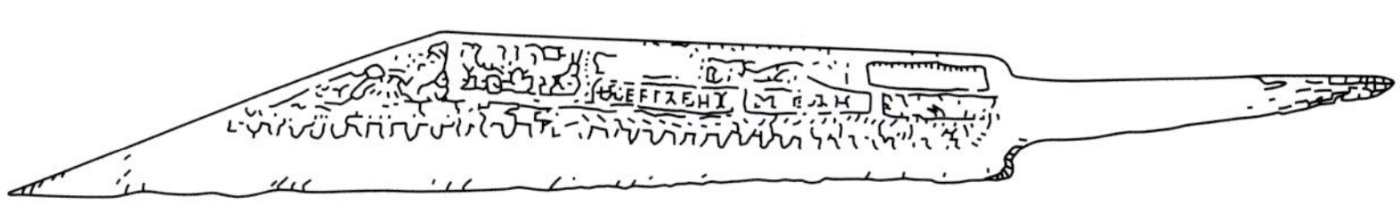

21 고대 스크래머색스

글라스웨어glassware

고대 유리사를 서술할 때 로마 이전 시기와 이후 시기로 시대를 구분한다. 이때 기점이 되는 것이 '대롱불기법blowing' 의 발명이다.

로마인들은 유리 제조에 관한 오랜 전통을 이어받았다. 이미

22 대롱불기법으로 유리 용기를 제작하는 모습

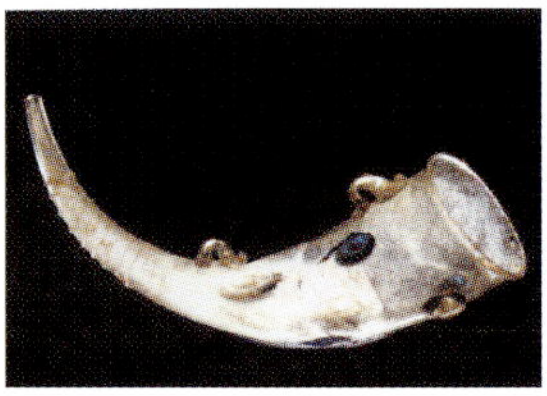

23 대롱불기법으로 제작된 류톤형rhyton의 술잔 길이 29cm, 입지름 7.8cm

기원전 5~4세기에 동부 지중해 연안의 유리공들은 코아법, 주조법, 모자이크법, 커팅법, 마연법 등 다양한 기법을 이용하여 유리 용기들을 만들고 있었기 때문이다. 그러나 이 방법들은 노력과 시간이 많이 들었기 때문에 생산품은 주로 고가의 사치품이었다.

BC 50년경에 시리아, 팔레스타인 지역에서 입으로 불어서 유리 용기를 만드는 새로운 발명이 이루어졌는데, 이에 의해 유리 제작은 대전환기를 맞이하여 대량 생산이 가능해졌다. 현대에도 대롱불기법은 손으로 유리를 만드는 최고의 방법으로 유용하게 쓰이고 있다.

이제 유리공들은 사치품이 아니라 일상 용기로 유리 제품들을 만들기 시작하였다.

유리 제품은 로마 제국이라는 광대한 세력과 영토를 바탕으로 여러 지역으로 확산되었을 뿐 아니라, 나아가 동양과의 주요 교역품이 되었다. 소위 오늘날 말하는 로만 글라스는 아시아와 유럽 대륙의 거의 전 지역에서 발견되고 있어서 당시의 문화와 생활상을 짐작하게 하며, 고대 동서 문명이 교류하고 있었다는 증거의 하나로 인정되고 있다.

대롱불기법으로 유리 용기를 제작하는 것은 거의 금속 파이프에 의해서만 가능하며, 이 방법이 실용화하여 생활과 산업을 변화시킨 것은 기원전 1세기 말에서 기원후 1세기에 들어서면서부터이다.

1세기 중반, 이 새로운 기술은 로마 제국에 전파되었고, 이탈리아 중·북부의 공장에서는 대롱불기법을 이용하여 작은 색유리 향수병이나 기름병들을 생산해 냈다. 또한 급속한 기술의 발전으로 다양한 형태와 장식을 한 여러 용도의 저장, 운반 용기와 장식품 등 일상용품도 생산하기 시작했다.

린 넨linen

식탁보는 고대에 고사프gausape로 알려진 다용도의 덮개로 한 면은 거칠고 다른 한 면은 부드러운 모직이었다. 소파에서 기댄 자세로 식사하는 로마인에 의해서 냅킨, 수건 또는 시트로 사용되었으나 의

자에 똑바로 앉아서 식사하면서부터 사치스러운 제품으로 진화되었다. 로마에서 수다리아sudaria와 마파mappae라고 알려진 냅킨은 작고 큰 크기 모두 만들어졌다. '손수건' 이라는 의미의 라틴어 수다리움sudarium은 주머니 크기의 천이었는데, 따뜻한 지중해의 기후에서 식사하는 동안 이마의 땀을 닦아 내기 위해서 사용되었다. 마파는 기울어진 자세로 음식을 먹을 때 옷을 보호하고 입을 닦기 위해 긴 의자의 끝 위로 펼쳐진 큰 천이었다. 손님에게는 개인 마파가 제공되었는데, 연회에서 떠날 때 남는 음식을 채워 넣었다.

센터피스centerpieces

세공 예술품 가운데 유리그릇이 특별히 뛰어났다. 로마인의 손으로 만들어진 세공의 완벽함은 누구도 모방할 수가 없다. 가장 유명한 것은 장식용 항아리나 물컵으로 쓰였던 '머린Murrhine' 이라는 유백색의 도자기이다. 영국 박물관에 소장되어 있는 '포틀랜드 화병Portland Vase' 은 검푸른색의 유리병으로 조개처럼 보이는 투명한 백색의 상을 병 위에 압착한 것으로 그 제작 방법이 아직도 알려지지 않고 있다. 많은 종류의 유리 제품들은 알렉산더 시대의 것들이다. 주발 · 잔 · 병 · 화장 용기 등은 불어서 만든 갈색 유리 제품에 다양한 색채로 문양을 넣은 진귀한 것들도 있다.

24 카메오 글라스의 명품 포틀랜드 화병 길이 29cm, 입지름 7.8cm

포틀랜드 화병은 두 개의 손잡이가 달린 암포라 형으로 지금까지 알려진 몇 점 안 되는 로마 시대 카메오 글라스 중 가장 초기 작품으로 꼽힌다. 1582년경, 로마 근처에서 발견된 3세기의 석관에서 나온 것으로 전해진다.

이 화병의 몸체에 부조로 묘사된 장면은 신화에서 따온 사람과 결혼에 관련된 주제를 담은 7인의 인물과 나무와 건물 배경 으로 구성되어 있다. 이에 대하여 그리스 신화의 장면이라는 설[9]과 알렉산더 대왕의 탄생 이야기라는 견해 또는 로마 시대 인물, 즉 아우구스투스 왕제와 그의 가족에 관한 이야기라는 설 등이 있다.

9) 페르세우스와 테티스, 에로스, 아킬레스와 헬렌 그리고 헤르메스와 아프로디테 등 신화 속의 인물들

25 포틀랜드 화병의 전체 문양

이 화병의 제작 기법과 형태, 용도 등에 대해서는 지금까지도 논의가 끊이지 않고 있다. 플래싱법으로 제작되었고, 원래의 형태는 뾰족한 바닥이 붙어 있었던 것으로 추측되는 경향이 지배적이며, 용도는 납골 용기였다는 설과 결혼 선물용이었다는 설이 있다.

이 화병의 바닥에는 카메오 디스크가 하나 붙어 있었는데, 이는 다른 커다란 유리판에서 잘라 낸 원형의 디스크로서 청년[10)]의 모습이 묘사되어 있다. 이 디스크는 유리의 색과 성분으로 보아 몸체와 따로 제작된 것으로서 화병의 보완용 바닥으로 붙여져 이용되어 왔던 것 같다.

영 향

현대 사회에서 시대적 실내공간을 연출할 경우 그 당시 쓰였던 장식 모티브를 사용할 수 있는데, 그 모티브가 가장 많이 나타나는 항목 중의 하나는 바로 몰딩molding이다. 정확한 시대적 특성만 안다면 현대 시장에 재현되어 나오는 시대적 몰딩을 선택하여 그리스 · 로마 시대를 연출할 수 있을 것이다.

10) 트로이 왕 프리아모스의 아들인 파리스

26 영국 조지안 시대 식당 공간 고대 그리스 로마 장식이 재현되었다. 왼쪽 코너의 니취가 재현되고 그 위에 조각상이 놓여 있다. 또한 고대 모티브가 광범위하게 사용되고 있다.

27 프랑스 전기 신고전 시대에 고대 로마 양식이 부활된 실내 니취 안에 조각상이 전시되어 있다. 니취는 고대의 중요한 대표물이므로 고대를 재현하고자 할 때 많이 사용한다.

28 그리스-로마풍의 몰딩 장식

참고문헌

김복래(1998). 프랑스가 들려 주는 이야기. 대한교과서.
김양희(2006). 식공간 연출의 미학적 변천과 기법에 관한 연구. 한경대학교 석사학위논문.
김정근 · 홍형옥(2002). 서양의 주택과 실내의 양식. 경춘사.
이연숙(1998). 실내 디자인 양식사. 연세대학교출판부.
이인숙(2000). 아름다운 유리의 세계. 여성신문사.
이현열 외(2002). 세계문화사. 삼광출판사.
조은정(2005). 테이블 코디네이션. 도서출판 국제.
케이티 스튜어트 지음, 이성우 외 옮김(1997). 식과 요리의 세계사. 동명사.
헨리 페트로스키 지음, 이희재 옮김(2000). 포크는 왜 네 갈퀴를 달게 되었나. 지호.
황종례 · 유성웅 엮음(1994). 세계도자사. (주)한국색채문화사.

그림출처

1. 케이티 스튜어트 지음, 이성우 외 옮김(1997). 식과 요리의 세계사. 동명사. p.24.
3. 황종례 · 유성웅 엮음(1994). 세계도자사. (주)한국색채문화사. p.450.
4. 황종례 · 유성웅 엮음(1994). 세계도자사. (주)한국색채문화사. p.451.
5. 세계도자기엑스포조직위원회 엮음, 정순주 · 박찬희 옮김(2001). 세계도자문명전-서양. 세계도자기엑스포조직위원회.
6. 케이티 스튜어트, 이성우 외 옮김(1997). 식과 요리의 세계사. 동명사. p.25.
7. 황종례 · 유성웅 엮음(1994). 세계도자사. (주)한국색채문화사. p.454.
8. 황종례 · 유성웅 엮음(1994). 세계도자사. (주)한국색채문화사. p.455.
9. 황종례 · 유성웅 엮음(1994). 세계도자사. (주)한국색채문화사. p.456.
11. 이인숙(2000). 아름다운 유리의 세계. 여성신문사. p.30.
12. 이인숙(2000). 아름다운 유리의 세계. 여성신문사. p.42.
13. 이연숙(1991). 서양의 실내공간과 가구의 역사 : 고대-바로크. 경춘사. p.22.
14. 김재규(2000). 유혹하는 유럽 도자기. 한길아트. p.192.
16. 이연숙(1991). 서양의 실내공간과 가구의 역사 : 고대-바로크. 경춘사. p.91.
17. 황종례 · 유성웅 엮음(1994). 세계도자사. (주)한국색채문화사. p.457.
18. 황종례 · 유성웅 엮음(1994). 세계도자사. (주)한국색채문화사. p.458.
19. 황종례 · 유성웅 엮음(1994). 세계도자사. (주)한국색채문화사. p.458.
20. 세계도자기엑스포조직위원회 엮음, 정순주 · 박찬희 옮김(2001). 세계도자문명전-서양. 세계도자기엑스포조직위원회.
21. 헨리 페트로스키 지음, 이희재 옮김(2000). 포크는 왜 네 갈퀴를 달게 되었나. 지호. p.18.
22. 이인숙(2000). 아름다운 유리의 세계. 여성신문사. p.52.
23. 이인숙(2000). 아름다운 유리의 세계. 여성신문사. p.52.
24. 이인숙(2000). 아름다운 유리의 세계. 여성신문사. p.54.
26. 이연숙(1991). 서양의 실내공간과 가구의 역사 : 고대-바로크. 경춘사. p.26.
27. 이연숙(1991). 서양의 실내공간과 가구의 역사 : 고대-바로크. 경춘사. p.26.
28. 이연숙(1991). 서양의 실내공간과 가구의 역사 : 고대-바로크. 경춘사. p.19.

Chapter 2

Medieval

찬란한 지중해 문화권을 형성하였던 로마 제국의 융성이 5세기 말엽 게르만 민족의 대이동에 대한 서로마 제국의 멸망을 기점으로 종말을 고하고 유럽은 암흑시대를 맞이하게 되었다.

중 세

BC 476~AD 1450

시대적 배경

중세Medieval는 서로마 제국의 멸망으로부터 전개되는 BC 476년부터 AD 1450년에 이르는 시기로 흔히 암흑시대라고 한다. 그것은 고대 로마 문명이 급격히 쇠퇴하고 난 후, 철저한 봉건제도, 종교의 지배적인 세력과 십자군 전쟁 등 각국의 전쟁으로 인해 끊임없는 시련 속에서 학문과 예술, 산업과 상업이 쇠퇴일로에 있었기 때문이다.

식문화

중세의 만찬은 천천히 음미하며 즐기는 그리스-로마적 음식문화 전통에 기초를 두고 진행되었다. 고위 성직자들을 포함한 대영주와 왕이 개최하는 만찬에서는 종종 악사와 광대들이 등장했으며, 때로는 특정한 인물의 대모험을 칭송할 목적으로 음유시인이 초대되기도 했다. 뿐만 아니라 춤을 즐기면서 대형 은제 식기에 화려한 꽃으로 장식된 산해진미를 음미했다.

식사는 가장 편한 장소에서 이루어졌으며 때로는 대식당에서 행해지는 경우도 있었다. 테이블은 목판을 가대trestle 위에 놓은 단순한 것으로서, 식사 때마다 조립하여 사용하고 식사가 끝나면 분해하여 치워 놓았다. 집주인이나 손님의 신분이 높은 경우는 별도의 테이블에 앉는 것이 관례였지만, 그렇지 않을 때는 주인이 손님들과 합석하여 한가운데 앉았다.

중세에는 식사 시 여성들의 역할이 확대되었다. 공작이나 꿩 요리의 행진 시 여성들이 요리 수행원들을 뒤따르는 경우에는 단지 들러리 역할에 불과하였으나, 식탁에서 기사들의 허원을 받는 경우에는 우상의 역할을 했다. 궁전시대는 숙녀들도 식탁에 함께 앉기 시작하였다. 남녀가 같이 식사를 하게 됨으로써 예의범절 수업이 이루어졌고, 오늘날의 일반적인 식탁 예절이 나오게 되었다. 식사할 때 무엇보다도 손을 씻어야 하고, 세 손가락만으로 식사를 하고 나머지 손가락은 펴야 하며, 음료를 마시기 전에는 입을 닦아야 했다.

당시는 개인 접시 없이 중앙의 큰 접시에 있는 음식을 손으로 먹었는데, 식사 전에는 손 씻는 물finger bowl을 사용해 깨끗함을 과시하였고 식사 후에도 역시 손을 씻었다. 프랑스에서는 손 씻는 일을 트럼펫 부는 소리로 알려 주었으며, 귀족은 손을 씻기 위해서 계급의 서열에 따라 줄을 섰다. 모든 음료는 술잔 하나로 마셨으며, 고기를 자르는 데 쓰는 도마 또한 두 사람이 같이 사용하기도 하였다.

양 식

design keywords

religious mornality
Medieval fantasy
Stained glass
tapestry

중세 디자인은 비잔틴 Byzantine 양식(330~1453), 초기 기독교Early Christian 양식(330~800), 로마네스크와 노르만Romanesque & Norman 양식(800~1450), 고딕Gothic(1150~1450) 양식으로 나타났다.

비잔틴 양식은 터키인에 의해 정복되기 까지 동로마 제국의 수도였던 콘스탄티노플에서 발달되었다. 로마 예술과 동양 양식의 융합으로 돔dome 형식의 천장이 대표적 특징이었다.

초기 기독교 양식은 이탈리아의 중부와 동지중해에 경계해 있던 나라에서 주로 발달되었으며, 교회를 바실리카풍으로 세우고 지붕

중세 양식

구 분	비잔틴	로마네스크	고 딕
미 술	모자이크, 성상화	프레스코fresco, 양식화된 조각	스테인드 글라스, 보다 자연스러운 조각
건 축	중앙식 돔 교회	원통형 궁륭 교회	첨두尖頭형 아치 성당
작 품	하기아 소피아Hagia Sophia 대성당	생 세르냉Saint Sernin 대성당	샤르트르Chartres 대성당
시 기	532~537년	1080년부터 건설	1194~1260년
장 소	콘스탄티노플Constantinople (터키Turkey)	툴루즈Toulouse(프랑스)	샤르트르 Chartres(프랑스)

자료 : 캐롤 스트릭랜드 지음, 김호경 옮김(2001). 클릭 서양미술사. 예경. p.56.

을 편평한 형태로 한 것이 특징적이다.

고딕에 앞서 서유럽에서 성행한 기독교 미술 양식인 로마네스크는 게르만 민족이나 고대 로마, 고대 오리엔트의 요소를 포함하고 있는 양식으로 석조 성당의 둥근 천장, 창, 입구 따위에 반원 아치를 많이 사용한 건축 양식이 특징적이고, 회화에서는 미니아튀르miniature[1]에 특색 있게 나타났다.

노르만 양식은 11~12세기와 고딕 건축이 널리 성행하던 시기에 노르망디와 영국에서 발달했다. 노르망디 건축은 전형적인 프랑스 로마네스크 양식에 가까웠다. 노르만 양식은 로마네스크 양식의 일반적 특징을 따라 둥근 아치와 세분된 공간을 기본으로 하는 웅대한 구조로 지어졌다. 문과 창살, 장식적 형태에 사용되는 반원 아치 형태의 개구부, 볼트vault형의 천장이 특징적이다.

고딕 양식은 프랑스에서 시작되어 서부 유럽 전체로 퍼졌으며, 로마네스크로부터 발달한 양식이다. 아치와 하늘 높이 솟은 뾰족탑 등 수직적 효과를 강조한 양식과 버팀기둥buttress, 트레서리tracery와 큰 창을 주로 사용하였다.

1) 세밀하게 그린 작은 그림이나 조그맣게 만든 공예품

테이블 코디네이트의 요소

디너웨어dinnerware

29 식사하는 사람 앞에 놓인 사각형의 트렌처

중세의 상차림은 간단했고, 고위층의 사람만이 자신의 요리와 접시, 음료수 잔을 따로 갖고 있었다. 다른 사람들은 둘이 한 조가 되어 식사를 했으며, 나무나 주석으로 된 사발에 담긴 죽을 둘이서 함께 나누어 먹기도 하였다.

중세에는 통밀가루나 호밀에 누룩을 넣지 않고 빵을 만들어 4일 동안 숙성시킨 후 원형이나 직사각형으로 잘라 흡수성이 있는 접시로 사용하였다. 이것을 트렌처trencher라고 불렀다. 식사의 말미에 직접 트렌처를 먹기도 하고 때로는 그것을 가난한 사람에게 나누어 주기도 하였다. 14세기 초에는 나무와 백랍[2]으로 트렌처가 만들어졌고, 빵 밑에 놓였다. 나무로 만들어진 용기는 트린treen이라 불렸으며 트린은 나중에 도기와 백랍으로 대체되었다. 15세기까지 나무로 된 트린은 중앙이 움푹 들어가게 만들었고, 16세까지는 좁은 가장자리를 가진 원통 모양으로 만들어졌다. 중세 연회는 환대와 접대의 첫 번째 수단이었고, 트린은 장식으로서 허브나, 잎, 꽃에서 추출한 컬러를 가지고 빛깔을 내서 사용하기도 하였다.

커틀러리cutlery

중세에는 지위가 다른 사람들이 함께 식사를 할 경우 지위가 높은 사람이 먼저 손을 씻거나 음식을 덜어갔다. 상류계급은 아주 호화스러운 식사 도구와 화려한 식탁 장식으로 그들의 부와 지위를 과시하였다.

2) 주석과 납 등의 합금

30 통째로 조리한 새와 생선이 놓인 중세의 테이블　나이프와 손을 이용해 식사를 하고 있다.

또한 음식은 덜어 먹었으며, 고기류는 맨손으로 집고 스프 종류는 국자나 스푼으로 떠 먹었다.

영주는 가족과 하인, 초대된 손님들과 더불어 한 테이블에서 한 개의 스푼으로 공동 식사를 했다. 왕족은 금으로 만든 스푼으로 식사했고, 귀족은 스푼을 은, 금도금, 수정, 산호로 만들었다. 가난한 사람은 뼈, 뿔, 백랍, 청동, 함석 또는 체리목, 포플러나무, 회양목으로 만든 스푼으로 음식을 먹었다. 수프용 스푼은 처음에는 약간 둥글납작했으나 14세기부터는 타원 형태로 바뀌었다.

중세에는 아이의 세례식 때 스푼을 선물로 주었다. 귀족들은 은으로 만든 것을, 평민들은 뿔이나 나무로 만든 스푼을 사용하였다. 중세의 주인은 손님에게 스푼을 제공하지 않았고, 손님은 자신이 가지고 온 스푼으로 식사하였다.

중세까지 유럽 귀족은 두 가지 나이프를 소유하였다. 부엌 도구로 사용되는 큰 나이프, 먹는 도구와 단검으로 사용되는 작은 나이프였다. 가난한 사람들은 하나의 다용도 나이프를 소유하였다.

중세의 주인은 정찬 나이프를 제공하지 않았고, 귀족은 화려

31 11세기 포크를 식사에 사용하기 시작한 초창기의 그림　몬테카시노 MonteCassino 수도원 제공

하게 세공된 가죽으로 만든 칼집에 자신의 나이프를 넣어 허리띠에 지니고 다니는 것이 일반적이었다. 농민들은 자신의 긴 양말 안에 나이프를 지니고 다녔다.

귀족의 나이프 손잡이는 호박, 마노 등을 박아 넣은 금과 은으로 만들어졌다. 사순절에는 흑단 손잡이가 달린 나이프, 부활절에는 상아 손잡이가 달린 나이프, 성신강림절에는 상감세공을 한 나이프가 사용되었다.

중세에는 식사할 때 나이프 두 개로 하는 식사가 세련된 식사법이었다. 나이프 하나로 고기를 고정시킨 다음 나머지 나이프로 한 입 크기로 잘라 입으로 가져갔다. 또한 나이프는 플레터platter에서 트렌처로 고기를 옮기거나, 소금 그릇에서 소금을 집는 데 사용되었다. 그러나 나이프로 고기를 고정시킬 때 스테이크가 제자리에서 빙글빙글 도는 불편함을 해소하기 위해 포크가 개발되었다. 다른 사람의 고기를 자르기 위해서 허락을 구하지 않고 자신이 소유한 나이프를 사용하는 것은 무례하다고 간주되었다.

제의용 포크는 그리스 로마 시대에 있었지만 중세의 포크는 사치스러운 도구이자 여전히 생소하고 신기한 것이었다. 포크는 7세기 무렵에 중동의 왕실에서 처음 식사 도구로 사용되었으며 11세기경 이탈리아에 전해진 것으로 보인다. 그러나 식사용으로 상용常用하기보다는 손가락에 묻기 쉬운 음식을 먹을 때만 사용했다.

❖ 글라스웨어glassware

로마 유리 공예는 동방으로 이주하거나 변방으로 이주한 공인들에 의해서 보전되어, 이주한 지방에 뿌리를 내리고 독특한 양식을 이룩하여 각지에서 새로운 양식의 유리 용기를 탄생시키게 되었다. 프랑크frank 글라스, 사산sasan 글라스, 이슬람Islam 글라스, 비잔틴Byzantine 글라스 등이라고 불리는 것이 시대의 대표적인 것이다. 또한 에나멜 채색과 색유리의 제조 등도 성행하였고, 특히 비잔틴 제국에서 개발되었던 스테인드글라스는 이웃한 동방의 회교국에도 보급되어 서양의 유리 공예의 기초를 만들었다고 알려져 있다.

중세의 유리는 매우 비쌌으며 영주들은 음료를 마실 때 주석이나 나무, 때로는 은으로 된 컵을 사용하거나 단지째 들고 마시기도 하였다.

중세 말기까지 유리 용기의 받침은 수평이나 돔 모양으로 만들어졌고 받침 부분 모서리의 이가 빠지는 것을 방지하기 위해서 둘둘 아래로 말아 구부리거나, 위로 마는 등의 형태로 만들어졌다. 이러한 받침의 모양은 깨지기 쉬운 스템웨어의stemware 균형을 보완해 주는 장점이 있었다.

❖ 린 넨linen

봉건 시대 초기 영주의 저택에서 가장 중요한 장소는 홀이었으며, 홀 안의 테이블은 매우 넓었으나 조잡하였다. 상석에는 영주만이 유일하게 앉을 수 있는 한 개의 안락의자가 있었고 다른 초대 손님에게는 대개 나무 의자나 짚 다발 위에 천을 뒤집어씌운 간이 의자가 놓였

32 중세의 식탁 계급에 따라 천개가 있는 의자, 등받이가 있는 의자, 벤치 등 좌석이 다양하였다.

33 1228년 연회 장면 우측의 주름 잡힌 식탁보는 손님들의 손을 닦는 데 사용되기도 하였다.

다. 적의 공격을 피하기 위해서 가대 식탁은 한 면을 따라 설치되었고, 식사하는 사람의 등은 벽을 향해 있었다.

중세 식사에 사용된 도구의 수는 제한되었으며, 음식물을 먹기 위해 사용되는 도구는 주로 스푼과 손가락이었으므로 식탁 위에 음식물을 흘리게 되는 경우가 많았다. 이를 해결하기 위해 식탁보를 여러 장 겹쳐 놓아 코스가 끝날 때마다 위의 천을 걷어내고 사용하였다. 마지막에 남은 천을 공동의 냅킨처럼 사용하였으며, 디저트는 아무것도 없는 식탁에서 먹거나, 다른 천이 제공되기도 하였다.

맨 위의 천은 주로 하얀색으로 순수함, 종교적인 식사, 제단의 신성함을 상징하였다. 시골 지역에서는 여러 색의 줄무늬나 격자무늬 또는 체크무늬로 덮었고 아래의 천은 더 어두운 색깔을 사용하였다. 신분과 부의 상징으로서 실크, 금, 은으로 된 실로 자수가 놓였다. 아마는 가장 보편적인 섬유로 푸른 줄무늬를 가진 식탁보로 짜였고, 양식화된 디자인으로 무늬를 놓거나 양끝은 마디가 있는 술 장식으로 처리되었다.

식탁보는 바닥에 드리워졌으며 이는 손님의 무릎을 외풍에서 보호해 주고, 발 주위로 동물들이 어슬렁거리지 않게 해 주었다. 식탁보의 모든 면이 바닥에 드리워질 때, 그 모서리는 깔끔히 유지하기 위해서 매듭이 지어졌고, 이 장식적인 관습은 오늘날까지 계속되고 있다.

식탁보는 매우 중요한 사회적 상징으로 장원의 영주와 명예로운 손님의 앞에만 놓이거나, 영주와 영주 부인 앞에만 작은 식탁보를 각기 한 개씩 깔고 다른 이들의 식탁 위에는 식탁보를 놓지 않는 경우도 있었다. 당시에는 신분이 동등한 사람끼리만 같은 식탁보를 사용할 수 있었다.

중세에 와서는 깊은 주름을 잡은 개더천을 식탁 가장자리에 고정시켜 냅킨으로 사용하였다. 중세 연회에서는 의식의 한 부분으로 세정식을 관리하는 사람이ewerer 주인과 손님의 손을 씻기 위해서 핑거볼finger bowl과 사용할 냅킨을 준비하기도 하였다. 세정식을 위한 물이 오염되지 않았다는 것을 증명하기 위해서 부인이나 컵을 운반하는 사람은 주인의 손을 닦은 냅킨에 키스를 하고, 하인의 왼쪽 어깨 위에 냅킨을 늘어뜨렸다.

❖ 센터피스centerpieces

중세는 개인의 접시에 음식이 담겨 서빙되지 않았기 때문에 테이블의 가운데는 통으로 조리된 생선이나 조류 구이, 고기 요리 등이 놓이게 되었다. 이러한 음식들은 큰 플래터platter에 담아져서 제공되었다. 따라서 테이블에 꽃으로 만든 센터피스는 등장하지 않았으며 14세기경에 처음으로 선박 모양의 용기인 네프nef가 등장하였다. 당시에는 소금을 넣는 통이었으나 후에 향신료, 커틀러리, 냅킨, 식기 등을 넣어 사용하였다. 네프가 놓인 장소를 경계로 상석과 하석을 구분 짓기도 하였다.

영 향

34 퓨진 콘셉트의 빵 접시와 윌리엄 버제스의 와인 디켄터

19세기 고딕 복고 양식Gothic Revival은 중세 고딕 건축에서 영감을 받아 생겨난 건축 양식으로 영국과 미국에서 널리 나타났다. 영국 작가인 호레이스 월폴Horace Walpole의 저택인 스트로베리 힐Strawberry Hill은 고딕의 요소들을 되살린 초기의 건물이다.

또한 A.W.N. 퓨진Pugin과 찰스 배리 경Sir Charles Barry이 설계한 영국의 국회의사당Houses of Parliament도 고딕 복고 양식으로 가장 잘 알려진 건물이다.

중세 고딕의 영향으로 19세기에 제작된 퓨진 콘셉트의 빵접시는 테두리에 'Waste Not Want Not' 라고 새겨져 있어 '먹고 마시되 하느님의 것임을 잊지 말라' 는 교훈을 전하고 있다. 영국의 건축가인 윌리엄 버제스William Burges가 만든 와인 디켄터decanter도 중세 고딕의 영향을 받은 것이다.

참고문헌

김복래(1998). 프랑스가 들려 주는 이야기. 대한교과서.
김양희(2006). 식공간 연출의 미학적 변천과 기법에 관한 연구. 한경대학교 석사학위논문.
김정근 · 홍형옥(2002). 서양의 주택과 실내의 양식. 경춘사.
노버트 엘리아스 지음, 유희수 옮김(1995). 매너의 역사. 신서원.
레이 테너힐 지음, 손경희 옮김(2006). 음식의 역사. 우물이 있는 집.
이연숙(1998). 실내 디자인 양식사. 연세대학교 출판부.
이현열 외(2002). 세계문화사. 삼광출판사.
임영상 외 엮음(1997). 음식으로 본 서양문화. 대한교과서.
캐롤 스트릭랜드 지음, 김호경 옮김(2001). 클릭 서양미술사. 예경.
케이티 스튜어트 지음, 이성우 외 옮김(1997). 식과 요리의 세계사. 동명사.
헨리 페트로스키 지음, 이희재 옮김(2000). 포크는 왜 네 갈퀴를 달게 되었나. 지호.
Suzanne von Drachenfels(2000). *The Art of the Table.* Simon & Schuster.

그림출처

29. Katie Stewart(1975). Cooking and Eating. Hart-Davis, Macgibbon. p.46.
30. Katie Stewart(1975). Cooking and Eating. Hart-Davis, Macgibbon. p.51.
31. Katie Stewart(1975). Cooking and Eating. Hart-Davis, Macgibbon. p.56.
32. 이연숙(1998). 실내 디자인 양식사. 연세대학교출판부. p.47.
33. Andrea Spencer(2001). Napkins. Anness Publishing. p.10.
34. Robin Hildyard(1999). European Ceramics. V&A Publications. p.114. www.vicorianweb.org

Chapter 3

Renaissance

약 1000년 간에 걸친 중세 서유럽 세계는 사회 · 정치 · 정신 면에서 가톨릭 교회의 강력한 통일적 지배를 받았으며, 그 결과 인간 정신의 자유로운 발전이 저해되었다. 그러나 십자군의 원정과 상업의 발달에 의해 인간의 사고방식도 정적인 것에서 동적인 것으로 발전했다. 교회와 교황의 종교적 폐해에 대해 깨닫게 되었고 따라서 인간 본연의 가치를 인정하려는 인간중심주의적 문화운동이 일어났다.

르네상스

1450~1643

시대적 배경

르네상스는 재생rebirth을 의미하는 이탈리아어 '리나시멘토 rinascimento' 에서 유래된 명칭으로, 중세에서 근대로 넘어가는 서구사에서 과도기적인 시기에 일어난 문예부흥이다. 14세기 이탈리아에서 시작하여 15, 16세기까지 유럽을 휩쓴 이 운동은 중세 교회 생활에 회의를 느끼면서 고대 그리스 · 로마 문화를 부활시키려는 목적으로 전개되었다. 새로운 세계와 인간을 발견하려는 혁신적 의미를 포함하는 운동으로, 개성을 존중하며 과학과 휴머니즘humanism을 표방하는 인문주의가 탄생하였다. 르네상스 시대에는 현세적인 인간성을 중시하고 감정과 욕망을 추구하였다. 또한 학문과 예술 정신을 숭상하였고 정열적이고 창의적인 인간을 이상적으로 여겼다. 문화의 전성을 가져오게 한 르네상스는 근대 사상의 기초를 이루는 역사의 전환점을 마련하였다.

식문화

상류층의 저택에서는 가히 '식탁의 르네상스' 라고 일컬어질 만큼 현란한 식도락 문화가 꽃을 피우게 되고 요리는 단지 허기를 채우는 음식이 아니라 '진정한 예술' 이 되었다. 프랑스에 시집 온 메디치가의 카트린느Catherine 여왕은 소문난 대식가이며 미식가였다. 그녀는 프랑스 궁정 예절이나 식사 예법을 모두 우아한 '이탈리아식' 으로 고쳐나갔다. 그러나 요리 내용물이 구체적으로 변화했다기보다는, 아름다운 도기나 우아한 포크의 사용 등 식탁에서 쓰이는 도구나 장식물 및 식탁예절이 훨씬 정교하고 복잡해졌다는 것을 의미한다. 또한 높이 추앙을 받던 대식 습관이나 어마어마한 양에 대한 집착은 음식의 질적 · 심미적 추구로 대체되었다. 그리하여 욕심 많은 식탐가gourmand는 사라지고, 미식을 즐기는 식도락가gourmet가 등장하게 되었다.

35 **독일 연회** 식탁 위에 있는 아하수에로 Ahasuerus의 그림은 오직 부자들만이 소유할 수 있었던 금속제 식기들을 보여주고 있다.

16세기 식사 양식의 특징은 식사 뒤에 나오는 과일이나 단 것을 주체로 한 '코라시온' 이었다. 설탕절임한 과일, 건조과일, 생과일, 단 비스킷 등을 수북히 담아 화려한 식사 양식으로, 각각의 식사 과정은 수많은 요리들로 구성되었다. 이러한 요리의 대부분은 차례로 돌아가는 것이 아니고, 식탁 위에 놓은 채로 각자 자유로이 가져다 먹었다. 식탁 위의 요리 그릇 수는 대략 회식자의 수에 비례하였다. 그러므로 6~8명일 때는 일곱 가지 요리를 선택할 수 있었으며, 10~12명일 때는 아홉 가지 요리, 14~18명일 때는 경우 열한 가지 요리 등을 먹을 수 있었다.

식사하는 사람이 지극히 적은 경우가 아니라면, 누구도 자신의 자리 곁에 컵을 놓을 수 없었다. 음료를 마시고 싶은 사람은 컵 담당 하인에게 신호를 보내고, 그 컵 담당 하인은 식기 선반에서 컵을 꺼내 음료를 채워 그 사람에게로 가져갔다. 다 마시면 컵을 닦아서 다시 식기 선반에 올려 놓았다. 보통 귀족계급의 사람들은 다른 사람의 집에도 자기 하인을 데리고 가서 자기의 시중을 들게 하였다. 하인들에게 주어진 임무는 그들의 주인이 좋아하는 음식을 먹을 수 있도록 배려하는 일이었다.

식탁은 주택의 가장 큰 홀에서 사용되었다. 당시의 식탁은 많은 사람이 둘러앉기 위해 매우 길고 육중하였으며, 식사가 끝나면 치워 놓을 수 있도록 받침대trestle 위에 상판을 올려놓는 조립식 형태로 이루어졌다. 그 위를 세 장의 천으로 덮었는데, 천은 식탁의 양쪽 끝과 중간에 한 장씩 덮어서 각각 회식자가 앉는 측의 지면에 닿을락말락하게 늘어뜨린 후 의자를 배치하였다.

식사할 사람들이 손을 씻은 후 그 집안의 주인과 초대 손님들이 먼저 자리에 앉으면, 마지막으로 남은 가족들이 그들의 지위 순서로 앉았다. 전원이 착석하게 되면 우선 소금이 식탁 위에 오르고, 다음으로 나이프, 국자, 빵 덩어리가 나오고 음식이 운반되었다. 그 요리 그릇들은 운반해 들여올 때와 같이 뚜껑이 닫힌 채로 진열되었는데, 이는 따뜻한 온도를 유지하고 음식 속에 아무도 독毒을 넣지 못하도록 하기 위함이었다. 회식자들은 서로 얘기해야 했고 적어도 즐거운 듯한 모습으로 식사에 참가하는 태도를 보여야만 했다. 주요리 과정까지 끝나게 되면 음유시인Minstrel, 吟遊詩人들이 등장하고, 그들의 연주가 끝나면 또 다른 포도주와 음식들이 추가로 식탁에 올랐으며, 마지막 과정으로 과일이 식탁 위에 올려졌다.

36 베네치아의 호사스러운 연회 손님들은 긴 다리가 있는 얇은 글라스에 붉은 포도주를 마신다. 1563년

정찬이 끝나면 식탁보를 벗겼으며 식탁은 분해하여 보관하였다. 왕가에서는 점잖은 하인이 네프nef[1)]의 열쇠를 여는 것이 식사의 예고였다. 그 하인은 빵 조각으로 접시, 냅킨, 수저, 나이프 등을 문질러 닦았다. 음식에 독이 들어 있지 않다는 사실을 증명해 보이기 위해 음식을 운반하는 하인과 급사장maitre d'hotel(하인의 우두머리)에게 먹어 보도록 하였다.

15세기 말경의 프랑스 궁정의 귀부인들은 음식을 씹는 모양을 남들에게 보이는 것이 매우 흉하다고 생각해 독방에서 홀로 식사를 했는데, 카트린느 여왕은 그런 귀부인들에게 연회석상으로 나올 것을 명했다. 귀부인들이 연회에 참석하는 것이 영국에도 전해졌으며, 베르사유 궁전의 화려한 연회는 엘리자베스 시대에 전승되었다.

1) 중세의 배처럼 생긴 소금 그릇이자 국가의 배를 상징

양식

design keywords

idealism
Quattrocento
Leonardo da Vinci
Michelangelo
Raffaello

원근법의 발명과 해부학의 번성을 거치면서 사실 묘사가 중요시되었고, 현실적인 아름다움의 이상미를 발견하는 것에 목표를 두었다. 즉, 인간의 발견, 현존하는 인간을 둘러싼 미에 대한 인식, 그리고 고전의 발견이었다.

이탈리아 르네상스 건축은 고대 부흥의 경향으로, 고대 로마의 고전적인 형태인 원주, 아치, 볼트, 돔 등이 많이 사용되었고 안전하고 강한 것보다는 편안하고 편리하며 아름다운 형태가 중시되었다. 이로써 근대 실내디자인 예술의 시작과 주택 건축이 시작되었다. 채색된 프레스코, 화려한 수의 벨벳과 태피스트리tapestry, 색 대리석판 및 도금 등의 장식으로 실내는 더욱 화려해졌다.

인간, 동물, 꽃, 그로테스크한 주제의 모티브들이 벽 장식과 금속세공, 보석세공, 가구와 직물 디자인에 사용되었다. 길고 좁은 장방형의 식당용 리펙토리 테이블refectory table이 있고, 크고 육중한 장방형으로 독특하게 디자인된 드로-탑 테이블draw-top table은 길이를 두 배로 연장시킬 수 있게 되어 있었다. 찬장의 기능을 하는 크레덴자credenza 또한 이탈리아 가구의 주요 품목으로 디자인에 건축적인 형태가 혼합되었다.

르네상스에 처음 등장한 벽거울은 윤이 나는 세로의 장방형 금속판으로 제작되었고 금도금된 화려한 조각 틀로 장식되어 있었다.

테이블 코디네이트의 요소

❖ 디너웨어dinnerware

식탁 위에는 주 요리를 위한 목제wooden, 혹은 은제silver의 화려한 그릇을 놓는 것이 보통이었지만, 16세기에 개인용의 작은 접시는 없었던 것으로 보인다. '프랑스인의 왕' 앙리Henri 4세 때 식탁의 장식이 더욱 화려해지고 부르주아층에서 은제 식기가 유행하기 시작하여, 과거에 고기 받침으로 쓰였던 빵 접시가 차츰 식탁에서 사라지게 되었다. 또한 파리와 지방에 도기 공장을 세우고, 은제 식기보다는 도기의 사용을 적극적으로 권장했다.

유럽의 도자기 역사는 그들이 약칭 차이나china라고 부르듯 한나라 말기의 중국에서 유래하고 있다. 중국의 도자기는 실크로드를 타고 향료와 함께 서아시아와 이집트로 전파되었는데, 베네치아를 비롯한 이탈리아 상인들이 독점하여 유럽에 전파하였다. 중국 여행을 마치고 돌아온 마르코 폴로Marco Polo에 의해 소개됨으로써 도자기를 포슬렌porcelain이라고 부르기도 하는데 이 말은 자기를 하얗게 빛나는 요염한 조개에 비유한 것이다.

지중해의 마요르카 섬 상인이 스페인의 도자기를 이탈리아로 반입하였는데 이것을 마욜리카라고 부른 데서 이 이름이 생겼으며, 15~16세기 르네상스기의 이탈리아에서 크게 발달하였다. 마욜리카Majolica

37 고대 그리스 로마 시대의 신화를 배경으로 한 이스토리아토 istoriato 양식의 접시

38 르네상스 시기의 트린(나무 접시) 소금 또는 겨자를 담을 수 있는 작은 홈도 있다.

39 청화 접시

는 아름다운 여인이나 인물, 설화 속 장면, 성경에 나오는 장면, 신화 · 역사 · 예언 등을 주제로 장식하는 이스토리아토istoriato 양식을 주로 사용하였다. 마욜리카 도자 문화의 중심지 중에서도 가장 유명한 곳이 파엔차Faenza인데, 1550년 직후에는 베네치아 · 파엔차 등지에서 청화백자를 모방한 청색과 백색 장식의 마욜리카가 생산되기 시작하였다. 자기 생산을 위한 시도는 결국 1575년 피렌체에서 최초의 연질 자기 생산으로 이어졌다.

커틀러리cutlery

음식을 덜어 가는 데 쓰이던 포크는 상류층에서 식사 도구로 사용되었다. 이러한 관행은 이탈리아를 경유하여 프랑스, 영국, 독일로 전파되었다. 이것을 베네치아로부터 프랑스에 도입한 것은 1533년 이탈리아 메디치 가문의 카트린느Catherine de' Medici로, 그녀가 프랑스의 앙리Henri 2세에 시집가면서 자신의 요리사들과 모든 식탁 도구들을 함께 가져 간 것이 계기가 되었다. 그러나 포크는 여전히 허례허식으로 받아들여졌으며 접시에서 입으로 가져 가는 음식의 태반을 떨어뜨리게 만든다고 비웃음거리가 되었다. 이 때문에 포크가 대중적으로 확산되기까지는 약 1세기라는 긴 시간이 필요했다. 여왕도 뜨거운 요리를 먹을 때에는 손가락 씌우개인 골무sack를 사용했다. 특히 뼈를 발라 내지 않은 고기를 먹을 때는 습관적으로 손가락을 사용하여 자신의 개인용 빵 접시에 옮겨 놓은 다음에 식사를 하는 경우가 많았다. 그러므로 손가락의 청결 상태는 주위 사람들에게 항상 주된 관심의 대상이 되었으며 무엇보다 식사 시간에 손을 깨끗이 유지하는 것과 옆 사람과 공동으로 사용하는 그릇을 만지던 손으로 머리나 목을 긁는 행위는 예의상 심각한 결례로 간주되었다.

드레이프drape가 있는 옷깃의 유행으로 옷깃이 더러워지는 것을 막기 위해 포크를 서서히 사용하기 시작하였으나, 대중화되지 못한

데에는 기독교 성직자들의 반감이 큰 역할을 했다. 성직자들은 하느님이 만든 인간의 손가락만이 하느님이 주신 음식을 만질 가치가 있다고 주장하면서 포크 사용을 비난했다. 종교의 지배력이 상당했던 만큼 사람들은 포크를 사용할 수 없었다. 어떤 목사는 음식에 손가락을 대지 않는 것을 '신의 섭리에 대한 모독'이라고 주장하기까지 했다. 또한 악마가 포크 모양의 창을 갖고 있던 것도 포크 사용을 꺼린 이유 중 하나이다.

글라스웨어glassware

르네상스 시대의 유리공들은 자연과 선의의 경쟁을 벌였다고 할 정도로 자연을 흉내 낸 새로운 유리를 창안해 내는 등 유리공예의 황금시대를 이끌어 간다. 무색과 투명의 아름다움으로 유명한 '크리스털로crystallo'가 처음으로 만들어졌으며, 15세기 이후에는 베네치아 무라노Murano 섬에 격리된 유리공에 의해 불가사의하게까지 느껴지는 기술이 만들어졌다. 일명 '레이스 글라스lace glass'로 불리는 이 '베트로 아 필리그라나Vetro a filigrana' 기술은 섬유의 짜는 기법weaving을 유리로

40 작은 고블릿 이탈리아, 16세기
41 레이스 글라스 고블릿 베네치아, 16세기

구현해 낸 것으로, 실로 장식한 것과 같은 섬세함과 고귀한 기품에서 마치 레이스를 보는 듯하다. 16세기에는 은을 도금한 유리를 발명했으며, 이들 베네치아 유리 제품은 유럽에 높은 가격으로 팔려나가 국가의 번영을 이끌었다. 베네치아 정부는 유리의 제조 비법이 밖으로 누설되어 독점이 무너질 것을 우려해 유리공들을 모두 교외에 있는 무라노 섬에 모아 놓고 다른 지방으로 이주하면 사형에 처하는 등 엄하게 단속하였다. 그들을 귀족에 상응하는 높은 급료로 우대했음에도 불구하고 엄격한 감시망을 뚫고 도망친 사람도 있었다고 한다. 이는 유리 제조비법을 알고 싶어한 유럽 각국에서 높은 급료와 갖가지 조건을 약속하였기 때문이다.

무라노로부터 유럽의 다른 지역으로 이주한 일부 베네치아의 유리공들은 유럽 각지에서 '파송 드 베네치아Façon de Venice(베네치아풍)' 유리들을 생산해 내기도 했다. 오늘날의 체코인 보헤미아 지역과 북부 유럽에서는 인근 숲 속의 좋은 땔감과 재炭를 이용한 양질의 유리를 생산해 내면서 특히 에나멜링과 커트 조각에서 크게 두각을 나타내었다. 이때의 유리는 종전까지 사용했던 소다 유리와는 달리, 숲 속의 너도밤나무의 재를 섞어 만든 칼륨 유리(포타슘 유리)인데, 유연성이 뛰어났던 소다 유리보다 더 빨리 굳는 성질 때문에 유리 제작에 더욱 빠른 동작이 요구되는 것이었지만, 아주 경도가 높은 양질의 맑은 유리를 생산해 낼 수 있었다.

린 넨linen

르네상스 초기에는 식탁을 세 장의 천으로 덮는 것이 보통이었다. 이후 천의 크기는 여러 가지로 달라졌으며 한 장의 천으로 덮는 것이 관례가 되었다. 식탁보는 상징적인 의미가 있어서, 실제로 14세기에는 누군가에게 최대의 모욕을 주기 위해서 그 사람 앞의 식탁보를 좌우로 찢는 경우도 있었다. 이 행위는 식탁보가 찢긴 사람의 명예를 추락시켜 다른 사람과의 교제가 끊어지도록 하였다. 가난하여 식탁보가 많

42 베리 공작의 〈시력기도서〉중에서 1월 풍경 서빙을 하는 사람이 어깨에서부터 긴 천을 늘어뜨리고 있다. 식탁 오른쪽에 투구 장식처럼 생긴 금제 장식품은 공작의 전용 식기함이다.

43 르네상스의 린넨 무늬

지 않은 집에서는 주인이 자기보다 신분이 낮은 사람과 함께 정찬을 하게 되는 경우, 신분이 낮은 손님 앞에는 아무것도 깔지 않고, 자신의 앞에는 작은 식탁보라도 깔아서 신분의 차이를 나타내었다.

중세 말 예의범절 문화가 들어오면서 식탁에는 약 4~6피트(122~183cm) 길이, 5피트(152cm) 넓이의 천이 놓였고, 공동의 냅킨이 평균 목욕수건의 크기 정도로 줄어들었다. 이후 냅킨은 식탁 위에 놓이는 천에서 하인의 왼쪽 팔 위에 늘어뜨리는 원단으로 변화하였고, 목욕 수건만 한 직사각형의 'nap'에 작은 것을 나타내는 'kin'이 붙어 현재의 냅킨이라는 말이 되었다. 냅킨은 에라스무스Erasmus 이후 모든 예의 교범에 의해서 품위 있는 감각으로 요구되었으나 사람들은 여전히 저항하였다. 그러나 회식자들은 늘 청결한 상태가 아니었고, 또 여러 가지 소스로 식탁을 마구 어지럽혔기 때문에 음식 묻은 입이나 손을 훔치는 데 요긴하게 쓰였던 냅킨은 식사에 필수적이었다.

최초의 냅킨은 주로 입을 닦기 위해 사용되었으며, 식사 전후에 각각 한 차례씩 입을 닦았다. 초기의 냅킨은 주로 모직으로 만들어졌으나, 랭스 지방의 아마포로 만든 천이 점점 유행하기 시작했다. 초기에는 냅킨을 손이나 어깨 위에 올려 놓고 사용하였으며 목에 냅킨을 거는 습관은 16세기 '둥근 주름 동정 시대mode des fraises'에 유행하기 시작했다.

영 향

44 플로렌틴 터콰즈 Turquo-ise 디너 접시

2004년으로 디자인이 출시된 지 200주년을 맞이한 플로렌틴 Florentine은 웨지우드Wedgwood의 대표적인 트레디셔널 라인으로, 전통적으로 고객들에게 선호되어 온 패턴이다. 터키 블루를 바탕으로 이탈리아 르네상스 의장에서 착안된 불사조와 용의 프린트는 제품의 화려함을 더해 준다.

참 고 문 헌

경기도박물관 엮음(2001). 유럽 유리 500년 展. 경기도박물관.
김복래(1998). 프랑스가 들려 주는 이야기. 대한교과서.
김양희(2006). 식공간 연출의 미학적 변천과 기법에 관한 연구. 한경대학교 석사학위논문.
미스기 다카토시 지음, 김인규 옮김(2001). 동서도자교류사. 눌와.
민찬홍 외(1994). 실내 디자인 용어사전. 디자인하우스.
세계도자기엑스포조직위원회 엮음, 정순주 · 박찬희 옮김(2001). 세계도자문명전-서양. 세계도자기엑스포조직위원회.
와타히키 히로시 지음, 윤길순 옮김(2000). 사소한 것들의 역사 1. 자작.
이연숙(1998). 실내 디자인 양식사. 연세대학교 출판부.
이재정 외(2006). 라이프 스타일과 트렌드. 예경.
이현열 외(2002). 세계문화사. 삼광출판사.
임영상 외 엮음(1997). 음식으로 본 서양문화. 대한교과서.
케이티 스튜어트 지음, 이성우 외 옮김(1997). 식과 요리의 세계사. 동명사.
木村ふみ(1998). 食卓その空間と演出. 婦人畵報社.
丸山洋子(2000). テ-ブルコ-ディネ-ト. 共立速記印刷.

그 림 출 처

35. 케이티 스튜어트 지음, 이성우 외 옮김(1997). 식과 요리의 세계사. 동명사. p.106.
36. 페르낭 브로델 지음, 주경철 옮김(1995). 물질문명과 자본주의 1-1, 일상생활의 구조 上. 까치. p.252.
37. 세계도자기엑스포조직위원회 엮음, 정순주 · 박찬희 옮김(2001). 세계도자문명전-서양. 세계도자기엑스포조직위원회.
38. Philippa Glanville & Hilary Young(2002). Elegant Eating. V&A Publications. p.42.
39. 세계도자기엑스포조직위원회 엮음, 정순주 · 박찬희 옮김(2001). 세계도자문명전-서양. 세계도자기엑스포조직위원회.
40. 경기도 박물관 엮음(2001). 유럽 유리 500년 展. 경기도 박물관. p.12.
41. 경기도 박물관 엮음(2001). 유럽 유리 500년 展. 경기도 박물관. p.18.
42. 맛시모 몬타나리 지음, 주경철 옮김(2001). 유럽의 음식문화. 새물결.
43. 알렉산더 스펠츠 지음, 이종문화사 옮김(2000). 세계 장식미술 2. 이종문화사. p.480.
44. http://www.wedgwood.com

Chapter 4

Baroque

오늘날 '바로크' 라는 단어의 의미는 다양하다. 그러나 미술 · 건축 · 음악 · 문학 등을 통틀어 모든 분야의 바로크 연구가들 사이에서 가장 보편적으로 통용되는 바로크의 의미는 '바로코Barocco' 라는 포르투갈어가 그 어원이라는 것이다. 바로코는 중세 이베리아Iberia 반도의 보석 세공사들 사이에 사용되던 직업적인 용어로 모양이 고르지 못한 진주를 일컫는 말이었다. 1690년 프랑스에서 발간된 퓌르티에르Furetiére 사전에서는 바로크를 '그 모양이 완벽하게 둥글지 못한 진주에 대해서만 사용되는' 뜻으로 규정하고 있다. 이처럼 형태가 불규칙한 진주를 뜻하는 바로크의 본래 의미는 18세기에 들어서 불완전함과 불규칙함을 지칭하는 것으로 파생되기 시작했으며, 이러한 파생 의미가 음악과 미술 분야로 적용되면서 각각 특정한 규칙에 따르는 예술 형식을 가리키는 말로 변모하였다.

바로크

1620~1740

시대적 배경

르네상스 말기 유럽의 국가 경제는 중상주의重商主義가 나타나고 도시 문화가 크게 발달하여 구질서는 붕괴되고 신질서가 대두되었는데, 이것이 바로크 태동의 배경이 되었다.

오늘날 그 의미가 확장되면서 하나로 정의내리기 어려운 개념이 되어버린 바로크는 역사적인 관점에서 볼 때는 분명 유럽사의 한 시기에 특정한 역사적 · 사회적 맥락을 가지고 탄생한 현상이었다. 많은 바로크 연구가들은 나라별로 약간의 차이는 있지만, 바로크 사조가 대략 1560~1620년경에 생겨난 것으로 보고 있다. 이 시기는 유럽 문명사에서 르네상스의 찬란했던 문화가 막을 내리고 새로운 문명으로 들어서는 전환기이자 격동기로서, 바로크는 이 시대의 정신적 · 사회적 · 정치적 혼란을 대변해 주는 일종의 시대적 감성이라고 할 수 있다. 다시 말해 바로크는 16세기 유럽 문명사의 한 축을 형성하는 종교개혁과 그에 따른 종교전쟁이 몰고 온 위기와 깊은 관련이 있다. 더불어 당시 신대륙의 발견과 과학의 발달로 인해 지구뿐 아니라 인간 역시도 우주의 중심이 아님을 깨달은 것에서 비롯한 지적인 혼란에서 야기된 하나의 세계관이었다. 또한 당대 유럽 전역을 휩쓸고 지나간 기아와 전염병 역시도 인간 생명과 삶의 덧없음에 대한 성찰을 가능하게 하면서 바로크 감성의 형성에 큰 영향을 주었다.

바로크 시대는 로마에서 시작되었다. 당시 로마 교황청은 반종교개혁 이후 승리를 자랑하기 위하여 사치스러운 성당, 건축물과 예술 작품을 통해 신도들을 모으고 그들을 압도하려는 목적으로 예술 활동을 적극 후원했다. 바로크는 로마에서 출발하여 프랑스로 퍼져 나갔는데, 당시 프랑스는 절대군주가 왕권신수설을 주장하며 파라오 이후 누구도 넘보지 못한 절대권력을 누리고 있었다. 따라서 그 궁전은 방문자들이 왕의 위대함과 권력에 찬탄할 수 있도록 꾸며져야만 했다. 식민지로부터 흘러나온 막대한 재화가 루이Louis 14세의 베르사유Versailles 궁전의 정교한 가구들과 미술품, 정원 가꾸기에 쓰인 것은 이러한 이유에서였다.

식문화

'부르주아의 형성과 발전' 이라는 상황 역시 이 시기의 결정적인 시대 배경의 하나이다. 식문화의 본질이라 할 수 있는 '교양' 과 '문화' 의 발전이라는 측면에서 볼 때 획기적 사건이기 때문이다. 바로크 시대에 나타나기 시작한 부르주아 집단은 차츰 성장하면서 경제력을 기반으로 교양을 습득해 귀족문화를 흡수 혹은 귀족문화에 편입되는 현상을 낳았다. 18세기 프랑스에서는 선도 부르주아 집단과 궁정 귀족 사이에 매너의 큰 차이가 없었다. 즉, 선도 중상층 집단의 가중된 흡수를 통해 귀족사회가 확대되면서 행동과 매너가 서서히 변했다고 할 수 있다.

17세기는 미각에서 가장 큰 변화가 있었던 시기 중 하나였다. 새로운 음식의 출현과 더불어 입맛의 변화도 있었지만, 무엇보다 큰 원인은 요리 자체의 혁명적 변화였다. 17세기는 프랑스에 있어서 '위대한 세기' 였다. 근 두 세기 동안 요리사에 별다른 영향력을 행사하지 못했던 나라가 갑자기 요리 스타일은 물론 식사 방법에서도 혁신적 발전을 꾀한 것이다. 특히 '프랑스식 서비스' 라는 식사 방법이 생겼다. 서유럽의 모든 국가는 프랑스의 영향에서 벗어나지 못했다. 프랑스의 요리 혁명은 1650~1670년 사이에 일어났는데, 곧 베르사유의 프랑스 궁중 문화가 보편적인 모델이 된 시기였다.

음식의 맛도 변했다. 공작과 백조, 두루미와 왜가리 등의 이국적인 새 요리는 더 이상 유행이 아니었고, 칠성장어와 고래도 식탁에서 사라지기 시작했다. 이때부터 돼지고기를 젖먹이 돼지나 햄의 형태로 소비하거나 얇게 썰어 요리의 재료로 이용했다. 쇠고기 · 송아지 고기 · 양고기는 최고의 대우를 받았다. 다양한 요리법의 닭고기가 인기였고, 오리 · 멧새 · 물오리 · 비둘기 요리가 사랑받았다. 칠면조는 연회에서만 요리했다. 생선은 여전히 대량 소비되었다. 가톨릭 국가들은 금식일을 여전히 지켰기 때문이다. 연어와 송어 같은 민물고기가 인기였으며, 넙치 · 가자미 · 대구 등의 바닷물고기는 18세기에 이르러 유행했다.

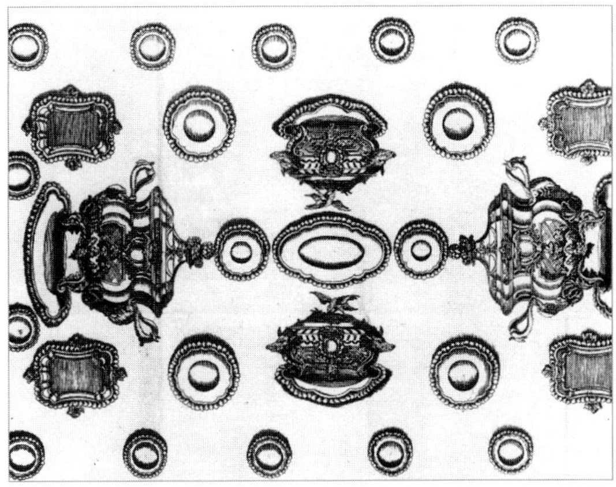

45 **프랑스식 서비스** 뱅상 라 샤펠의 《현대요리사》에 실린 판화이다. 1742년, 하버드대학교 래드클리프연구소 슐레징거 도서관 소장

17세기는 루이 15세의 정원사인 장 드 라 캥티니가 다양한 과일나무와 채소를 재배하여 베르사유에서 원예의 승리를 거둔 시기이기도 했다. 온실이 발달한 덕분에 아스파라거스와 딸기 등의 채소를 한겨울에도 생산할 수 있었다. 다양한 종류의 버섯과 송로 · 카르둔cardoon · 아티초크 · 상추, 그리고 특히 콩이 요리의 전면에 부상했다. 당시의 요리법과 메뉴에서 짐작할 수 있듯이 채소가 앙트르메entrements에서 중요한 입지를 굳혔다. 존 에블린이 수필 《아세타리아Acetaria》(1699)에서 주로 다룬 샐러드는 식초를 가미한 드레싱과 향료식물의 가루를 뿌린 것으로 대단한 인기를 누렸다. 제비꽃과 유리지치[1]를 더하기도 했다.

17세기의 마지막 25년 동안에는 샴페인 제조법이 발견되어 대대적으로 소비되기 시작했다. 부르고뉴와 샹파뉴에서 생산한 포도주는 귀족계급이 즐겨 찾았고, 식탁용 포도주란 뜻의 '뱅 드 타블Vins de Table' 이라 불렀다. 반면에 하층계급이 마신 포도는 시종을 위한 포도주란 뜻의 '뱅 드 시트' 라 불렀다. 17세기에는 그 밖에도 온갖 종류의 술과 향을 가미한 물, 차가운 음료가 유행하였다.

1) 샐러드 및 약용으로 사용되는 지칫과의 식물

하지만 식문화사에서 무엇보다 중요한 의미를 갖는 세 가지가 새롭게 등장했는데, 바로 초콜릿과 차와 커피였다. 초콜릿은 남아메리카에서 건너온 것으로 스페인에서는 이미 16세기부터 인기를 누리던 음료였다. 초콜릿의 인기는 17세기에도 여전했으며, 루이 14세의 에스파냐 신부가 초콜릿을 만들 수 있는 하녀를 데려간 덕분에 프랑스 궁정에도 소개되었다. 초콜릿은 꿀이나 설탕, 바닐라, 계피를 가미해 유럽식 입맛에 맞게 변형되었다. 때로는 향을 짙게 하려고 후추를 더 넣기도 했다. 1670년대에 들면서 프랑스 식민지였던 마르티니크 섬에서 초콜릿을 재배하기 시작했다. 그러면서 초콜릿값이 떨어지고, 1682년에 〈메르퀴르 갈랑Le Mercure Galant〉[2]은 베르사유의 모든 연회에서 초콜릿을 사용한다는 기사를 냈다.

커피는 이제 막 태동된 상류사회에 새로운 사교 장소를 만들어냈다. 바로 커피하우스이다. 1637년에 커피를 실은 배가 처음으로 프랑스에 도착하면서 시작된 커피 무역은 1660년경에는 대대적으로 활성화되었다. 차茶처럼 커피도 처음에는 치료 성분이 있다고 알려져 큰 관심을 불러일으켰다. 1670년대 파리에는 터키식의 특이한 복장을 하고 돌아다니며 커피를 판매하는 행상들이 있었고, 커피를 판매하고 시음하는 장소들이 생겨났다. 또한 이탈리아인인 프로코피오 콜텔리가 1686년에 개점한 '프로코프Le Procope'라는 카페가 유명했다. 커피는 곧 독일 · 이탈리아 · 스페인 · 포르투갈 · 영국 등지로 급속히 퍼져나갔다. 런던 최초의 커피하우스는 에드워드 로이드[3]가 1687~1688년에 타워가에 세운 것이었다. 영국 동인도 회사의 이해관계에 얽혀 영국인들은 곧 커피 대신 차를 마시게 되었지만, 커피는 당시의 이성적인 문화, 그리고 명석함 · 우아함 · 사고의 자유 등에 대한 열망의 상징으로 거의 굳어졌다.

1610년 네덜란드인을 통해 프랑스에 소개된 차는 처음에는 인기를 얻지 못했으나, 18세기 프랑스에서는 차 마시는 것이 상류사회의 관례가 되었고 당시 차는 우아한 사교의 상징이었다. 1650년 이후에서야 차는 네덜란드인의 중개로 영국으로 전해졌다. 이 시기 이후 차는 네덜란드에서 모든 알코올 음료를 대체하는 상품이 되었다.

2) 1672년에 프랑스에서 출판된 최초의 오락 잡지. 1714년에 〈메르퀴르 드 프랑스Mercure de France〉로 바뀌었다. 이 잡지는 작가 장 동노가 궁정 소식, 일화, 단시短詩 등을 모아 출판한 것이었다.
3) 이 찻집에는 상인 · 은행가 · 해운업자 · 해상 보험인 수업자들이 모여들었다. 당시 영국은 해외무역이 왕성했고 특히 신대륙과 아프리카와 동양으로부터 진기한 물품들이 들어왔다.

1671년 리옹의 상인인 실베스트르 뒤푸르는《커피, 차, 초콜릿 음료에 대한 새롭고 진기한 소론》이라는, 새로운 음료에 대한 음용 및 선전에 대해 일종의 성경이 된 책을 남겼다.

또한 설탕의 등장으로 디저트의 다양화를 꾀하기 시작하였고, 식탁은 폭식과 탐식에서 미식으로 전환되기 시작하였다.

양 식

바로크 양식은 이탈리아에서는 1650년경 절정을 이루었고, 그 후 로코코 양식으로 변모되었는데, 로코코의 기원은 이탈리아지만 프랑스에서 가장 광범위하게 발전했다. 이탈리아는 후에 프랑스의 형식을 역수입해 사용하였으며, 로코코는 1755년 폼페이 발견으로 막을 내렸다.

design keywords
Classic tradition
grader sense of space
Caravaggio
Rubeus
Rembrand

조형예술에서의 바로크란 처음에는 불규칙성 · 움직임 · 과시의 미학을 추구하는 바로크 건축을 비난하고 매도하고자 하는 의도에서 사용되었다고 볼 수 있다.

조형예술에서 나타난 바로크 형식에 대한 긍정적인 평가는 19세기 중엽 독일인 미학자 야콥 부르크하르트Jacob Burckhardt[4]에서부터 시작되었다. 그 뒤를 이어 미술사에서 바로크 양식 정립에 결정적인 역할을 한 사람은 역시 독일인으로, 그의 제자였던 하인리히 뵐플린Heinrich Wölfflin(1864~1945)이었다. 뵐플린은 1888년 발표한 그의 저서《르네상스와 바로크》에서 바로크 양식을 특징짓는 네 가지 주요 효과를 제시했는데, 그것은 바로 생동감 · 풍요로움 · 웅장함, 그리고 움직임이었다.

영국에는 네덜란드와 프랑스를 통해 바로크 스타일이 전해졌다. 따라서 영국의 바로크는 마치 이탈리아의 원형을 이 두 나라의 체로 거르고 정제하여 융화시킨 듯하다. 바로크의 발전 시기와 스타일을 지

4) 부르크하르트는 미술사에서 바로크 양식을 고전주의적 르네상스 양식에서 독립된 하나의 개념으로 보았다는 면에서 선구자적인 역할을 하였다. 그러나 여전히 바로크 양식을 르네상스 양식에 비해 하위의 퇴락한 개념으로 판단했다는 점에서 전통적인 사고의 틀을 완전히 벗어나지 못한 것으로 보인다.

바로크 양식의 국가별 특징

구 분	개화기	강 조	후원자	양 식	주안점	대표 작가
이탈리아	1590~1680	종교화	성당	역동적	극적 긴장감, 동적	구이도 레니, 프란체스코 알바네, 카를로 돌치, 지오반니 란츠란코, 안드레아 포조, 도메니키노, 구에르치노, 카라바조, 베르니니
플랑드르[5]	1600~1640	재단화	성당, 왕실	화려함	관능적	루벤스
네덜란드	1630~1670	초상화, 정물, 풍경	대중	능숙함	시각적 정확성, 빛에 대한 연구	렘브란트
스페인	1625~1660	궁정 초상화	왕실	사실적	존엄성	벨라스케즈
영 국	1720~1790	귀족 초상	상류사회	소박함	우아함	호가즈, 게인즈버러
프랑스	1670~1715	고전적 풍경화, 장식적인 건축	왕실	허세	질서, 장식적	라투르, 르 브랭과 망사르

자료 : 캐롤 스트릭랜드 지음, 김호경 옮김(2002). 클릭 서양미술사. 예경. p.113.

역별로 비교 정리하면 위의 표와 같다.

바로크 스타일의 주요 모티브는 아칸서스 잎acanthus · 페디먼트pediment · 스와그swag · 마스크mask · 사자 주먹형 발lion's-paw foot · 커트-카드cut-card work[6] · 시누아즈리chinoiserie · 인물 조형상 등이 있다. 재료로는 흑단ebony · 상아ivory · 이국적인 나무들 · 거북이 등껍질tortoiseshell · 원석 · 은 · 동 등을 많이 사용하여 부와 권력을 과시하려 하였다. 파에트레 듀레pietre dure 기법[7]과 마케트리marquetry[8] 그리고 벨벳 실내 장식류velvet upholstery 등이 유행하였다. 앞서 제시한 바와 같이 바로크 스타일의 특징은 장중하고 무거운 느낌을 주며 입체적이다. 또, 크기가 큰 편이어서 다소 거창해 보이기도 한다. 바로크 스타일에는 대담하고, 굵은 선, 역동적인 힘이 있어 흔히 남성에 비유하며, 완벽한 대칭성이 디자인의 기본이다. 이 대칭성 때문에 시각적으로 안정감을 주고, 디자인의 무게 중심이 아래에 있는 것이 특징이다.

5) 벨기에 동 플랑드르와 서 플랑드르 두 개의 주를 중심으로 하는 북해 연안의 저지대로 스헬데(에스코) 강이 동쪽 경계를 이룬다. 벨기에어로는 블렌데렌 Vleanderen, 영어로는 플랜더스 Flanders라고 한다. 한때는 네덜란드 남부에서 프랑스의 북동부 일대를 통틀어 지칭한 일도 있었다. 전략상 중요한 지역이였기 때문에 전란으로 자주 지배자가 바뀌고 영역에도 변화가 뒤따랐다. 1482년 합스부르크 가가 영유하였고, 1584~1714년에는 스페인이 지배했으며, 1830년 벨기에 독립전쟁으로 네덜란드에서 분리되어 지금처럼 동·서 플랑드르가 성립되었다.
6) 모티브를 종이처럼 잘라 붙이는 기법
7) 라 피즈 라줄리, 아게이트, 호박과 같은 준보석이나 대리석으로 상감하는 것

바로크 스타일의 주요 모티브

구 분	특 징	그 림
아칸서스 acanthus	• 지중해 지역의 식물인 아칸서스 잎을 양식화한 장식문양 • 코린트 양식과 콤포지트 양식의 주두에 대표적으로 사용됨 • 그밖에 건축의 몰딩과 가구 등에서 찾아볼 수 있음	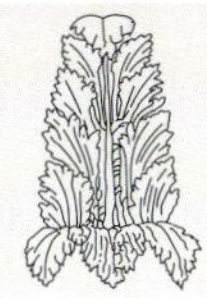
페디먼트 pediment	• 고전 건축의 신전 정면이나 후면의 주랑에서 돌림띠 위와 지붕의 선을 따라 얹어지는 삼각형의 부분 • 또는 문과 개구부 상부나 비교적 규모가 큰 가구의 상부에 위치하여 장식으로 사용되기도 함	
스와그 swag	• 고리형의 화환처럼 창문에 늘어뜨린 직물 혹은 꽃줄 장식이나 과일, 꽃, 잎, 리본 등으로 이루어진 화환과 유사한 모티브 • 르네상스와 18세기 인테리어에서 조각이나 채색기법, 혹은 벽난로 위의 돌출 선반인 맨틀mantle에 사용	
시누아즈리 chinoiserie	• 중국 미술의 영향으로 중국식 장식 모티브를 사용하여 제작된 가구, 직물, 벽지, 장식품 등을 일컫는 프랑스어 • 자연스럽고 환상적인 묘사와 형상의 중국 자기, 래커, 직물과 벽지 등에 대한 유럽인들의 선호는 17세기에 급성장 • 시누아즈리는 중국과의 무역이 활발하던 바로크 시대가 낳고, 로코코 시대가 길러 크게 유행	
토토쉘 tortoiseshell	• 단단하고 반투명하며 황색과 갈색 빛이 도는 바다거북의 등딱지 • 열과 압력을 가해 납작하고 얇게 펴 상감세공이나 가구의 표면장식에 사용 • 가구에 최초로 사용된 것은 고대 로마이며, 프랑스 바로크 시대의 디자이너 불르A. C. Boulle는 각종 가구에 흑단과 함께 거북의 등딱지를 즐겨 사용 • 19세기 이후에는 소, 염소 등의 뿔을 채색하여 모조 별갑을 만들어 사용	
사자 주먹형 발 lion's-paw foot	• 사자 발 형태로 조각한 가구의 발 • 17세기 후반부터 18세기 초반까지 유행했으며, 엠파이어Empire 시대와 리젠시Regency 시대에 다시 유행하였다.	

자료 : 민찬홍 외(2005). 실내디자인 용어. 교문사.
Paul Davidson(2000). *Antique Collector's Directory of Period Detail*. Barron's.
Judith Miller(2000). *Dictionary of Antiques & Collectibles*. Bulfinch Press.

테이블 코디네이트의 요소

17세기에 이르러 음식이 다양해졌고, 과자patisserie도 등장하였다. 이 무렵 등장하기 시작한 설탕은 식탁을 장식하는 용도로도 사용되었으며, 17세기 이전의 성대한 연회는 점차 음식과 관련된 실제적인 즐거움을 주는 스타일로 변모하게 된다.

진정한 미식의 시기는 루이 14세의 궁정에서부터 시작된다. 식탁 예술의 발달 배경에는 궁정뿐 아니라 식탐을 악덕으로 여기던 교회의 규율이 완화된 점도 주된 요인이었던 것으로 보인다. 군주의 식탁에는 산해진미가 올랐고, 식기는 진기하고 비싼 것으로 차려졌다. 루이 14세가 공개 회식을 권력 과시의 수단으로 삼았던 일화는 유명하다. 그에게 식탁은 하나의 정치 전략이었다.

루이 14세 연회의 특징은 '엄청난 스케일의 향연'이다. 연극 · 무용 · 음악제전 등 모든 연회를 관객이 있는 행사로 만들었다. 왕이 주최하는 공적인 회식의 경우는 일반 평민들도 초호화판 식사를 구경할 수 있는 관람석에 앉아 그 광경을 지켜봐야 했고, 연회가 끝나면 남은 음식들을 먹을 수 있었다.

당시 지배적이었던 프랑스식 서비스에서는 어떠한 자리에 앉느냐가 매우 중요했던 것으로 보인다.

아카데미 프랑세즈의 연구생이던 피에르 폴 스뱅의 데생집 가운데, 향연을 묘사하고 있는 작품이 있다. 어떠한 성격의 향연이었는지 정확하지는 않지만, 다른 자료들과 마찬가지로 1660년대 후반일 것으로 추정된다.

주최자는 추기경이며 왼쪽에 앉은 사람은 남자 같은 차림으로 유명했던 스웨덴의 크리스티나Drottning Kristina 여왕일 가능성이 높다. 주최자와 주빈들은 단 위에 놓인 반원형 탁자에 앉아 있다. 단의 양쪽 끝에는 트린치안테trinciante가 고기를 썰고 있으며 가운데로 음식을 나르고 있는 시종이 보인다.

손님들이 앉은 의자 뒤에는 개인 시종들이 서 있다. 단 아래

8) 가구를 장식하기 위해 바탕이 되는 나무 표면에 꽃이나 자연 형태 등을 디자인하고 여러 가지 색의 나무, 상아, 놋쇠, 백합, 자개 등으로 쪽매붙임하는 기법. 일종의 파케트리parquetry 기법으로 가구 표면에 패턴화하여 응용될 때 마케트리라 한다. 고대 이집트와 그리스, 로마에서 시작되어 르네상스를 거쳐 17~18세기 프랑스와 영국에서 성행하였다.

46 루이 14세의 연회 루이 14세는 거의 매일 연회를 열었고 신하들에게도 무절제한 생활을 적극 장려했다. 왕 자신이 음식을 적게 먹는 경우에도 연회에 모인 사람들이 포식하는 모습을 구경하기 좋아했기 때문에 사람들은 배가 불러도 굶주린 사람처럼 식탁에 그대로 앉아 있어야만 했다.

47 루이 14세의 초상

에는 일반 손님들이 긴 탁자에 마주 보며 앉아 있다. 가운데에는 크레덴자credenza[9]들을 놓는데 하나는 주빈을 위해, 두 개는 다른 손님들을 위한 것이다.

음식 냄새를 없애기 위한 향수 버너도 보인다. 은 접시와 음식이 있고, 한쪽에는 스칼코[10]나 집사장으로 보이는 사람이 관장官杖을 들고 앞장서서 한 코스의 음식을 입장시키고 있다. 다른 급사들은 이전 코스에서 사용한 그릇들을 들것에 실어 나가고, 왼쪽에는 구경꾼이 지켜보고 있다. 그림에서는 음료수를 나누어 주기 위한 일종의 '보티글리에라' 가 보이지 않는데, 다른 쪽 벽에 있을 것이라 추정할 수 있다.

이 연회에 스웨덴의 크리스티나 여왕이 참석했을 것으로 추측하는 이유가 있다. 1655년 그녀가 개종을 위해 이탈리아를 통해 로마로 갔을 때 그녀를 위해 이탈리아의 바로크 연회 가운데 가장 복잡한 연회가 열렸기 때문이다. 사탕과자는 더욱 정교해졌다. 매우 중요한 연회였기 때문에 당시 가장 유명한 사탕과자 제조자 루이기 페델레가 여왕의 여행을 수행하는 대열에 참여했다.

17세기 초 이후 매우 독특한 방향으로 음식문화가 바뀌었다. 지위가 무시되고, 손님들은 스스로 음식을 찾아먹으며, 긴장을 풀고 우아하게 사교적인 대화를 했다. 요리를 만드는 기술은 매우 중요한 관심

9) 식기 진열장
10) 군주가 절대권력을 자랑하기 위하여 대중 앞에서 식사할 때 이를 전담했던 관리직

사였다. 이는 엄격한 규율에 염증을 느껴 진부한 스타일에 대한 상류사회의 반발의 결과이기도 하였다. 루이 15세의 은밀한 만찬은 사람들이 과거 르네상스의 조화로운 우주관에 대한 믿음을 잃어버렸고, 새로운 사회적 이상인 계몽철학이 나타났으며, 또한 자신의 눈으로 목격한 대상의 진실성에 대한 순진한 믿음이 사라지면서 등장하였다.

48 스웨덴의 크리스티나 여왕을 위한 연회 피에르 볼 스벵의 데생. 1660년대 후반. 스톡홀름 국립박물관 소장

물론 이러한 변화는 서서히 이루어졌으며, 서유럽의 모든 나라에서 동시에 일어난 것은 더더욱 아니었다. 단지 식사의 의식화가 최고조에 달하면서 그로부터 벗어나고자 하는 욕구가 생긴 것은 필연적인 결과였던 것으로 보인다. 시대사에 있어서 바로크에서 로코코로 바뀌어가는 과정이었지만, 바로크에서부터 그 단서를 찾을 수 있다. 이탈리아에서 바로크 시대 연회의 도구들이 미적인 탈선을 시도하고 있었기 때문이다.

디너웨어dinnerware

49 난형卵形 접시 느베르. 17세기. 폭 44cm

1630년경 느베르Nevers에는 극동에서 시작된 또 다른 양식이 소개되었다. 이탈리아계 도공으로부터 전해진 것으로서 짙고 옅은 청옥색의 꽃과 동물 문양들이 그것이다. 꽃문양 그릇들은 오늘날 유럽에서 흔히 볼 수 있기 때문에 이러한 무늬가 당시에 매우 희귀했을 것이라고는 상상할 수 없을 것이다. 그러나 중국의 영향이 없었다면 이 같은 문양들은 결코 유럽에까지 확산되지 않았을 것이다. 뿐만 아니라 파이앙스 도기에는 당시 도공들이 능력을 발휘하여 정교하게 묘사한 중국 인물상의 예처럼, 중국 자기에 나타난 장식 의장을 직접 모방한 것들도 나타났다. 결국, 백색 바탕 위에 파란색 문양을 나타내는 장식이 17세기에 광범위하게 유행하였다.

느베르에서는 또한 괄목할 만한 또 하나의 전형적인 장식을

50 접시 1　느베르, 1635년경, 지름 24cm

51 접시 2　느베르, 17세기 중엽, 지름 44cm

52 병　느베르, 1680년경, 높이 45.1cm

개발하였는데 파란 바탕에 백색 문양을 그리는 것이었다. 흥미롭게도 이러한 도기들에 그려진 문양들은 종종 이스탄불의 시장에 내놓기 위해 이즈니크에서 제작된 터키 도자기를 모방하고 있다. 17세기 느베르의 파이앙스 도기는 놀라운 급성장기를 맞이하였으며, 요업소들은 번창하고 증가하였다. 하지만 18세기에 이르러 수요에 따른 엄청난 양의 생산품을 제작하였음에서 불구하고 질적으로는 저하되었다.

개인 접시의 사용은 루이 14세 시대부터 시작되었다. 니콜라스 드 본퐁Nicolas de Bonnefons은 "포타주potage를 담기 위해서 접시는 우묵하게 패어 있어야 한다. 스푼으로 떠 먹을 때 상대방에게 음식물이 튀면 혐오감을 줄 수 있기 때문이다. 또한 이미 입에 넣은 스푼을 씻지 않고도 그대로 사용할 수 있도록 각자가 자기의 개인용 접시를 사용해야 한다."고 언급하였다. 이처럼 속이 우묵하게 파인 개인용 접시는 17세기

53 다니엘 마로Daniel marot (1661~1752)가 차이나웨어로 꾸민 방

54 프레드릭Frederick 1세의 동양 도자기방　장 마로Jean Marot의 디자인, 30×40피트 크기

55 델프트 도기 야콥 벰메르츠Jacob Wemmersz 제작. 네덜란드. 1670년경. 48cm

56 찰스 2세 시대의 손잡이가 양쪽에 달린 그릇인 포린저 은에 컷 카드 장식. 존 노이John Noye 제작. 런던. 1672년. 10cm, 15oz

의 발명품이었다. 영국에서는 1641년에 이르러서야 비로소 근대형의 개인 접시에 관한 언급이 처음 나오는데 그 접시들은 '하얀 도자기 제품인 식사용 접시' 라고 설명되어 있다.

재산 목록에서 확인되듯이 루이 14세는 행사마다 다른 식기를 사용한 듯하다. 식기의 대부분이 17세기 말에 바로크 양식으로 제작되었지만, 세트보다는 다양한 형태로 장식되었다. 하지만 궁정의 가사실에서 사용한 식기나 왕이 베르사유와 마릴리에서 사용하고자 제작한 식기들은 세트로 사용했던 것이 틀림없다.

자기가 만찬 식기 세트로 꽃을 피운 곳은 프랑스가 아니라 독일이었다. 작센의 아우구스투스가 마이센 자기 공장을 적극적으로 후원하였기 때문이다. 17세기 들어 마욜리카는 쇠퇴하기 시작하고, 1710년 마이센에서 자기 제법이 개발된다. 시누와즈리풍이 유행하게 되고, 청색과 단일 채색, 다채多彩, 바로크풍의 명암이 강한 인물이나 식물 · 동물의 문양이 많이 나타난다. 중국의 청화자기를 본뜬 델프트 도기가 유럽시장을 차지하게 된 것도 주목할 만한 사건이다.

마이센에서 1747년에 만든 바로크풍의 식기 세트는 조개 모양의 소금 그릇 한 쌍과 마이센의 찰스 3세가 썼던 숟가락으로 구성되어 있다. 러시아의 엘리자베타 여왕이 시베리아 전쟁에서의 승리를 기념하기 위해 1738년에 주문한 접시로, 중앙에 세인트 앤드류의 문장이 장식의 기능을 겸하고 있다.

바로크풍의 설탕 그릇과 숟가락은 요한 요아킴 캔들러Johann

57 바로크풍의 식기 세트

58 바로크풍의 설탕 그릇과 스푼

Joachim Kandler[11)]와 브륄count Brühl 백작의 합작품으로 백조를 주제로 마이센에서 만들었다. 흔하지 않은 디자인과 아름다운 색상으로 높은 가치를 인정받고 있다. 설탕 그릇의 높이는 3.5cm이고, 숟가락의 길이는 18cm이다.

59 바로크풍의 수프 그릇

바로크풍의 식기는 1740년경 마이센의 유명한 도예공이었던 캔들러의 작품에서 그 특징이 잘 드러난다. 캔들러가 만든 바로크풍의 수프 그릇은 18세기 마이센에서 가마를 일구어 낸 작센 공 아우구스트 렉스의 이니셜을 새겨 넣은 것으로 그 둘레가 27cm이다.

60 마이센의 스완 서비스

1738년 브륄 백작의 명령으로 만들어진 스완 서비스swan service 시리즈 그릇은 마이센에서 제작된 것으로 바로크적 양식을 잘 보여 준다.

캔들러는 바로크 예술의 생동감, 즉 순간의 동작을 포착하는 바로크풍을 자기로 표현하여 극찬을 받는데, 러시아의 엘리자베타 여왕을 표현한 기수상이나 아우구스트 3세의 영웅적인 기수상과 경기병들이 백마를 타고 급히 다가오는 조형물 등을 제작하여 예술 사조와 시대를 반영했다는 평을 들었다. 또한 브륄 백작의 오케스트라단을 풍자한 원숭이 오케스트라단은 사회적 도덕성을 풍자한 작품으로 주목받았다.

금을 입힌 식기와 은으로 만든 식기는 부자를 위한 것이었고, 부자가 아닌 사람들은 델프트나 파이앙스에서 만든 그릇, 후에는 자기 모양의 백랍그릇이나 질그릇을 사용했다. 그러나 루이 14세가 1689년과 1709년에 모든 금 · 은기를 녹이라는 칙령을 내림에 따라 프랑스 왕실에서 사용하던 은식기는 전쟁 비용을 감당하기 위하여 사라지거나 녹여졌다.

11) 마이센 공장의 숙련된 조각가였다. 초기엔 커다란 조각이나 동물상을 제작하였으나, 1736년 이후 작은 크기의 조각상이나 실내 장식품 제작에 더욱 주력하였다.

커틀러리cutlery

가늘고 우아했던 16세기에 비해 17세기의 나이프는 날이 짧고 끝이 둥글어지며, 폭도 넓어진다. 날의 폭이 넓어진 것은 나이프의 표면적을 넓혀 음식을 그 위에 안전하게 얹어 입으로 옮기려는 의도적인 기능성에 입각한 것으로 해석할 수 있다. 콩처럼 낱알의 작은 음식은 이전 세기까지는 나이프의 끝을 이용하여 하나씩 찍어먹었으나, 이때부터 날을 이용해 손쉽게 먹을 수 있었다. 이 위험한 습관은 18세기까지도 이어져, 대부분의 영국인들은 나이프를 평평한 스푼처럼 사용했고, 특히 콩 같은 것은 칼등에 얹어서 입에 넣는 일이 빈번하였다.

17세기 이전의 나이프는 대개 끝부분이 뾰족해서 음식을 가르고, 찍어 옮기는 기능을 동시에 수행하였다. 그러나 17세기 후반에 부분적으로 포크가 등장하면서, 나이프는 음식물을 자르는 고유의 기능만이 남았고, 여기에서 날 끝이 뭉툭하게 된 두 번째 원인을 찾을 수 있다. 손잡이는 상아 조각이나 흑단 · 호박 · 마노 · 흑옥 등 고가의 광물을 장식한 제품이 인기였다.

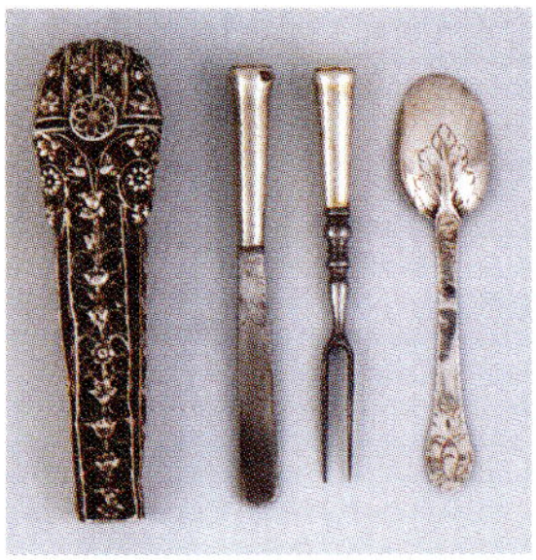
61 휴대용 커틀러리 세트

신랑이 결혼 선물로 배우자에게 이름을 새긴 나이프를 칼집에 넣어 선물하는 풍습이 유행하기도 했다. 이처럼 다양한 종류의 칼집의 유행은 17세기 말엽까지도 '휴대용 커틀러리portable cutlery'가 일반적인 현상이었다는 사실을 예증한다. 물론 여행을 다닐 때 특별한 식탁용 나이프food knives를 소지하는 것은 귀족계층뿐이었다. 다른 계층에서는 이 시기까지도 개인 소유화되지 못하였다. 이것은 클라라 피터스Clara Peeters(1594~1640)의 풍속화 〈The Service of the Table〉에서도 나타나는데, 대부분의 테이블 위에 나이프가 한 개만 그려졌다. 이 사실은 나이프가 공동의 도구였다는 것을 단적으로 보여 주는 예이다.

유럽에서 포크가 일상적으로 사용하게 된 시기는 상이하다. 최초의 사용자는 비잔틴 지역민들이었고, 그리스를 거쳐 이탈리아와 스페인은 16세기에, 그리고 독일 · 프랑스 · 영국 · 스칸디나비아는 17세기부터였다는 것이 통설로 받아들여진다. 독일인의 《기묘하고 진실한 옛날이야기Wunderliche and Wahrhaftigen Geschichten》(1648)에 "샐러드를 포크로 먹는다."며 프랑스인의 습관을 희화해 묘사한 글로 미루어 프랑스인들이 독일과 영국보다 포크 사용 시기에 있어 앞선 것으로 보인다.

나이프와 포크 같은 식사 도구는 여전히 큰 접시에서 작은 접시로 음식을 덜어 낼 경우에만 사용되었을 뿐 음식을 먹을 때에는 쓰이지 않았다. 17세기 중반에서야 비로소 식사에 포크를 사용하는 것이 일반화되었다.

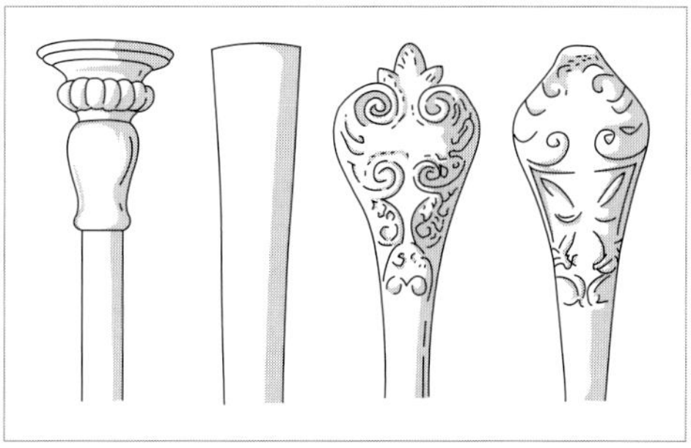

62 바로크풍의 여러 가지 커틀러리 디자인 왼쪽부터 seal-top spoon(17세기), puritan spoon(1649~1660), trefid pattern(17세기 후반), dog-nose spoon(17세기)

이전까지 식탁 위에서 절대적인 위치를 점했던 스푼의 역할도 축소된다. 주 기능을 담당하는 볼의 크기는 작아지고, 보조 기능인 손잡이의 형태는 다양해졌다. 17세기 후반에 이르면, 포크와 스푼의 손잡이가 오늘날처럼 평평한 모양의 디자인으로 발전한다. 이 시기부터 세 개의 손가락으로 커틀러리를 잡는 방법이 일반화되기 시작하였다.

식탁용 스푼을 도입한 것은 몽토지에의 공작으로 그 전까지는 각자가 자기 숟가락으로 음식을 덜어 먹는 형태였다. 청결함에 대한 유일한 요구는 식사 전후에 손을 씻는 것이었다. 높은 신분의 사람에게 손을 닦기 위한 냅킨을 제공하는 것은 하나의 특권으로 여겨졌다.

이 시기의 은으로 만든 스푼은 세례식 선물로 애용되었으며, 평생 간직할 만큼 귀한 품목이었다. '은 스푼을 물고 태어난다born with a silver spoon in your mouth'는 것은 곧 사회적으로 높은 지위에 있음을 의미하였다.

17세기에 청결함이 특히 음식과 식사에 관한 문헌에 빈번하게 언급되었다. 1704년에 《트레부 사전》에서 '청결한'은 라틴어의 '화려한ornatus'과 '잘 정돈된compositus', 그리고 '장식된comptus'의 동의어로, '청결함proprete'은 '우아함elgantia'의 동의어로 정의되었다. 이것은 프랑스인들이 조리와 식사 시중 그리고 식사 습관에서의 청결함을 매우 중시했음을 보여 주는 것이라 할 수 있다.

1685년경 제작된 것으로 보이는 나이프 끝의 형태는 사각형에 가까웠고, 포크의 갈래는 두 개이다. 스푼과 세트인 이 제품은 개인용 커틀러리 세트로 여행이나 다른 곳을 방문할 때에 사용할 수 있도록 제조된 것이다. 이러한 사실로 미루어 17세기 후반까지도 커틀러리는 매우 귀하게 취급되었음을 유추할 수 있다. 휴대용 커틀러리 세트 제품은 18세기의 시작과 함께 역사의 뒤안길로 사라졌다.

바로크 시대의 은 제품은 'C'의 소용돌이형과 'S'의 커브형을 장식적 요소로 많이 사용하였다. 티포트tea pot는 거의 이러한 패턴으로 제작되었고, 커틀러리의 손잡이 역시 둥근형과 조각으로 장식된 제품이 많았다. 바로크 시대의 은 제품은 거의 남아 있지 않다. 그 이유는 당시 전쟁 자금 조달을 목적으로 대부분의 은 제품들을 녹여버렸기 때문이다.

한편, 당시 음식사에 있어서 간과할 수 없는 중요한 사건으로 동방과 미국 식민지로부터 소개된 새로운 식품의 전래를 꼽을 수 있다. 특히 차, 초콜릿, 커피 등 새로운 기호품의 등장은 다양한 도구 제작의 욕구에 부응하였다.

글라스웨어glassware

63 베네치아식 고블렛 농민의 모습이 새겨져 있다. 17세기 후반. 높이 18cm. 코닝 유리박물관 소장

베니스가 해상 교역에서 앞장섰던 14세기 말에 이르면, 이슬람 유리의 제작지들인 다마스커스, 알레포와 이집트의 유리 산업이 쇠퇴해가는 반면, 베네치아의 무라노Murano를 중심으로 한 유리 제작이 발전하기 시작한다.

이로써 중세 동서 교역의 서쪽 출발지이기도 했던 베네치아 공화국은 이후 15세기 동안 경제적인 평화와 유럽의 상업 중심지로서의 비중이 점차 커져 갔다. 당시 이탈리아는 르네상스 시대로 이후 약 200여 년간 베네치안 글라스가 널리 알려지면서 세계 유리사에 큰 주축을 이루게 되었다.

17세기 바로크 시대의 무라노의 유리공들은 무색 투명의 크리스털로cristallo를 다양하게 발전시켜가며 유리 산업의 꽃을 피웠다. 그림 63은 당시 유럽에서 유행하였던 글라스로, 세르팡serpent[12] 모양으로 장식된 스템에서 17세기 중반 바로크 시대의 장인의 솜씨를 엿볼 수

12) 코넷에 속하는 옛 악기. 관이 뱀처럼 휘었다고 해서 '뱀'이라는 뜻의 명칭이 붙었다. 이탈리아에서는 16세기부터 세르펜토네로 알려졌다. 프랑스에서는 18세기경에 취주악, 관현악, 교회 음악의 저음악기로 애용되었다.

있다.

한편 15세기 스페인의 바르셀로나는 베네치아의 라이벌 도시로서 유리공의 길드guild가 성행하였다. 16세기경에는 북유럽에서도 유리공예의 인기가 높았다. 무라노의 유리공들은 섬을 떠나 1541년 이후부터 베네치아식의 유리, 파숑 드 베네치아 글라스façhon de Venice glass가 만들어졌다.

64 바로크 시대의 글라스

❖ 린 넨linen

커틀러리 가운데 포크의 등장은 조리법은 물론, 린넨에도 큰 전환기를 가져왔다. 더 이상 고깃덩어리를 부엌에서 미리 작게 잘라 손질할 필요가 없었고, 스푼으로 먹기 위해 으깨거나mashed, 빻거나brayed 작은 볼 형태로 둥글게 만들 필요가 없어 스튜stew나 옥수수죽mush 또는 라구ragout 종류의 조리법만을 고수할 이유가 없어졌다. 또한, 각 코스마다 깨끗한 냅킨을 제공하였던 관습[13)]도 포크의 등장과 함께 퇴색하게 된 것이다.

그러나 1650년경까지도 길고 짧은 타월로 식탁에서 손을 씻는 관습은 계속되었다. 그 후에 긴 타월은 사라졌고, 세기말이 되어가면서 핸드 타월 역시 테이블 포크가 지급되는 사례가 늘어남에 따라 사라진 것으로 보인다.

17세기에는 다마스크 테이블 린넨damask napery이 영국에 수입되었는데, 고가에 거래가 되는 품목이었다. 17세기에 다양한 종류의 다마스크가 사용되었던 것으로 보인다.

1700년대가 가까워지면서 새로운 음료의 등장과 야식의 유행으로 티 냅킨과 야식용 식탁보supper cloth가 등장하였으나, 일반적인 현상은 아니었다.

1729년 라 살의 《기독교적 예법과 예절의 준칙》이란 책에서는 '식사 때는 냅킨, 접시, 나이프, 스푼, 포크를 사용해야 한다. 냅킨을 제일 먼저 펴는 사람은 모인 사람들 가운데 제일 지위가 높은 사람이다.

13) 손으로 식사했기 때문에 각 코스마다 깨끗한 냅킨을 제공하였다. 냅킨은 로마 시대부터 사용되었는데, 정찬에 초대될 때 지참했고, 때로는 남은 음식을 싸서 집으로 가져가는 용도로도 쓰였다. 로마 제국의 멸망과 함께 냅킨도 역사의 뒤안길로 사라졌다가 중세에 다시 부활되었다.

식사 중 냅킨의 용도는 입과 입술을 닦거나, 손가락에 음식 찌꺼기가 묻었을 때 훔쳐 내거나, 빵을 자른 후 나이프를 닦거나, 스푼과 포크를 사용하고 난 다음 그것을 훔쳐 내는 것 등이다.' 와 같이 말하고 있다.

18세기 말 프랑스 혁명 직전에 프랑스 상류층을 표준적 식사 매너에 대체로 접근하였다.

센터피스centerpieces

17세기에 이르러 예술은 더욱 역동적으로 변화하였다. 테이블 탑의 요소 가운데, 센터피스에 해당하는 이 시대 꽃과 관련된 중요한 내용은 다음과 같이 정리할 수 있다.

- 다양한 종류의 새로운 꽃과 식물들이 등장
- 꽃이 과일, 채소, 조개와 같은 다른 종류들과 같이 사용되기 시작
- 건물 내에 절화折花가 많이 사용되기 시작

바로크 시대의 그림에는 다양한 디자인의 꽃 장식이 등장한다. 이때는 서양식 꽃 장식의 정점이 되는 시기로 볼 수 있다. 배나 콘 모양 등 다양한 형태가 보이는데, 권력을 상징하고자 하는 시대적 영향을 받은 것으로 보인다. 또한 아프리카에서 해바라기가, 중동 지역에서 튤립이 소개되었다.

바로크 시대에는 귀족뿐만 아니라 중산층의 일상생활에서도 절화 장식물이 많이 이용되었다. 꽃꽂이에서는 직선보다 곡선이 선호되면서 비대칭적인 형태가 이용되었다. 특히 S자 곡선을 즐겨 사용한 18세기 영국의 화가 윌리엄 호가스William Hougarth의 이름에서 유래된 호가스 커브hogath curve 또는 S선이라 불리는 꽃꽂이의 형태가 만들어졌다. 호가스 커브는 우아하고 느슨한 S자 모양의 곡선을 뜻한다. 이 호가스 커브와 더불어 더치-플레미시 스타일Dutch-Flemish style이 유행하기도 하였다.

65 얀 브뤼겔이 그린 꽃다발
1610~1620년경. 64×59cm.
베를린 시립미술관 소장

이처럼 바로크 시대의 꽃 장식은 비대칭으로 대담한 라인이 역동적이며, 덩어리를 이루고 있는 것이 특징이다.

얀 브뤼겔의 꽃다발 그림에서 눈에 띄는 튤립은 당시 아주 비싼 값을 지불해야 구할 수 있던 꽃이다. 튤립 구근은 희귀한 품종일수록 더욱 비싸서 화폐 대신 쓰이기까지 하였다. 사람들은 튤립 구근을 주고, 집이나 의복, 연장 일체 등을 교환하였다. 더 나아가 차용증서를 써 주고 구근을 사서 이를 되팔았다. 그리하여 바로크 시대에 세계에서 처음으로 주식시장이 생겨났다.

그림 65는 가볍게 꽃다발의 중심으로 집중되어 있는데 둥근 꽃다발과 구스베리 가지에 의해 원형 형태를 띠고 있다. 그리하여 이 꽃다발은 '정물' 임에도 불구하고 바로크적인 운동감을 나타낸다. 교묘하게 조합된 환상적 꽃다발은 가볍게 왼쪽으로 기울어진 타원형에서 이상적인 형태를 찾고 있으며 여기서 꽃다발에 꾲힌 백합 가지가 기운 형태를 강조해 주고 있다.

델프트에서 만들어진 것 중 가장 키가 큰 피라미드 형태의 커다란 꽃병이 있다. 이러한 꽃병은 17세기 말의 튤립 열풍을 바로크 디자인과 결합한 것이었다. 대부분 쌍으로 만들어졌고 여러 층의 개별 칸을 쌓아 만든 이러한 꽃병은 실내장식의 화려한 강조점이 되었다. 잠시 동안 유행하였던 이러한 꽃병은 주로 윌리엄과 메리의 궁정에 있었다. 이 꽃병의 장식 요소와 함께 커다란 크기와 높은 품질은 중요한 사람의 주문을 받아 제작된 것임을 암시한다. 소유자 계보를 살펴보건대 그림 66은 윌리엄 3세의 절친한 친구였던 포틀랜드 백작 1세를 위해 만들어졌을 가능성이 있다.

1715년 뵈트거가 만든 꽃병은 완벽하진 않지만 백색에 가까운 경질자기였다. 유백색의 몸체와 은장식, 인물의 초상, 아칸서스 잎 장식 등은 신화적인 분위기를 자아내며 바로크 양식의 리듬감을 보여준다.

마이센에서 1753~1755년에 만든 바로크풍의 인물상은 마이센 도자기의 파리 에이전트로 일하던 크리스토퍼 휴트와 진 찰스의 드로잉을 토대로 하였다. 18세기부터 도시가 발달하면서 각종 직업이 속출했던 분위기를 반영하고 있다.

17세기 연회의 의전은 매우 까다로웠다. 교황은 영적인 권력을 지상에서 체현體現한 화신이었으므로 언제나 혼자 식사를 했고, 더구나 여성 앞에서 식사를 한 경우는 없었다. 문제를 더욱 복잡하게 만든 것은 크리스티나 여왕의 지위였는데, 당시 그녀는 이미 퇴위했으므로 더 이상 군주가 아니었다.

설탕 조각품의 창시자는 바로크 시대 로마에서 가장 큰 영향력을 행사했던 장식 예술가인 조반니 파울 쇼르이다. 그가 트리온피를 위해 그린 두 개의 스케치 작품이 지금까지 남아 있는데, 하나는 크리스티나 여왕의 상징인 불사조였다. 이것은 설탕으로 주조한 후에 색을 칠하고 금박을 입힌 것이었다.

이 작업에는 다른 기술자들도 참여했는데, 니콜로 페레티는 '오로라를 나타내는 시트론으로 만든 개선 전차와 리카세오' 그리고 '마지팬marzipan[14] 나무와 나무를 조각한 받침대'를 만들었다. 이것은 14년 뒤에 열린 1668년 12월 9일에 클레멘트 9세가 크리스티나 여왕을 위해 개최한 연회를 살펴보면 형태를 추측할 수 있다. 퀴리날레 궁정

66 꽃 피라미드 청색 그림의 주석 유약 도기. 1690년경. 높이 160cm

14) 아몬드 · 설탕 · 달걀을 이겨 만든 과자

67 뵈트거의 꽃병

68 마이센에서 생산한 바로크풍의 인물상

에서 열린 이 행사는 14년 전의 연회를 재연하기 위한 목적에서 열렸기 때문인데, 스뱅의 데생을 통하여 얼마나 화려한 연회였는지를 짐작할 수 있다. 두 개의 식탁은 트리온피로 가득 찼고, 특히 여왕의 식탁에는 옥수수 이삭 가운데 왕관을 놓았다.

두 개의 식탁과 단은 높이가 달랐으며, 그 위에는 매우 큰 천개canopy[15]가 매달려 있었다. 또한 난간을 설치하여 모두 남성뿐인 구경꾼들의 접근을 통제했다. 여성들은 참석이 금지되었지만 벽의 태피스트리 뒤에 숨어서 틈 사이로 구경하고 있었다. 모든 움직임은 사전에 계획되었다. 교황은 한쪽 문에서 들어왔고, 여왕은 다른 쪽 문으로 들어왔다. 집사장이 교황에게 냅킨을 내밀었고 여왕은 그것을 받아서 다시 교황에게 전달했다. 교황이 여왕에게 건배하자 모든 사람이 무릎을 꿇었다. 둘의 대화는 그들 가운데 서 있는 '몽시뇨레'를 통해 이루어졌다. 주요리와 트리온피를 치운 후 다시 설탕과자들로 식탁을 채웠다.

이같은 풍경은 이탈리아에서 18세기까지 계속되었으나 오래 가지는 못했다. 경질자기의 등장으로 설탕 트리온피가 사라지긴 했지만 그보다 더 중요한 것은 분위기의 변화였다. 1700년대에 엄격한 클레멘트 11세가 선출되면서 바로크 로마의 황금시대는 종말을 고했으며, 로

15) ① 기후의 변화로부터 보호하기 위해 창이나 문 위에 내어 단 지붕이나 차양
② 벽감niche이나 설교단 위에 설치하는 장식 덮개
③ 침대나 의전용 의자와 같이 가구의 상부를 기둥으로 받치거나 천장에서 매달아 내린 덮개

마의 긴 사순절이 시작되었다. 그때 이미 라 베렌의 혁명적인 《프랑스 요리사Le Cuisinier françios》(1651)가 이탈리아에서 같은 제목으로 1682년에 출판되었다. 그때부터 식탁 문화는 태양왕의 궁정이 주도했다.

이탈리아의 바로크식 궁정 연회는 눈의 즐거움과 풍요로움, 웅장함을 중시하여 그 절정을 이루었다. 16세기 말에 스카피는 각 음식의 본질적인 특성을 유지하고자 했다. 그러나 그의 후계자들이 쓴 요리책들은 음식을 조작해서 가능한 모든 형태의 시각적 효과를 만드는 것을 강조하고 있다. 먹을 수 있는 모든 것을 다른 형태로 바꾸고자 하는 욕심은 안토니오 라티니의 《현대 스칼코Le scalco moderna》(1692)에서 최고조에 달했다. 이 책의 상당 부분은 냅킨을 접는 방법 · 버터 조각품 · 마지팬과 패스트리 · 설탕으로 만든 건축물 및 비유적 조립품들에 대한 내용이 담겨 있었다. 이미 어느 정도 미적인 수준에 도달한 것으로 보인다. 식탁의 역사에서 음식이 그 시대의 장식 예술품, 특히 은과 동으로 만든 소형 조각품들과 함께 나란히 선 때는 이 시기 외에는 없었다.

영 향

햄튼 코트 궁전hampton court palace은 12세기에 지어졌다가 16세기에 헨리Henry 8세(1509~1547 재위)에 의해 바로크 양식으로 재건되었다. 건물과 멋진 조화를 이루는 60에이커의 아름다운 정원은 특히 유명하다. 햄튼에 거주한 첫 번째 왕은 헨리 8세이다. 16세기 초부터 중반까지 잉글랜드의 왕으로 재위했던 헨리 8세 당시의 화려하고 아름다운 방들은 윌리엄 3세와 메리 여왕 때 재건축으로 많이 손상되었지만 연회장과 왕실 예배당Chapel Royal은 당시 모습 그대로 남아 개방되고 있다. 왕의 방이라 불리는 윌리엄 3세의 방은 가장 뛰어난 바로크 스타일로 꾸며진 방으로 1986년 화재로 소실된 후 복원된 것이기는 하지만 가구와 태피스트리 등이 재현되어 있다.

69 그래머시 파크 호텔의 로비

70 그래머시 파크 호텔의 레스토랑

71 그래머시 파크 호텔의 바

최근 바로크 트렌드는 모던하게 재해석되어 호텔과 매장 디스플레이의 기본 콘셉트 또는 악센트 요소로 활용되고 있다. 단순한 형태와 그래픽적인 효과의 믹스, 모노크롬 효과의 컬러 하모니 등 강한 이미지를 위한 기본 요소로 쓰이고 있다.

바로크 코드를 표방하고 있는 예로는 부티크 호텔 가운데, 바로크의 영향을 받은 것으로 high-end boutique design hotels 평가받고 있는 뉴욕의 '그래머시 파크 호텔Gramercy Park Hotel'을 들 수 있다. 이 호텔은 바로크의 특징인 농도가 짙은 컬러들을 주로 사용하였으며, 나이트 블루, 초콜릿 등 블랙에 가까운 색상almost black 들과 리얼 블랙, 레드와 골드 악센트 등과 더불어 광택 효과와의 결합, 톤온톤tone on tone 콤비네이션 등으로 더욱 깊이를 더하고 있다.

참 고 문 헌

국립중앙박물관(2000). 프랑스 도자 명품전. 국립중앙박물관.

김복래(1998). 프랑스가 들려 주는 이야기. 대한교과서.

김재규(2000). 유혹하는 유럽 도자기. 한길아트.

김정숙(1991). 바로크 감성의 형성과 특징. 불어불문학연구. 한국불어불문학회.

노버트 엘리아스 지음, 유희수 옮김(1995). 문명화 과정—매너의 역사. 신서원.

로이 스트롱 지음, 강주헌 옮김(2001). 권력자들의 만찬. 넥서스 Books.

맛시모 몬타나리 지음, 주경철 옮김(2001). 유럽의 음식문화. 새물결.

민찬홍 외(2005). 실내디자인 용어. 교문사.

세계도자기엑스포조직위원회 엮음, 정순주 · 박찬희 옮김(2001). 세계도자문명전—서양. 세계도자기엑스포조직위원회.

신정아(2004). 바로크. 살림.

이연숙(1991). 서양의 실내공간과 가구의 역사 : 고대—바로크. 경춘사.

이인숙(2000). 아름다운 유리의 세계. 도서출판 여성신문사.

임수연(2001). 웨딩플라워 디자인의 역사적 고찰에 관한 연구—유럽을 중심으로. 상명대학교 석사학위논문.

조은정(2005). 테이블 코디네이션. 도서출판 국제.

최지혜(2005). 앤틱 가구 이야기. 호미.

캐롤 스트릭랜드 지음, 김호경 옮김(2002). 클릭 서양미술사. 예경.

토마스 R. 호프만 지음, 이주영 옮김(2007). 어떻게 이해할까? 바로크. 미술문화.

한국국제교류재단, 빅토리아 & 앨버트 박물관(2008). 흙, 불 그리고 아름다움. 한국국제교류재단.

David Battie(1994). *Sotheby's Concise Encyclopedia of Porcelain.* Conran octopus.

Judith Miller(2000). *Antiques.* Bulfinch Press.

Judith Miller(2000). *Dictionary of Antiques & Collectibles.* Bulfinch Press.

Paul Davidson(2000). *Antique Collector's Directory of Period Detail.* Barron's.

Peter Brown(2001). *British Cutlery.* Philip Wilson Publishers.

Philippa Glanville & Hilary Young(2002). *Elegant Eating.* V&A Abrams.

Suzanne von Drachenfels(2000). *The Art of the Table.* Simon & Schuster.

Tim Forrest(1998). *The Bulfinch Anatomy of Antique China & Silver.* Bulfinch Press.

http://en.wikipedia.org

http://www.gramercyparkhotel.com

http://www.hrp.org.uk

그림출처

45. 로이 스트롱 지음, 강주헌 옮김(2005). 권력자들의 만찬. 넥서스 Books. p.316.
46. 김복래(1998). 프랑스가 들려 주는 이야기. 대한교과서. p.89.
47. 이재정 · 박은경(2006). 라이프스타일과 트렌드. 예경. p.57.
48. 로이 스트롱 지음, 강주헌 옮김(2005). 권력자들의 만찬. 넥서스 Books. p.301.
49. 국립중앙박물관(2000). 프랑스 도자 명품전. 국립중앙박물관. p.29.
50. 국립중앙박물관(2000). 프랑스 도자 명품전. 국립중앙박물관. p.26.
51. 국립중앙박물관(2000). 프랑스 도자 명품전. 국립중앙박물관. p.27.
52. 국립중앙박물관(2000). 프랑스 도자 명품전. 국립중앙박물관. p.28.
53. Robin Hildyard(1999). European Ceramics. V&A Publications. p.64.
54. Robin Hildyard(1999). European Ceramics. V&A Publications. p.65.
55. 최지혜(2005). 앤틱 가구 이야기. 호미. p.42.
56. 최지혜(2005). 앤틱 가구 이야기. 호미. p.43.
57. 김재규(2000). 유혹하는 유럽 도자기. 한길아트. p.104.
58. 김재규(2000). 유혹하는 유럽 도자기. 한길아트. p.104.
59. 김재규(2000). 유혹하는 유럽 도자기. 한길아트. p.113.
60. Philippa Glanville & Hilary Young(2002). Elegant Eating. V&A Publications. p.90.
61. Peter Brown(2001). British cutlery. Philip Wilson Publishers. p.95.
63. 이인숙(2000). 아름다운 유리의 세계. 도서출판 여성신문사. p.136.
64. Judith Miller(2000). Antiques. Bulfinch Press. p.9.
65. 토마스 R. 호프만 지음, 이주영 옮김(2007). 어떻게 이해할까? 바로크. 미술문화. p.99.
66. Robin Hildyard(1999). European Ceramics. V&A Publications. p.38.
67. Robin Hildyard(1999). European Ceramics. V&A Publications. p.47.
68. 김재규(2000). 유혹하는 유럽 도자기. 한길아트. p.103.
69. http://www.gramercyparkhotel.com
70. http://www.gramercyparkhotel.com
71. http://www.gramercyparkhotel.com

Chapter 5

Rococo

로코코는 루이 15세에 유행했던 특징적인 장식 미술로, 조약돌을 뜻하는 로카이유rocaille와 조개껍데기를 뜻하는 코키유coquille라는 두 단어가 합쳐진 것이다. 일정한 통일과 조화를 갖고 있는 예술적이고 장식적인 양식을 일컫는다. 직선을 싫어하고 휘어지거나 구부러진, 정교한 장식을 애호하는 점에서는 바로크와 공통되나, 힘찬 바로크에 비해서 로코코는 우아하고 경쾌하며 곡선적 · 비대칭적인 장식, 이국적이며, 중국적인 풍취가 두드러진다.

로코코

1710~1774

시대적 배경

17세기가 왕권의 시대였다면 18세기는 귀족의 시대였다. 루이 14세 사후死後에 베르사유versailles의 궁정은 해체되었고 어린아이였던 루이 15세는 튀일리Tuillerien로 보내졌다. 루이 14세 말년에는 정치적인 실패와 맹트농Maintenon(1652~1675)[1] 부인의 금욕적인 생활이 궁정생활의 침체를 가져와 귀족들 사이에서는 기울어 가는 베르사유의 궁정을 서둘러 떠나려는 움직임이 일어났다.

많은 저택이 파리에 세워졌고 지방에는 성이 건축되었다. 사회는 변화하였고 점점 더 팽창하였으며, 그 속에서 새로운 자본가들이 옛 문무귀족과 합류하였다. 지식인들 또한 새로운 사회의 일원으로 가세하여서 세련된 취미와 태도, 생활예술을 지배하고 있었던 여성 중심의 상류사회에 진보된 사상을 불어 넣었다. 루이 14세 재위 후반기의 엄격했던 시기가 지나가자 사회의 윤리 의식은 해이해졌다. 오를레앙의 대공이 다스렸던 8년간의 섭정기는 쾌락을 좇는 사회의 전형이었다.

어린 루이 15세가 베르사유 궁정을 재건하려 했을 때에도 왕실 컬렉션은 더 이상 늘지 않았으며, 새로운 왕비는 미술에 대한 관심 부족으로 미술 전반에 어떠한 영향도 미치지 못했다. 이후에 퐁파두르Pompadour(1721~1764)[2] 부인의 세련된 취향은 예술의 발전에 일조한 바는 있지만 이제 주도권을 쥔 것은 궁정이 아니라 도시였다. 루이 15세는 당시 유행했던 안락한 생활을 즐기기 위해서 '대사의 계단'과 같이 베르사유 궁에서 가장 아름다운 부분을 파괴하는 일도 서슴치 않았다.

오로지 사냥과 열쇠 수집에만 관심을 가졌던 루이 16세는 예

72 마담 퐁파두르 17~18세기 프랑스, 로코코 시대의 히로인이자 미의 수호신으로 불렸던 퐁파두르 후작부인. 르부르박물관 소장

1) 'Françoise Scarron'이라고도 함. 별칭은 'Madame de Mainten on'
2) 'Jeanne-Antoinette Le Normant d'tioles'이라고도 함.

술에는 전혀 관심이 없었고 마리 앙투아네트Marie Antoinette(1755~1793)[3] 왕비의 취미도 의상이나 가구에 머무는 정도였다. 파리 시민사회가 더욱 더 중요한 위치를 차지하게 되면서 자연히 왕실의 영향력은 줄어들었다. 정치와 문학과 철학이 논의되던 살롱에서 이제 지식은 출신보다 더 중요하게 여겨졌다. 양식은 신고전주의를 향하고 있었지만 생활예술의 표현인 응용미술은 점점 더 세련되어 갔다. 즉, 18세기는 화려하고 환상적인 형태로 발전하였으며, 쾌락을 추구하고 세련됨과 화려한 것으로 만족을 얻으려 했던 시대의 표현이었다.

식문화

17세기만 해도 개인용 접시에 머무르던 서빙 구조가 전체 식사의 콘셉트에 맞는 4피스의 디너세트 등장으로 바뀌게 되었다. 세트로 구성된 금, 은제 커틀러리가 사용되는가 하면 메인 테이블과 보조 테이블이 나란히 등장하고, 개인 저택에는 식사 전용의 공간까지 갖춰지는 등 테이블 장식은 오늘날과 같은 형태를 갖추게 됨으로써 테이블 세팅에 '개인'의 개념이 구체적으로 적용된 것이다.

식탁에서도 상류계급의 여성은 남성과 동등하게 식사를 즐겼고, 중류계급의 여성이 대규모 가족모임이나 다과회에 한해 남성과 동석할 수 있었던 것에 비해 신분이 낮은 여성은 여전히 남성의 식탁에는 함께 앉을 수 없었고 남성이 식사를 끝낸 자리에서 식사하였다.

상류계급 부인들은 식당보다 응접실에서 더 많은 시간과 자유를 즐겼다. 커피가 기독교 공식 지정 음료가 되었고 시내에는 카페가 생겨나 17세기 말경 파리 시내에 단 한 개였던 카페가 18세기에는 2,000여 개로 늘어났으며, 그 출입에 신분의 차이를 두지 않는 자유공간이었다. 여성적 실루엣을 강조하는 로코코 패션을 위하여 가느다란 허리를 유지하기 위한 방법으로 여성들 사이에 다이어트 식사법이 유행하였다.

3) 본명은 Marie Antoinette Josée-phe Jeanne D'Autriche-Lorraine이다.

73 루이 15세와 그 가족들의 식사 장면 18세기 작품으로 부채에 그려진 루이 15세와 그의 가족들의 식탁 그림이다. 로열 패밀리들은 베르사유 궁에서 서로 같이 식사하지 않았다. 이것은 아마 다른 성 chateâu에서의 장면으로 보인다.

루이 15세 시대에도 음식을 다루는 기술은 거듭 발전했다. 이 시대부터 식사에는 좀더 형식적인 순서, 청결, 우아함, 여러 가지 세련됨이 일반적으로 확립되었다.

접시는 세 번만 바뀌었다. 즉, 포타주potage 후와 두 번째 코스2nd course, 그리고 후식에서 바뀌었다. 커피는 아주 드물게 마셨으나, 당시에 막 알려지기 시작한 버찌나 양귀비, 증류주에 열매나 꽃을 넣어 담근 술인 라타피아ratafia를 자주 마셨다.

이 시대에는 요리사들에게 정교한 노력을 요구했고, 그것은 결과적으로 요리 기술의 발달에 큰 공헌을 했다.

1740년경 10인분의 저녁식사는 다음과 같이 구성되었다.

74 굴 만찬 베르사유 식당을 묘사한 장 프랑수아 드 트루아 Jeans François de Trois의 〈굴 만찬〉(1735)은 연회의 즐거운 분위기가 잘 드러나 있다. 원형 탁자는 흰색 천으로 덮여 있고, 그 위에는 중국이나 일본에서 수입한 그릇에 손 씻을 물이 채워져 있다. 손님은 손을 뻗어 포도주 병을 잡고 있다. 무릎 위에는 커다란 냅킨도 놓여 있다. 전경을 보면 얼음 속에 포도주 병들이 담겨 있다.

로코코 시대 저녁식사의 한 예

구 분	내 용
첫 번째 코스 1st course	• 수프potage • 제 즙에 삶은 송아지 고기 정식 • 전채요리appetizer, hors-d'œuvre
두 번째 코스 2nd course	• 칠면조 한 마리 • 채소 요리legume • 샐러드salade • 크림creame
후 식 dessert	• 치즈cheese • 과일fruits • 과일 설탕 절임entremets

75 모닝The Four Times of the Day : Morning 이 그림은 재치가 넘친다. 즐거워 보이는 젊은 여성이 젊은 성직자를 접대하는데, 그 당시 일상적으로 노출된 가슴에 의한 유혹을 묘사한 그림이다. 성직자는 컵을 잡고 있지만 안타깝게도 그의 눈은 직업적으로 금기된 여자 신체의 일부분에 고정되어 있다. 니콜라스Lancret Nicolas(1609~1743) 작품. 1739년. 런던국립미술관 소장

76 스포일드 차일드The Spoiled Child 주방의 전체적인 배경이 생생하게 나타나 있다. 웅장한 터치가 처음에는 단순히 사실적으로 보이지만 자세히 살펴보면 깊은 가치가 있는 것으로 드러난다. 식사는 상당히 청결성이 결여되어 있고 뒤에 있는 테이블에는 씻지 않은 그릇, 바닥에는 빨래가 담겨 있는 큰 단지가 있다. 어린아이가 스푼으로 비밀스럽게 개에게 먹이를 주고 있는 것을 표현하였다. 그뢰즈는 어린아이의 완전한 무관심에서 즐거움을 느끼는 듯 하다. 그뢰즈Creuze, Jean Baptist(1725~1805) 작품

양 식

77 영화 〈마리 앙투아네트〉 중에서

로코코라는 말은 '로카이유rocaille' 에서 유래한 것으로, 지하 인공 동굴인 그로토grotto에서 볼 수 있는 바위, 물, 조개, 이끼와 같은 것들을 총체적으로 표현하는 말이다.

'그로테스크grotesque' 라는 말도 여기에서 유래했는데 특이하게도 로카이유는 어두운 이미지와는 달리 밝고 경쾌하였다. 곧, 흘러내리는 물과 돌고래, 나뭇가지 사이로 피어난 꽃, 과일 바구니들이 형상화된 로카이유와 이것에서 탄생한 로코코는 자연에 뿌리를 둔 생명력 넘치는 스타일로, 알파벳 'C' 나 'S' 자에 비유되는 곡선은 로코코 스타일의 가장 큰 특징이다.

디자인의 특징으로는 복잡한 소용돌이 무늬, 당초唐草무늬, 꽃무늬가 대표적이며, 주요 색상으로 담채색淡彩色과 금색金色을 병용했다.

유럽의 프랑스와 기타 나라의 18세기 예술은 '로코코' 라 일컬어지는데, 영국의 식민지였던 북아메리카의 18세기 양식은 조지안식이라고 부른다. 로코코는 바로크 시대의 호방한 취향을 이어받아 경박함 속에 표현되는 화려한 색채와 섬세한 장식, 건축의 유형을 말한다. 또한 로코코는 왕실 예술이 아니라 귀족과 부르주아의 예술이다. 다시 말하자면, 유희와 쾌락의 추구에 몰두해 있던 18세기 프랑스 사회의 귀족계급이 추구한 사치스럽고 우아한 성격 및 유희적이고 변덕스러운 매력을, 그러나 동시에 부드럽고 내면적인 성격을 가진 사교계 예술을 말하는 것이다. 17세기의 바로크 미술과 18세기 후반의 신고전주의 미술 사이에 유행한 사조로서 유럽의 프랑스를 중심으로 독일과 오스트리아에도 퍼져 나갔다.

바로크가 지녔던 충만한 생동감이나 장중한 위압감이 로코코에서는 세련미나 화려한 유희적 정조로 바뀌었는데, 다시 말하면 바로크가 남성적 · 의지적임에 비하여 로코코는 여성적 · 감각적이라고 할 수 있다.

design keywords

salon culture
Marie Antoinette
Madame de Pompadour

로코코 양식의 특징

구 분	특 징
분위기	유희적 · 인공적. 활기가 넘침
실내장식	도금한 목제 가구들. 채색된 장식 판자. 거대한 벽 거울
주요 형태	구불구불한 S와 C커브. 아라베스크. 리본같은 소용돌이 무늬
스타일	밝고 우아하며 섬세함
색 채	흰색, 은색, 금색, 밝은 분홍색, 청색, 초록색
불어 용어	라 그라스la grace(우아함), 라 구르le gout(좋은 취향)

자료 : 캐롤 스트릭랜드 지음, 김호경 옮김(2002). 클릭 서양미술사. 예경. p.145.

로코코 미술의 성격은 루이 14세 시대의 장중한 위압감, 화려한 의식을 갖춘 궁정 생활이 낳은 바로크 미술과는 달리, 가볍고 섬세한 색채와 문양으로 현란하다. 그 주체가 되었던 장식 미술은 아름답고 화려하며 경쾌하게 약동하는 곡선을 활용하였으며, 좌우균형을 파괴한 자유로운 형식을 특징으로 한다. 이는 장식적으로 문양화된 모티브와 자연주의적인 모티브가 뒤얽힌 것으로서, 화려하지만 친숙한 양식이다. 자연과 사랑, 이 두 가지로 요약할 수 있는 로코코 스타일은 지나치게 유희적이라는 비판과 함께 고전주의의 열풍으로 차츰 시들어 갔다. 그러나 포르투갈과 스페인에서는 18세기 말까지 계속 유행하였고, 1820~1860년대에 다시 부활했다.

테이블 코디네이트의 요소

디너웨어dinnerware

마담 퐁파두르가 실제로 힘을 들여 제품화시킨 것으로는 세브르의 도자기가 유명하다. 독일 마이센의 영향을 받아 프랑스 특유의 고급자기를 만들고자 했던 꿈이 실현된 것이다. 풍경이나 인물, 작은 새 등이 부셰François Boucher(1703~1770)의 필치로 그려졌다. 최대의 걸작은 이 도자기에 기품이 들어간 화려하고 진한 핑크, 퐁파두르의 핑크인 로즈 퐁파두르Rose Pompadour가 탄생한 것이다.

당시 유행했던 포탄砲彈형의 아이스크림에도 자기磁器의 인형이 장식되었고, 지금도 이 아이스크림용의 데코레이션 인형 소품은 퐁파두르라고 불린다.

78 로즈 퐁파두르 접시

동양의 영향

중국 도자기는 17세기 중반부터 유럽으로 상당량 유입되었다. 은 혹은 금으로 진기한 오브젝트object를 덧붙이는 전통이 지속되면서, 중국 및 일본의 도자기에도 금박 청동으로 덮혔으며 벽난로 선반 및 콘솔 테이블에도 사용되었다.

동양 도자기에 대한 수요를 감당하기 어려워지자, 로도프 르메르Rodophe Lemaire로 하여금 아우구스투스가 소장한 일본 도자기나 모조품을 독일의 마이센Meissen 공장에서 만들도록 설득하였다. 프랑스 상인인 르메르는 모조한 도자기가 동양에서 들어오는 것으로 보이게 하려고 교차된 칼의 표식을 하지 말도록 하였으며 그 도자기들은 프랑스 시장에 팔기 위해 디자인 되었다.

79 뚜껑이 있는 큰 볼 스튜 냄비로 추정된다. 파리 클리냥쿠르에서 생산

프랑스 도자기-세브르

세브르Sèvres의 공장은 1769년부터 성공적으로 리모쥬Limoges 부근의 생-이에Saint-Yrieix에서 고령토를 재취하였다.

두플레시스Duplessis, 바첼리에르Bachelieer 그리고 부셰Boucher는 다른 공장의 것과는 완전히 다른 스타일을 창조했다. 그들의 것은 매력적이지만, 동양의 원형에 영향을 받은 비교적 단순한 제품이었다. 빈센네스-세브르Vincennes-Sèvres 도자기에 장식 예술의 고품격 스타일인 금박 청동, 조각된 패널, 장식 페인팅 그리고 판화가 적용됨으로써, 이들 아티스트들은 전의 것과는 완전히 다른 새로운 발명품을 창

80 세브르의 컵 1758년

81 밤 보관함 1758년

조하게 되었다.

하지만 1740년대 초반에 빈센네스Vincennes는 세인트 크라우드 공장에서 만든 것과 같은 꽃가지가 릴리프relief[4] 조각으로 입혀진 화병 등의 세공품을 제작했다. 마이센 도자기 또한 모방되었다. 1740년대 중반, 실제의 것을 모방하는 도자기 꽃은 새로운 벤처의 상업적 성공을 가져왔다.

패널의 새로운 형태와 디자인에 덧붙여, 주요한 1750년대의 혁신은 중국과 마이센의 모방인 바탕색의 발달이었다. 이것은 18세기와 그 이후까지 사용되었다. 세공품의 표면은 서너 군데 흰색을 남겨 두고 나머지는 컬러로 되어 있었다. 색상은 처음에는 균등하지 않았으므로, 가장자리 부분에 금박을 정교하게 입히는 것이 도입되었다.

1752년 첫 번째 시도는 블루 라피bleu lapis로 알려지게 된 푸른색의 얼룩 밑바탕이었다. 이것은 곧 터키석으로 되었고, 블루 헬롯bleu hellot 혹은 불루 셀레스테bleu celeste로 알려졌으며, 루이 15세의 식기 세트에 처음 사용되었다. 또한 노란색과 보라색이 동시에 나타났으나, 기술 및 상업적인 이유로 중단되었다.

1756~1757년 사이에는 그린, 핑크 및 옅은 그린의 프티 베르petit vert로 알려진 다른 바탕색이 등장한다. 몇 년 후, 몇 가지 바탕색상은 세공품에 함께 사용된다.

82 두플레가 디자인한 접시 블루

4) 형상이 대개 평면 바탕보다 튀어 나와 있는 작품의 총칭

83 세브르 티 세트

식탁의 디너웨어

요리 혁명이 가져 온 결과의 하나는 요리를 식탁에 내놓는 순서와 방법이 달라진 '프랑스식 서비스' 이다. 이런 변화는 질서와 균형, 미각과 우아함을 추구한 정신을 반영하는 것이기도 했다.

1764년 조세프Joseph 대공이 로마 왕으로 즉위한 것을 기념해 개최된 연회를 묘사한 그림을 보면 12개의 좌석 하나하나에 은접시를 놓았고 양옆으로 커틀러리가 보였다. 접시 오른쪽으로 나이프, 왼쪽으로는 두 개의 포크가 보인다. 그 중 하나는 둘로 나누고 다른 하나는 셋으로 나뉘었다. 접시 앞으로는 스푼과 뒤집어 놓은 사발이 보인다. 접시 위에 조심스레 접은 냅킨이 빵을 덮었다. 식탁 중앙을 차지한 주인공은 식탁 중앙에 꽃이나 과일을 담아 놓은 장식 그릇인 '시트루Citrou' 이다. 멋진 로코코 양식의 그릇으로, 아래로는 설탕 그릇, 기름병과 식초병을 놓았고 위에는 과일과 꽃을 채운 그릇을 놓았다. 식탁보는 흰 다마스크 천이다. '시트루' 주변에는 은그릇 세 세트가 보이며 모두 대칭을 이루고 있다. 가장 큰 그릇은 투린과 뜨거운 물그릇이고, 가장 작은 그릇은 소금을 담은 테린terrine이다. 또한 손님이 직접 떠먹을 수 있도록 큰 스푼이 보인다.

84 프랑스식 서비스의 우아한 멋 프랑크푸르트에서 1764년 4월 3일에 있었던 〈로마왕 대관식을 위한 향연〉, 부분도, 마프틴 반 메이텐스, 빈 쇤브른 궁

❖ 커틀러리cutlery

금은제 커틀러리가 세트를 갖추어 사용되고, 앞자리 접시의 오른쪽에 나이프, 스푼, 포크가 함께 세팅되기도 하였다.

85 24인분 세팅을 위한 실버 디저트와 서빙 커틀러리 by Jean-Henri Huré

86 티파트나즈 세트

❖ 글라스웨어glassware

12세기부터 프랑스는 착색유리인 스테인드 글라스와 거울 그리고 접시의 번창한 공장산업을 자랑해 왔다. 하지만 질 좋은 테이블 글라스의 생산에 있어서는 대등한 전통을 가지지 못했다. 18세기 말엽까지 프랑스는 유럽 다른 나라에 비하여 뒤떨어졌고, 울창한 숲에서 만들어지는 오직 단순한 제품에만 관여하였다. 또한 유리 제조업은 프랑스 도처에 세워졌고, 중요한 중심지는 네브르Nevers, 루앙Rouen, 오를레앙Orleans 그리고 낭트Nantes였으며 자연스럽게 다른 유럽 유리 세공업자들의 영향을 받아 모방으로 이어졌다.

우수한 베네치안 글라스는 이탈리아 제노바 근처의 알타레L'Altare의 중요한 유리 제조 공장으로 부터 이주한 네브르Nevers의 유리 세공업자에 의하여 완성되었다. 그러나 그것은 주로 18세기 후반부터 유명해지기 시작한 큰 공장인 바카라Baccarat, 성 루이스St. Louis 그리고 클리치Clichy였다.

17~18세기의 식탁에서 포도주 잔은 미리 놓여 있지 않았다. 식사하는 사람이 마실 것을 원하면 하인을 불렀다. 그러면 하인이 포도주 잔을 쟁반에 받쳐 가져왔다. 이때 포도주를 묽게 마시는 손님도 있었기 때문에 마개가 달린 물병도 함께 가져왔다. 도기로 만든 포도주 냉각기들이 일부 손님의 발 옆에 놓여 있다. 그림 91에 그려진 큰 냉각기에는 여섯 병이나 들어 있다. 왼쪽의 보조 식탁에는 접시가 포개져 있고 술잔이 가지런히 정렬되어 있다. 다음 차례로 제공할 디저트는 다른 식탁에 준비되어 있다. 케이크의 명인인 조세프 질리에Joseph zillia의 방식대로 꾸민 꽃 모양 성전이 디저트의 주인공이다.

87 실레지아 silesian의 스템 글라스 1750년

린 넨linen

로코코의 식공간은 여러모로 변화된 양상을 보였는데 식탁 패브릭에도 영향을 끼치게 되어 레이스와 자수, 부드러운 질감의 테이블 클로스 디자인이 그 변화를 선도했다. 새틴satin과 실크로 된 고급스러운 장식이 유행하였고 파스텔 톤의 밝고 따듯한 여성미가 강조되었으며, 크게 주름을 넣거나 자수를 놓는 등 테두리에 술이 장식된 테이블 클로스가 등장하였다.

88 로코코 시대의 린넨

센터피스centerpieces

유럽 자기의 태동기와 맞물려 마이센meissen을 비롯해 프랑스의 세브르sèvres 그리고 영국의 첼시chelsea와 같은 자기 인형들이 만들어졌다. 식기는 물론 테이블 세팅을 위한 자기 인형은 귀족들의 식탁을 더욱 우아하게 장식하였다. 이 시대의 이름난 자기 성형가인 부스텔리Franz Anton Bustelli(1723~1763)를 비롯한 많은 도공의 손에서 마치 춤을 추다 멈춰 선 듯한 우아한 몸짓의 도자기 인형은 전성기를 맞이한다. 이러한 인형들은 주로 C곡선으로 장식된 받침이나 꽃이 만개한 뒷

판을 배경으로 지탱되었다.

17세기 중반에 식탁 설계에서 가장 큰 문제는 식탁의 편평한 바닥에서 무엇인가가 치솟아 오르는 듯한 수직적 효과를 자아내는 것이었다. 촛대를 제외할 때 해결책은 '피라미드형 쌓기' 였다. 이것은 18세기 초기에 음식을 내놓는 가장 독특한 방법이었다. 이런 배열은 주로 다른 방에 별도로 마련하던 디저트에서 사용했지만, 식사하는 동안 내내 식탁의 중앙을 장식하기도 했었다. 절인 과일과 조화造花를 위로 올라갈수록 점점 좁아지는 형태로 복잡하게 쌓았다. 그리고 무너지는 것을 막으려고 중간중간에 자기, 은접시, 백랍이나 주석으로 만든 접시를 끼워 넣었다.

89 캔들 스탠드

피라미드형 배열 이후에 각광받은 것은 대칭형 배열이었다. 대칭형 배열은 투린이나 시트루를 중심에 두었다. 하지만 18세기 중반, 특히 대연회에서는 식사하는 동안 처음부터 끝까지 식탁의 중앙을 관통하는 화단처럼 디저트가 자리 잡고 있었다.

식탁 전체를 조각과 꽃병으로 채운 로코코풍 화단처럼 배치

90 영화 〈마리 앙투아네트〉에서 채소로 높게 장식한 센터피스

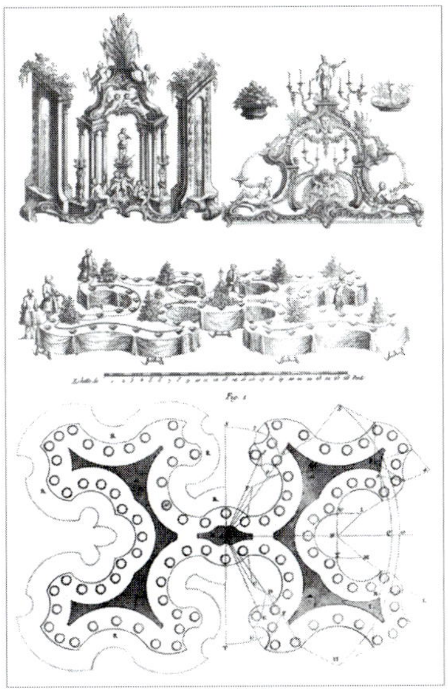

91 살롱 왕자가 주최한 촛불로 밝힌 만찬 유화 1770년경, 라웅 레티프 시청

92 화단처럼 장식한 만찬 식탁 1751년에 발간한 조제프 질리에의 《프랑스의 칸느멜리스테》에 실린 판화이다.

한 것도 적지 않다. 이 판화는 실제로 정원을 설계할 때도 사용할 수 있을 정도이다. 그러나 18세기의 후반에는 케이크 제조인의 설탕 화단이 퇴조하고, 여러 번 사용할 수 있는 자기로 만든 작품들이 그 자리를 메웠다.

영 향

1912년 15살의 나이로 고향 루마니아를 떠나 이리저리 돌아다니던 앙리 네그레스코Henri Negresco가 45세 되던 해에 니스 해변의 중심부에 설립한 네그레스코 호텔은 각 객실마다 데커레이션과 콘셉트가 다른 걸로 유명하며, 니스를 대표하는 최고의 호텔이다. 마치 베르사유 궁에서나 본듯한 침실이며 레스토랑은 벨 에포크Belle epoque 시대의 장식들을 본떴다고 한다.

93 네그레스코 호텔의 식당 내부

참고문헌

로이 스트롱 지음, 강주헌 옮김(2005). 권력자들의 만찬. 넥서스 Books.

장 앙텔므 브리야 사바랭 지음, 홍서연 옮김(2004). 미식예찬. 르네상스.

조은정(2005). 테이블 코디네이션. 도서출판 국제.

최지혜(2004). 엔틱 가구 이야기. 호미.

캐롤 스트릭랜드 지음, 김호경 옮김(2002). 클릭 서양미술사. 예경.

John Whitehead(1992). *The French Interior in The Eighteenth Century.* Laurence King Publishing.

Sarah Yaters(2000). *Miller's Collecting Glass.* Toppan Printing Co.

Sister Wendy Beckett's(1999). *Sister Wendy's 1000 Masterpieces.* Dorling Kindersley.

今田美奈子(1997). 貴婦人が愛したお菓子. 角川書店.

http://blog.empas.com/lemidi/12777875/2007년 12월 2일

영화 〈마리 앙투아네트〉

그림출처

72. Sister Wendy Beckett's(1999). Sister Wendy's 1000 Masterpieces. Dorling Kindersley. p.256.
73. John Whitehead(1992). The French Interior in The Eighteenth Century. Laurence King Publishing. p.12.
74. 로이 스트롱 지음, 강주헌 옮김(2005). 권력자들의 만찬. 넥서스 Books. p.289.
75. Sister Wendy Beckett's(1999). Sister Wendy's 1000 Masterpieces. Dorling Kindersley. p.250.
76. Sister Wendy Beckett's(1999). Sister Wendy's 1000 Masterpieces. Dorling Kindersley. p.191.
77. http://www.sonypictures.com/movies/mariantoinette/index.html
78. 今田美奈子(1997). 貴婦人が 愛した お菓子. 角川書店. p.31.
79. John Whitehead(1992). The French Interior in The Eighteenth Century. Laurence King Publishing. p.182.
80. John Whitehead(1992). The French Interior in The Eighteenth Century. Laurence King Publishing. p.171.
81. John Whitehead(1992). The French Interior in The Eighteenth Century. Laurence King Publishing. p.171.
82. John Whitehead(1992). The French Interior in The Eighteenth Century. Laurence King Publishing. p.12.
83. John Whitehead(1992). The French Interior in The Eighteenth Century. Laurence King Publishing. p.175.
84. 로이 스트롱 지음, 강주헌 옮김(2005). 권력자들의 만찬. 넥서스 Books. p.318.
85. John Whitehead(1992). The French Interior in The Eighteenth Century. Laurence King Publishing. p.33.
86. 佐藤よし子(2006). 食卓を 彩るシルバ-. 講談社. p.161.
87. Sarah Yaters(2000). Miller's Collecting Glass. Toppan Printing Co. p.81.
88. 佐藤よし子(2006). 食卓を 彩るシルバ-. 講談社. p.21.
89. John Whitehead(1992). The French Interior in The Eighteenth Century. Laurence King Publishing. p.146.
90. http://www.sonypictures.com/movies/mariantoinette/index.html
91. 로이 스트롱 지음, 강주헌 옮김(2005). 권력자들의 만찬. 넥서스 Books. p.321.
92. 로이 스트롱 지음, 강주헌 옮김(2005). 권력자들의 만찬. 넥서스 Books. p.327.
93. http://blog.empas.com/lemidi/12777875/2007년 12월 2일

Chapter 6

Neoclassic

신고전주의는 18~19세기에 걸쳐 지나치게 화려함과 고상함을 추구한 바로크와 로코코 스타일에 맞서서 순수하고 본질적인 조형미를 지향하는 고전주의의 부활을 추구하고자 나타난 양식이었다. 스타일 자체는 당시의 고고학적 발굴물에 대한 모방으로 물질적 외향의 아름다움에 치우쳤던 로코코 양식에 대한 정신적인 반대 사조였다.

신고전주의

1760~1860

시대적 배경

신고전주의가 잉태된 시기는 18~19세기로, 새로운 양식의 출현은 기존 양식에 반대되는 경향을 나타내는데, 신고전주의는 바로크·로코코에 대항하여 좀더 순수하고 본질적인 조형미를 지향하여 고전의 부활을 추구하고자 하였다. 이탈리아, 그리스, 이집트 양식에 대한 관심이 증가하면서 유럽에서 시작되었으며, 로코코의 지나친 장식에 대한 반작용으로 프랑스와 영국에서 유행하였으나 스타일 자체는 당시의 고고학적 발견에 대한 국제적 관심의 결과였다. 또한 현실적 즐거움을 추구하던 귀족사회의 쾌락주의를 표현한 로코코를 철학적 관점에서 반성하는 결과로 간소화와 단순화를 추구하였다.

18세기 중엽 신고전주의 양식은 고대 폼페이와 헤라클레늄 유적발굴과 같은 고고학적인 발견으로 고대 그리스와 로마 예술에 대한

94 프랑스 전기 신고전주의 양식의 실내

관심의 증가로 나타났다. 고대 그리스와 로마의 감각으로 되돌아 간 것을 프랑스에서는 1760년대에 그리스의 감각이라는 의미인 '구 그렉 Goût Grec' 이라고 불렀다.

식문화

19세기는 프랑스 요리의 황금시대로 러시아식 서비스가 정착했다. 19세기 초 파리 주재의 러시아 대사 쿠라킨Boris Ivanovich Knyaz Kurakin이 프랑스식 서비스의 결점을 보완하기 위해 자국의 서비스법을 소개했으나, 그 당시에는 테이블상의 호화로움이 부족하다는 이유로 받아들여지지 않았다.

19세기 여성은 저택의 '안주인' 으로서 중심적인 역할을 담당하기 시작했다. 19세기 중반 이후 레스토랑에서 러시아식 서비스가 유행하였다. 접시의 오른쪽에 스푼, 나이프가 왼쪽에 포크가 놓였다. 식탁 위에는 리큐르, 와인, 샴페인, 물을 담기 위한 글라스가 놓였다.

95 마리 앙투아네트의 식탁 와인 글라스를 차게 넣어 두는 도기인 '몬테스 볼' 과 로마 시대의 영향을 받은 가란드 장식을 재현하였다.

양 식

고전주의와 신고전주의의 차이를 살펴보면 고전주의는 고대에 창조된 예술 또는 고대 예술에서 영감을 얻은 후세의 예술을 가리키며, 신고전주의는 고대에서 영감은 얻었지만 후세에 창조된 예술을 가리킨다. 따라서 고전주의와 신고전주의는 혼동하여 쓰는 경우가 많다.

신고전 양식의 특징은 고전주의의 원주, 벽기둥, 돌림띠 같은 건축적 양식의 부활이었다. 로코코의 자유곡선은 반원, 활꼴, 타원형으로 바뀌었으며, 천정은 편평하고 고전적 몰딩 장식과 장방형 패널을 사용하였다. 패널에는 컴퍼스 곡선이 사용되었고 표면에 도금과 래커lacquer칠을 피하고 대부분 흰색으로 페인팅하였다. 모티브는 꽃과 폼페이의 발굴에서 영감을 얻은 고전적 잎사귀와 소용돌이가 사용되었고 대칭적 구성으로 디자인되었다. 고전적 인물과 꽃이 조화된 아라베스크Arabesque를 나타내는 석고 부조가 화환과 물방울 모양으로 장식되기도 하였다.

design keywords

French Industrial Revolution
Directoire style
Regency style
Sheraton style
Empire style
Napoleon & Josephine

❖ 프랑스 전기 신고전 양식

프랑스 전기 신고전 양식은 밝고 우아한 루이 16세 후기의 양식으로 비율과 균형을 중시하였다. 앞 시대에 발전된 것을 모방하였으나, 직선과 원형, 팔각형, 타원형의 곡선이 사용되어 고전적인 영향이 장식에 반영되었다. 주로 서랍장인 코모드commode의 장식에 장방형의 패턴이 사용되었고, 그 중앙에 바구니나 꽃병 모양을 여러 개 겹쳐 놓고 위에 문양 그린 종이를 붙인 후 떼어낸 뒤 모자이크처럼 끼워 맞추는 기법인 '마케트리Marquetry'로 꾸민 타원형, 원형의 패널이 있었다. 장식으로는 단순한 조각, 마케트리 등이 사용되었으며, 고전 모티브가 선호되어 로마 예술과 프랑스 꽃에서 유래된 문양들이 기본적으로 적용되었고, 연속적인 모티브는 고대 건축에서 모방한 것이 많았다.

96 18세기 신고전 양식의 실내 입면 프랑스 주택의 장식품은 수가 많고 최고의 질로 장식성이 강한 것이 특징이다. 주로 벽난로에는 선반, 중앙에는 금박시계 또는 테라코타, 대리석 흉상, 측면은 꽃병, 향수, 자기로 만든 작은 입상들이 놓여 있다.

귀족사회에 한정되었던 장식이 중산층까지 퍼졌으며 테라코타, 대리석 흉상, 꽃병, 향수, 도자기 인물상, 수정 장식품 및 촛대를 사용하였다.

영국 전기 신고전 양식

영국 전기 신고전 양식은 후기 조지안 시대(1770~1810)로, 건축가이며 디자이너인 로버트 아담Robert Adam에 의해 발전되었다.

디자인으로는 고전 양식인 돌림띠의 장식이 사용되었다. 아담은 실질적인 영국 신고전 양식의 창시자로, 로마에서 건축 공부를 하였으며 폼페이 발굴의 영향을 받아 건축, 실내장식, 가구, 카펫, 조명기구, 직물, 금속품, 도자기 등에 고전적 도안을 반영시켰다. 아담 양식(1760~1793)은 차분하고 형식적이며 우아한 분위기로, 간단한 곡선 특히 타원형을 사용하여 다양한 조화를 이루었고, 대칭적 균형과 파스텔 톤의 색이 사용되었다. 아담은 실내의 모든 요소들이 조화를 이루도록 하는 고전적인 단순함과 비례감 및 우아함을 가진 총체적 디자인을 하였다. 형태는 근본적으로 직선적이었으나 경우에 따라서 우아한 형태가 사용되기도 하였다. 고전적인 그리스 항아리 형태의 끝처리 장식이 사용되었고, 대조적인 방법으로 가구 표면에 얇은 무늬목을 만들어 목판에 나뭇결을 살리는 장식인 비니어링이 효과적으로 사용되어 화려하고 아름다웠다. 일반적으로 파트레paterae, 옥수수 껍질husks, 항아리, 꽃줄festoon, 수금 형태, 날카로운 수직 홈 장식인 플루팅fluting과 같은 장식 문양이 사용되었다.

헤플화이트George Hepplewhite(1780~1795) 양식은 아담과 프랑스 루이 16세 디자인의 영향을 받았으며, 명쾌하고 우수한 단순성과 뛰어난 비례감이 특징이다. 비례는 가늘고 날씬한 편이었고, 풍부한 색채를 사용하여 조각을 최소로 줄였으며, 조각 장식은 얕은 양각으로 하였다. 헤플화이트 양식은 방패형, 하트형, 달걀형이 대표적인 것이었다.

쉐라톤 양식(1790~1805)은 아담, 헤플화이트, 치펜데일Tomas Chippendale, 루이 16세의 영향을 받아 이들과 유사한 점을 찾아볼 수 있다. 세련된 우아함과 훌륭한 비율, 경쾌하고 우아한 형태, 섬세한 장식이 특징으로, 헤플화이트보다 비율 및 균형감이 높았다. 곡선보다 직선이 많이 사용되었고 근본적으로 수직선이 강조된 장방형이었으며, 헤플화이트 및 아담 양식보다 수수하고 단순·간결해졌다. 밝고 섬세한 양식의 우아한 신고전주의 모티브가 상감되어 장식되었다.

미국 전기 신고전 양식

미국 전기 신고전 양식은 패더럴federal(1780~1810) 양식이라 하는데, 이 시기는 미국이 정치적으로 발전해 가던 시기로 전문적인 건축가 및 디자이너가 처음으로 출현하였으며, 뉴욕, 필라델피아, 보스톤이 디자인의 중심 도시가 되었다. 미국 독립전쟁 이후 민주적인 그리스형과 공화적인 로마형의 고전적 양식이 재현되었고, 세부 장식은 아담 양식과 폼페이식의 모티브로 장식하였다. 가구에서는 쉐라톤과 헤플화이트 디자인이 유행하여 형태 및 비례가 정식적이고 경쾌하며 섬세하였다. 이 시기의 유명한 가구 제작자로는 사무엘 맥인타이어Samuel McIntire와 던컨 파이프Duncan Phype가 있다. 사무엘 맥인타이어는 아담의 영향을 받은 건축가, 실내장식가, 공예가로 미국의 구식 스타일 가구 제작자이며, 아름답고 정교한 가구와 벽난로의 장식, 벽 앞을 보호하거나 처마를 장식하고 마무리하기 위해 벽면 꼭대기에 장식된 돌출 부분인 코니스cornice, 창문 및 문의 가장자리 장식 그리고 곡선 계단으로 유명하다. 뉴욕의 가구 디자이너 및 제작자인 던컨 파이프는 헤플화이트와 쉐라톤 디자인을 기초로 개성 있는 스타일을 개발하였으며, 페더럴 시대에 활동하였으나 후반기에는 엠파이어적 특징의 작품도 디자인하였다. 던컨 파이프는 섬세한 선과 우아함이 특징으로, 조각 장식을 많이 사용하였으며, 고전적인 장식인 그리스Grecian 곡선을 많이 사용하였다.

프랑스 후기 신고전 양식

1789년 프랑스 대혁명 이후부터 나폴레옹 시대까지의 프랑스 후기 신고전은 디렉트와르Directoire(1789~1804) 양식과 엠파이어Empire(1804~1815) 양식으로 구분된다.

디렉트와르 양식은 루이 16세 시대와 나폴레옹이 황제로 등극하기까지의 과도기적 양식이다. 프랑스 대혁명은 새로운 부유층 계급을 탄생시켰고 이들은 자신의 위엄을 표현하고자 고전시대의 특징을 모방하였다. 진하고 화려하며 채도가 높은 색을 사용하였고, 장식에 있어서는 혁명을 상징하는 군사적인 요소인 창, 북, 나팔, 혁명군의 모자 등과 신흥계급인 농민층을 반영하는 가래, 도리깨, 보리단 등이 장식적 요소로 사용되었다. 디렉트와르 양식의 가구는 그리스 영향이 우세하여 그리스 가구와 유사한 형태가 사용되었고, 장식에서는 그리스 곡선 등의 그리스 문양이 유행하였으며 데이지, 마름모형, 별 등이 사용되었다. 그리고 흰색 바탕에 짙은 홍색이나 청색의 선을 몰딩에 사용하는 등 강한 색조가 사용되었다.

엠파이어 양식은 1804년 나폴레옹이 황제로 등극하면서 시작되었다. 나폴레옹의 전쟁 승리로 인해 정치 · 경제 · 사회에 막대한 변화가 일어났고 그 시대 장식 스타일은 자연적이 아닌 인위적인 방법으로 위엄과 존경을 과시하였다. 엄격하고 위압하는 웅장한 분위기의 엠파이어 양식은 고전으로 알려진 프랑스의 마지막 양식으로서, 19세기 초반 유럽과 미국에 영향을 미쳤으며, 1815년 나폴레옹의 워털루 전쟁 참패 후 쇠퇴하기 시작하였다. 고대 로마의 궁전을 모방하였고, 폼페이의 영향이 원주, 벽기둥 등에 나타났으며 정식적이고 위엄과 남성스러움을 표현하였다. 장식품은 고전적이거나 이집트형이 주를 이루었는데, 이는 나폴레옹 제정의 부속물을 나타내는 것이기도 했다. 나폴레옹의 이니셜인 N, 별, 조세핀을 상징하는 장미, 백조 등이 장식 모티브로 사용되었다. 말메종Malmaison은 나폴레옹의 부인 조세핀의 거주지였는데, 조세핀의 침실은 로마 황제의 군사 텐트 내부와 같은 분위기로 디자인되어 엠파이어 양식을 잘 표현하였다. 명쾌한 선을 살려 위엄을 나타내었고 단순하면서도 윤곽이 엄격했고 모서리가 예리했으며, 비율 면에서는 육중한 느낌을 주었다. 직선과 곡선이 함께 사용되었으나 곡선은 자연스러운 곡선이 아닌 기하학적인 곡선이었다.

영국 후기 신고전 양식

영국의 후기 신고전은 레전시 양식으로 일컬어진다. 이는 웨일즈 조지 왕자의 섭정 기간(1811~1820) 동안의 장식 예술에 적용되었다. 프랑스의 엠파이어가 사회적 · 정치적인 변화에 부합되어 그 성격을 반영한 데 반해 영국의 레전시는 사회 변화를 반영하지 못하였다. 영국 레전시에서 프랑스 엠파이어의 영향은 크지 않았으며 주로 고전적 영향과 고딕 및 중국의 영향을 받았다.

레전시 동안 영국에서 영향력이 있었던 실내장식가이자 가구 디자이너로는 토마스 호프Thomas Hope를 들 수 있다. 그의 작품은 고전적인 특성을 지니고 있었으나 전반적으로 독창성과 질이 저하되었다. 고전적 형태를 받아들여 고대 장식을 남용함으로써 구조와 조화를 이루지 못했다. 고전적인 선이 사용되었고 동양의 중국과 일본의 영향이 나

나라별 신고전주의

구 분	나 라	시 기	특 징
전 기	프랑스	루이 16세 후기	• 루이 16세 양식 • 훌륭한 비율과 균형 • 직선과 곡선 사용 • 로마 예술과 프랑스 꽃 문양 적용 • 고대 건축 패턴 모방 • 귀족사회에서 중산층까지 사용
	영 국	1770~1810	• 후기 조지안 시대 • 아담(1760~1793)에 의해 발전 – 귀족적 – 고전 양식인 돌림띠 사용 – 타원형 사용 – 대칭적 균형과 파스텔 톤 색 사용 – 피니알 사용 – 비니어링 효과 • 헤플화이트(1780~1795) – 중산층용 – 명쾌, 단순, 비례감이 특징 – 수직선 강조
	미 국	**1780~1810**	• 패더럴 양식 • 전문적 건축가, 디자이너 출현 • 민주적 그리스형과 공화정적인 로마형 재현 • 세부장식은 아담 양식과 폼페이식 모티브 • 사무엘 맥인타이어 – 아담 장식 영향 – 곡선 계단 • 던컨 파이프 – 섬세한 선, 조각 장식 – 그리스 곡선
후 기	프랑스	1789~1815	• 디렉트와르(1789~1804) – 루이 16세 시대와 나폴레옹이 황제로 등극 시까지 – 그리스 양식이 우세 – 그리스 곡선과 문양 사용 – 데이지, 마름모, 별 사용 – 흰색 바탕의 홍색, 청색 선 사용

(계 속)

(이어서)

구분	나라	시기	특징
후 기	프랑스	1789~1815	• 엠파이어 양식(1804~1815) – 나폴레옹 등극 이후의 양식으로 금색 사용 – 인위적인 방법으로 위엄과 존경 과시 – 고대 로마 궁전 모방, 폼페이 영향 – 나폴레옹의 이니셜 N, 벌 – 조세핀의 상징인 장미, 백조
	영 국	1811~1820	• 레전시 양식 – 웨일즈 조지 왕자의 섭정기간 장식 예술 – 고전적 영향과 고딕 및 중국의 영향 – 스핑크스, 몬스터, 팔메트, 아라베스크 모티브
	미 국	1820~1860	• 그리스 로마 양식 • 프랑스 엠파이어 양식 모방 • 국가적 상징인 독수리가 장식 모티브 • 별, 아칸서스 잎, 파인애플 디자인 • 던컨 파이프의 영국 쉐라톤 디자인, 그리스 곡선

타났다. 장식 모티브는 그리스와 로마의 것을 모방하여 고전적이었으며, 스핑크스sphinxs, 몬스터monster, 린소rinso, 팔메트palmette 덩쿨, 아라베스크 등의 모티브가 사용되었다.

❖ 미국 후기 신고전 양식

미국 후기 신고전(1820~1860)은 그리스 부흥Greece revival 시대로, 그리스와 로마 양식을 널리 사용하였다. 웅대한 규모의 국가적 면모와 발전을 고려할 때 영국보다는 프랑스의 엠파이어가 더 적절하다고 생각하여 프랑스 엠파이어 양식을 모방하였다. 국가적인 상징으로 독수리가 장식 모티브로 각광받아 건축과 장식 및 모든 생활환경 패턴 모티브로 채택되었고, 현관 입구의 박공pediment 위에 놓였으며 창문의 유리에 칠해지기도 했다. 상감되거나 페인팅된 별 장식도 유행했고 아

97 미국 신고전 양식의 패턴

칸서스 잎과 파인애플 디자인도 많이 사용되었다. 19세기를 대표하는 양식가로 던컨 파이프는 뉴욕에서 활동하였다. 1795~1818년 사이에 제작된 작품들은 거의 영국의 쉐라톤 디자인을 따랐고, 그리스 곡선을 기본적으로 많이 사용하였다. 그 이후 1830년까지는 프랑스 엠파이어와 영국 레전시의 영향을 받은 디자인으로, 그리스 형태 및 조각 장식을 모방하였다. 우아한 비율이 잘 조화되는 던컨 파이프의 디자인은 세계적으로 높은 평가를 받고 있다.

테이블 코디네이트의 요소

98 **왕실용 주전자** 1775년, 웨지우드에서 만든 왕실 도자기 중 뚜껑 있는 주전자로, 크림색의 바탕에 숲과 나무 그리고 장미꽃과 나비들이 서정적으로 표현되어 있다.

이 시기에는 유명한 요리인이 많이 배출되어 식탁 예술에 크게 공헌하였다. 고대 폼페이와 헤라클레늄 유적으로부터 영감을 얻어 그리스·로마 양식을 창의적으로 재현했으며 순수하고 균형잡힌 미를 추구하려 했다.

디너웨어dinnerware

도자기에서 고대 그리스의 도기가 매우 중요한 디자인 원천

99 이집트 미술에서 모티브를 얻은 도자기 1774년. 유약이나 백색 도기를 만들지 못했던 시절이었으나 검은색으로 독특한 아름다움을 표현했다.

100 이집트 토기 모방 도자기 1780년. 이집트의 흑색토기 모방. 단순하고 절제된 고전적 이미지의 우아함을 표현했다.

101 포틀랜드 항아리 1790년. 웨지우드에서 로마의 카메오글라스를 복원한 것이다.

102 꽃무늬 컵과 접시 1815년, 웨지우드에서 만든 신고전주의 양식의 컵과 접시이다.

103 그리스식 도기 마블웨어 1770년경. 웨지우드 도자박물관

104 18세기 폼페이 발굴 후 유행한 고전 양식의 도자기

105 루이 16세 양식으로 만들어진 식기

106 신고전 양식으로 만들어진 도자기컵과 주전자

107 프랑스 후기 신고전주의의 장식품 조세핀을 상징하는 백조가 모티브로 된 찻잔과 월계관을 모티브로 쓴 도자기 장식품

108 미국 신고전 양식의 식기들

109 **신고전 양식이 나타난 디너 세트** 1815년. 스포드에서 제작한 디너 세트로 고대 그리스를 모티브로 삼았다.

이 되는데, 영국의 조사이어 웨지우드Josiah Wedgwood에 의해서 개발된 블랙 바솔트black basalt와 재스퍼 웨어jasper ware에는 그리스와 로마의 벽 장식에서 보이는 색상이나 문양 또는 카메오cameo를 모방하였다.

폼페이 발굴로부터 모티브를 얻은 웨지우드 도자기는 모방 속에서 독창적이고 다양한 스타일의 자신만의 길을 개척해 크림색 진주빛 바탕에 갈색과 회색 꽃무늬를 조화롭게 표현한 디너웨어 세트를 개발하였다.

110 **후식 접시** 1778년. 프랑스 세브르에서 만든 가장 호화로운 고가 세트 중 하나로 러시아의 에카테리나 대제가 당시 유행하기 시작한 신고전주의 양식으로 주문한 접시

크림웨어의 초기에 웨지우드가 시도한 장식 방법은 여러 가지로 틀을 이용한 부조문, 하리스케몬, 신고전주의풍의 말쑥한 에나멜 그림, 새들러William Sadler에 의한 동판 전사 그림 등이 있었다. 그리고 건축가 아담 형제Robert and James Adam가 주도해서 영국의 국민적 예술양식이 된 신고전주의 양식을 단지, 식탁용 식기류, 메달, 난로 장식, 소도구류 등을 통해 완성시켰다.

❖ 글라스웨어glassware

신고전주의 시대는 1673년 이미 크리스털이 개발되어 종래보다 훨씬 투명도가 높고, 광택이 뛰어나며 경질이었다. 크리스털은 최고급 식기나 공예품에 사용되다 18세기 이후 더욱 발전되어 글라스의 재료로 사용된다. 19세기 미국에서 개발한 강화유리로 만든 글라스는 크리스털의 높은 가격에 비해 대량생산이 가능하여 상대적으로 저렴하였으며, 여러 가지 복잡한 문양을 조각해 넣을 수 있게 되었다.

신고전주의 시대의 글라스웨어는 영국의 고가의 크리스털 글라스와 미국의 강화유리 글라스가 주류를 이루었으며 그 모양이나 조각은 고전 양식을 사용하였다.

111 신고전주의 시대의 글라스

❖ 커틀러리cutlery

신고전주의 시대의 커틀러리는 나이프, 포크, 스푼이 3조 1세트로 본격적으로 사용된 17세기 이후 금, 은 등의 소재를 사용하게 되었다. 18세기 중반부터 커틀러리의 효율적인 정리를 위해 보관용 함이 사용되었고 고가의 테이블 나이프를 포함해 나무나 상어껍질 등으로 만든 보관함에 넣어 찬장에 진열하였다. 손잡이 끝의 디자인은 유행에 따라 올라가거나 내려가기도 하고, 스푼의 앞쪽에 이니셜이 새겨지고 1760년경부터는 스푼과 포크를 위쪽으로 놓는 현재의 세팅법을 갖추게 되었다. 세팅법은 나라마다 차이가 있어, 영국, 미국 등은 포크와 스푼을 위로 향해 놓는 것에 반해 프랑스는 뒤집어 놓았다. 이 시대는 옛 문명에 관심이 높아 클래식한 디자인들에 관심을 기울였고 커틀러리 역시 이러한 성향을 반영한 스타일이다.

신고전주의 양식은 실버웨어에서 독특한 특성을 가지며 자연에서 디자인을 취하거나 조지안 시대의 평범한 디자인인 앤 여왕 양식, 고전적인 테마인 꽃 장식, 월계수 잎, 리본 매듭, 숫양과 사자머리 장식의 아담 양식 등이다.

112 조세핀의 식탁 글라스 고전 양식을 모방한 화이트와인 글라스, 레드와인 글라스, 샴페인 글라스, 물잔이다.

113 조지 3세 마호가니 커틀러리 단지 18세기 후반

114 조세핀의 식탁 커틀러리 커틀러리에 그리스의 월계수의 연속 모양이 조각되어 있다.

❖ 린 넨linen

신고전주의 양식의 린넨은 16세기 이후부터 다마스크 린넨으로 만들어진 이후 여러 신고전주의 패턴을 사용하여 직조를 짜거나 수

115 마리 앙투아네트의 식탁 루이 16세, 테이블클로스에 장식으로 매듭과 루쉬를 사용하였다.

를 놓았다. 고가의 다마스크 린넨을 대신하여 19세기 초 직물산업의 기계화로 19세기 말에는 면직물이 대량생산되었다. 인공적인 염색이 자연 염색을 대신하여 다양한 색상이 사용되었으나 여전히 흰색이 가장 선호되었다.

센터피스centerpieces

17세기 말의 식탁을 장식하는 데 중요한 역할을 한 것은 꽃과 갈란드garland이다. 꽃은 테이블에서 설탕절임 과일과 사탕과자를 장식하기 위해 필요했고, 꽃과 갈란드는 접시와 찬장의 식기를 장식하는 데도 사용되었다. 이것은 파티에서 테이블을 장식하는 르네상스의 전통으로 중요한 역할을 하였다.

18세기 중반에는 은 또는 자기로 만들어진 센터피스centerpieces가 식탁 중심에 놓였다. 테이블에서 싱싱한 꽃 냄새를 맡는 것을 싫어하였기 때문에 조화도 매우 인기 있게 사용되었다. 갈란드를 거는 것은 1770년 크리스티앙Christian 7세의 연회에서 보여 주는 것처

116 신고전주의 시대의 센터피스

117 신고전주의 장식품 1743~1809. 조각 장식품으로 고전시대의 영향과 낭만을 표현하였다.

118 신고전 양식으로 디자인된 촛대 1743~1805

119 신고전 양식으로 만들어진 촛대 18세기 말

럼 은제품으로 만든 식기 없이도 공간을 연출하는 데 고급스러운 효과를 낼 수 있다.

영 향

신고전주의는 로코코의 지나친 장식에 대한 반작용으로 프랑스와 영국에서 유행하였으나 스타일 자체는 순수한 조형미를 지향하는 고전의 부활을 의미한다. 고대 폼페이와 헤라클레늄 유적이 18세기 중엽에 발굴되어 고대 그리스 · 로마 예술에 대한 관심이 증가하여, 영국의 조사이어 웨지우드에 의해서 개발된 도자기인 블랙 바솔트black basault와 재스퍼 웨어 jasper ware에서는 그리스 로마의 벽 장식의 색상이나 문양, 카메오의 영향을 볼 수 있다.

이 시기에는 영국의 앙트낭 카레임(1784~1833)에 의해 식탁 예술이 발달하였고 19세기의 프랑스 요리에 러시아식 서비스가 정착되었다. 1780년경에는 영국에서 큰 식탁이 출현하였으며, 원형, 타원형이 유행하였다.

120 신고전주의 양식을 살린 실내 공간

참고문헌

김재규(2000). 유혹하는 유럽 도자기. 한길아트. p.184.
이연숙(1989). 서양의 실내 공간과 가구의 역사. 경춘사. p.162.
이유주(2004). 식공간 디자인 양식사. 경춘사.
장혜진(2003). 커틀러리의 역사적 고찰. 경기대학교 석사학위논문. pp.69–71.
조은정(2005). 테이블 코디네이션. 도서출판 국제. pp.132–134.
황종례 · 유성웅 엮음(1994). 세계도자사. 한국색채문화사. pp.656–657.

그림출처

94. 이연숙(1989). 서양의 실내공간과 가구의 역사 : 로코코–빅토리아. 경춘사. p.162.
95. 이유주(2004). 식공간 디자인 양식사. 경춘사. p.62.
96. 이연숙(1989). 서양의 실내공간과 가구의 역사 : 로코코–빅토리아. 경춘사. p.180.
97. 이연숙(1989). 서양의 실내공간과 가구의 역사 : 로코코–빅토리아. 경춘사. p.296.
98. 김재규(2000). 유혹하는 유럽 도자기. 한길아트. p.186.
99. 김재규(2000). 유혹하는 유럽 도자기. 한길아트. p.188.
100. 김재규(2000). 유혹하는 유럽 도자기. 한길아트. p.188.
101. 황종례 · 유성웅 엮음(1994). 세계도자사. 한국색채문화사. p.659.
102. 황종례 · 유성웅 엮음(1994). 세계도자사. 한국색채문화사. p.655.
103. 황종례 · 유성웅 엮음(1994). 세계도자사. 한국색채문화사. p.657.
104. 이연숙(1989). 서양의 실내공간과 가구의 역사 : 로코코–빅토리아. 경춘사. p.205.
105. 이연숙(1989). 서양의 실내공간과 가구의 역사 : 로코코–빅토리아. 경춘사. p.206.
106. 이연숙(1989). 서양의 실내공간과 가구의 역사 : 로코코–빅토리아. 경춘사. p.301.
107. 이연숙(1989). 서양의 실내공간과 가구의 역사 : 로코코–빅토리아. 경춘사. p.344.
108. 이연숙(1989). 서양의 실내공간과 가구의 역사 : 로코코–빅토리아. 경춘사. p.301.
109. 김재규(2000). 유혹하는 유럽 도자기. 한길아트. p.184.

110. 한국국제교류재단, 빅토리아 & 앨버트박물관(2008). 흙, 불 그리고 아름다움. 한국국제교류재단. p.223.
111. 이유주(2004). 식공간 디자인 양식사. 경춘사. pp.136–137.
112. 이유주(2004). 식공간 디자인 양식사. 경춘사. p.68.
113. 이유주(2004). 식공간 디자인 양식사. 경춘사. p.120.
114. 이유주(2004). 식공간 디자인 양식사. 경춘사. p.118.
115. 이유주(2004). 식공간 디자인 양식사. 경춘사. p.67.
116. 이연숙(1989). 서양의 실내공간과 가구의 역사 : 로코코–빅토리아. 경춘사. pp.176–179.
117. 이연숙(1989). 서양의 실내공간과 가구의 역사 : 로코코–빅토리아. 경춘사. p.206.
118. 이연숙(1989). 서양의 실내공간과 가구의 역사 : 로코코–빅토리아. 경춘사. p.204.
119. 이연숙(1989). 서양의 실내공간과 가구의 역사 : 로코코–빅토리아. 경춘사. p.206.
120. 이재정 · 박은경(2006). 라이프스타일과 트렌드. 예경. p.69.

Chapter 7

Victoria

빅토리아 시대는 영국 여왕 빅토리아의 재위 기간이었던 1837~1901년에 이르는 19세기의 약 64년간의 시기를 말하며, 영국에 한정해 사용하기도 하고 영국과 유사한 사회적 · 문화적 분위기를 지녔던 미국에 적용되기도 하였다.

빅토리아

1837~1901

시대적 배경

121 영국 런던의 세계 박람회 1851년

이 시기는 산업화와 도시화를 근간으로 하는 모더니티가 성립되고, 부르주아 계급이 생겨났으며, 경제적 · 사회적 · 문화적 · 과학적 · 의학적 영역에 걸쳐 광범위한 변화를 가져왔다.

산업혁명으로 인하여 도자기와 실버웨어Silverware가 대량생산되어 중산층에서도 다양한 식공간 연출이 가능하였으며, 현대 도자기의 주종을 이루는 본차이나의 생산이 정착되었다. 또한 아이언스톤 차이나Ironstone China의 개발과 더불어 백색 도자기가 완성되었다.

상품의 생산에서는 질적인 면보다 양적인 면이 강조되었으며, 수공업자의 기술이 기계제작으로 사라지고, 양식에 있어서 '역사주의'로 과거의 것을 모방하려고 하였다. 빅토리아 시대는 64년이란 짧은 기간이었으나 다양한 디자인 양식의 재인식으로 인해 여러 시대의 양식이 공존하였던 시기로 식공간의 흐름을 이해하는 데 많은 도움이 되는 시기이다.

식문화

빅토리아 시대의 식문화의 특징을 영국과 미국으로 나누어 살펴보고자 한다.

❖ 영국의 식문화

빅토리아 시대 중반까지는 곡물이 특권층 엘리트를 제외하고 주식이 되었다. 대부분의 사람들이 먹는 빵은 검은빵으로, 중북부 유럽에서는 주로 호밀, 스펠타 밀, 메밀, 귀리, 보리로 만들었고, 지중해 지역에서는 밀을 사용한다고 해도 여기에 호밀, 옥수수, 보리와 같은 잡곡을 섞었다.

후반에는 식량 사정이 좋아지면서 밀 생산과 소비에 여유가 생겨 흰빵이 확산되고 철제 실린더를 사용하는 새로운 물레방아가 도입되어 더 희고 더 곱게 빻은 밀가루가 만들어졌다. 쌀이나 설탕 또한 하얗게 만들려고 노력하였다. 그래서 곡물의 영양학적 역할이 감소하고 그 대신 다른 종류의 음식, 특히 육류의 소비가 증가하였다.

육류의 소비가 늘어나면서 영국 최초의 채식주의 단체가 맨체스터에서 엘리트들에 의해 결성되었다. 그들은 동물의 잔인한 도살에 대한 비난과 채식의 건강성과 자연성을 주장하였다. 또한 목축과 비교할 때 농업의 생산성이 훨씬 높다는 점을 강조하는 새로운 경제적 이론도 함께 하였다. 사회적으로 최초로 조직되고 제도화된 채식주의의 확산은 동물성 음식 섭취의 증가와 음식의 질이 개선되었음을 의미한다.

산업화에 따라 민주화가 확대되면서 음식의 특권층이 사라져 갔다. 음식의 혁명이 엘리트층에게 새로운 행동 모델을 요구한 반면 기존의 상층계급의 특징이었던 폭식과 과식은 서민들의 관행으로 여겨지게 되었다.

영국에서 차tea가 최초로 성행하기 시작한 것은 찰스 2세(1630~1685) 때였으며, 그 후 1820년에 인도의 아삼Assam 지방에서 차가 발견된 후 영국 중상류층에서 보편화되기 시작했다. 19세기 후반에는 국민적 음료로 정착되었으며 이 기간이 빅토리아와 에드워드 왕조의 치세기(治世期)에 해당하기 때문에 영국의 홍차를 '빅토리안 티' 라고 부르기도 한다.

영국에서 홍차의 개념은 아침, 점심, 저녁의 하루 세 끼 식사 외에 새로운 식사를 두 번 더 하는 것을 뜻했다. 그 중 하나는 '오후의 홍차afternoon tea' 라고 해서 오후 5시에 주로 부인들이 모여서 홍차와 케이크를 먹고 마시면서 나누는 사교 시간을 말하고, 다른 하나는 처음부터 하이 티high tea라고 하여 홍차와 고기 또는 생선과 같은 상당량의 음식을 먹는 식사를 말하는데, 주로 저녁 늦게 다시 정규 식사를 하기에는 부적절한 경우에 행해지는 것을 뜻했다.

홍차를 마실 때 뜨거운 차를 잔 받침대saucer에 부어 식혀서 마셨던 습관은 빅토리아 시대에 나쁜 매너로 인식되었고, 리필을 원하지 않을 때는 티스푼을 잔에 남겨 두었다. 19세기에 이르러서야 차 관련 용기가 발달되어 티포트tea pot가 만들어졌으며, 물방울이 떨어지는 소리 없이 부드럽게 따라지게 하기 위해 티포트의 주둥이가 아래로 내려가는 등 독창적인 형태가 생겨났다.

영국에서 홍차 주문 시 우유를 넣거나 넣지 않는 것을 의미하는 '화이트 오 블랙White or Black' 이란 단어도 이 시기에 유래된 것이다.

❖ 미국의 식문화

영국과 마찬가지로 미국 사회의 산업화 · 도시화 · 근대화로 특징지을 수 있으며, 미국 음식문화의 다섯 가지 중요한 요소인 물질적 · 생물학적 · 과학기술적 · 사회적 · 문화적 요소가 복잡하게 상호 관련되어 나타난 시기이다.

농업에서 미국인들은 음식을 영양과 상업의 상호 의존적 체계로 보았다. 산업혁명과 남북전쟁은 농업 노동력의 수요를 줄이는 반면 도시로의 인구 이동과 서부로의 진출 증가를 촉진시켜 제조업의 붐을 일으켰다.

음식 관련 산업의 발달은 음식의 생산, 저장, 보관, 마케팅 전반에 중요한 변화를 가져왔다. 새로운 농업의 기계화와 전문화, 농민들에 의한 기업 방식 활용의 증가, 철도 수송시대의 도래, 통조림 기술의 발달 등으로 음식의 풍요로움에 기여하였다.

아일랜드인들의 감자 마름병으로 인한 신대륙으로의 이민은 미국 도시들의 인구와 정치적 양상을 변화시켰다. 에이브라함 링컨 대통령의 모릴Moril법은 가정경제를 포함한 농업과 공업의 기술을 제공해 주었다. 입구가 넓은 식품 보존용 유리병인 메이슨 병이 만들어졌고 남북전쟁은 통조림 식료품의 엄청난 수요를 가져와 통조림은 레토르트라고 불리는 대형 요리 기구와 더불어 가정이나 공장에서 음식 보존의 가장 보편적인 방법으로 등장하였다. 냉장 철도차량 도입과 압력 요리 기구의 발명은 음식의 보존과 보관, 그리고 분배에 획기적인 변화를 가져왔다. 이 시기에 오늘날 미국의 음식 공급체계에 따르는 안전을 확보하기 위한 초기의 노력인 연방 차원에서 깨끗한 음식과 의약에 대한 입법 활동이 일어났다.

일반적인 식사 유형은 중산계층은 풍요의 시대로 경제적 상태가 허락하는 한 쇠고기를 먹었으며, 전국적으로 돼지고기보다 쇠고기의 소비가 더 많았다. 상류계층의 음식 요리는 풍부했지만 우아함이 부족한 편이었는데, 이는 서부 개척의 분주함과 계속된 이민들의 정착 과정에서 발생한 매커니즘, 또한 청교도의 검소한 생활방식 때문이었다.

19세기 후반에 부유한 빅토리아 중산계층이 출현하였으며, 이 계층은 식사 의식인 먹는 방법, 식당의 가구, 장식, 식탁 배치, 그리고 만찬에 입는 옷과 메뉴를 정하였다. 이러한 식습관은 변화하는 세계 속에서 성공하고 안정된 사회적 위상에 대한 자신감이었다.

이런 이유로 이 시기의 부유한 미국인들은 잘 차려진 식탁에서 하인들의 봉사를 받으며 정성들인 다양한 코스의 만찬 파티를 자주

빅토리아 시대 식문화의 특징

영 국	미 국
• 흰빵, 육류 소비 증가 • 최초의 채식주의 등장 • 차의 중상류층 보급 확대 • 홍차 문화 확립 • 차 관련 용구 발달 • 산업혁명으로 실버웨어의 대량생산	• 음식 관련 산업 발달 • 농업의 기계화 · 전문화 • 농업의 철도 수송 • 통조림 기술 발달 • 냉장 철도차량 도입 • 압력 요리 기구 발명 • 음식과 의약 입법

벌여 친구와 동료들을 초청하였으나 평상시의 식사는 간단했다.

일반 가정의 식사는 사회생활을 위한 모임보다 생계유지가 기본이었다. 많은 미국인의 식탁은 다마스커스의 고급 천보다 흰색 면으로 된 식탁보를 사용하였고 특별한 만찬에는 버터와 잼, 어린이용 농축 우유와 치즈, 그리고 성인들을 위한 1파인트의 맥주 등이 제공되었다. 빅토리아 초기의 미국 음식들은 영양의 균형적인 면에서는 흡족하지 못하였으나, 후기의 사회의 발달에 맞추어 우유와 과일, 채소의 소비가 증가하였다. 전체적으로 좋아진 영양 상태로 신장과 체격이 커졌으며, 이전보다 장수하였다.

양 식

design keywords
Neo-Gothic
Seriousness austerity
Bourgeois culture with puritan ideology
Art & Crafts Movement

시민생활은 윤택하였지만, 예술에 대한 조예가 없었던 시기로 과거의 양식을 무분별하게 도입하거나 절충하였다. 겉으로는 화려한 것처럼 보이나 통일성과 조화가 결여되어 있었다.

산업혁명으로 기계를 사용하게 되면서 가구나 실내 마감재 등은 생산이 대량화되어 싸고 신속히 공급되었으나 이러한 제품들은 수제품보다 질이 떨어져 상류계급에서는 여전히 값이 비싸더라도 수제품을 선호하였다. 이러한 상황의 빅토리아 시대에는 조지안 시대의 조화로운 양식은 사라지고 루이 14세와 루이 15세 양식을 절충한 네오-로코코, 엘리자베스, 쟈코비안, 고딕 양식이 혼란스럽게 복합적으로 나타났다.

테이블 코디네이트의 요소

산업혁명에 의한 대량생산 체제로 특징지어지는 빅토리아 시대의 식공간의 특성을 통해 식공간의 요소들을 유추해 보면 제품의 생산에서 질적인 면보다 양적인 면이 강조되었고, 수공업자의 기술은 기계제작으로 사라져 갔다. 또한 여러 양식들이 새로 부활되면서 다양한 시기의 디자인들이 공존하게 되었다. 빅토리아 시대는 모든 식공간 요소들이 자연에의 정감과 기술에 대한 적대감, 기술에의 정감과 자연으로부터의 도피로 양극화되어, 기계지향적 방식과 자연지향적 방식으로 이원화되어 나타났다.

❖ 디너웨어dinnerware

122 빅토리아 시대의 고딕 양식 접시

이 시기의 영국은 유럽 대륙이 중국식 자기에 목표를 두고 매달려 있을 때, 처음으로 중국식 자기를 개발하여 지금까지와는 다른 새로운 개념의 자기로서 본차이나를 개발하게 된다.

본차이나는 영국인 스포드Josiah Spode가 동물의 뼈를 태운 재를 넣어 도자기를 만드는 데 성공한 것으로 도자기의 투명도와 견고함이 한층 증대되었다. 그 후 세계 여러 나라에서 이 기술을 사용하여 맑고 깨끗한 본차이나의 시대가 도래된다. 본차이나 이외에도 전통적으로 많이 생산해 온 낮은 온도에서 구운 토기에 가까운 도기인 어든웨어Earthenware에 프린트를 해 장식하는 기술도 개발됨으로써 손으로 그려서 장식하던 종전 기술에 비해 훨씬 다양하고 복잡한 문양을 넣을 수 있게 되었다.

본차이나의 개발은 1천 년 동안 도자기의 종주국 역할을 해 왔던 중국으로부터 그 중심축이 영국으로 옮겨가는 계기가 된다. 유럽에서 본차이나의 출현은 동서양의 문명적 진보의 변화를 드러내는 상징적인 사건이 된다. 영국의 도자기 공장은 근대 산업시대를 여는 계기가 되어 영국이 유럽에서 경제적 우위에 서게 된다. 영국의 도자기 산업의 특징은 자유 시장경쟁의 원리를 바탕으로 성장하여 정치적 변화에 따라 왕실의 지원으로 성장한 유럽의 도자기 기업과는 달리 경쟁력을 갖게 된다.

123 빅토리아 시대의 고딕 양식 물병

영국 정서의 대표적인 도자기 우스터는 1810~1840년에 나폴레옹과 넬슨이 이집트 나일강에서 전투를 벌였던 사회적 사건에서 모티브를 얻어 고대 이집트 디자인을 도자기에 응용하였는데, 황토색과 검은색 그리고 금색을 주조로 한 디자인을 선보여 호평을 받았다.

데본포트는 1812년부터는 본격적으로 본차이나 찻잔 세트와 디저트 세트를 생산해 내었는데 19세기 초부터 아주 인기가 있었으며, 장식의 수준이 높아져 자신들만의 독특한 분위기를 반영한 일본의 이마리풍을 모방하기도 했다.

로열 더비 도자기는 1876년 오스카 스턴 로드에 새 더비 공장이 문을 열면서, 향상된 도금 기법과 화려한 색상의 전통적인 더비 스타일의 새로운 기법이 창출되었다. 1890년에는 빅토리아 여왕으로부터 '황실을 위한 도기 공장' 이라는 칭송을 받으면서 로열 크라운 더비로 새롭게 태어났다. 절묘한 도금과 핸드 페인팅으로 더비의 꽃병과 접시, 장식 세공품은 정교하게 채색되었다.

디자인에 있어서는 고딕 양식, 르네상스 양식, 고전주의 양식이 부활하였다.

고딕 양식의 경우는 잠깐 유행하였으며, 클래식과 로코코 스타일은 대중의 인기를 끌었다.

그리고 생산이 중지된 16세기 이탈리아의 마욜리카 도기가

124 마욜리카웨어

125 크림웨어 1775년경. 웨지우드의 크림웨어로, 자기나 기타 경쟁 재료보다 제작 비용이 저렴하고 얇게 빚을 수 있었다. 색과 부드러운 광택이 위생적이다.

19세기 중반 민튼에 의해 부활되었다. 이탈리아에서 제작된 초기의 도기인 마욜리카를 견본으로 한 것으로, 실용성보다는 장식성이 중시되었다. 또한, 화려한 유약이 재현되었고, 신구 모티브로 기교를 부린 그림이나 부조를 새긴 큰 접시, 화분, 촛대 등이 만들어 졌다.

클래식 양식의 부활로 월계수 잎, 갑각류나 곤충류의 외피 무늬, 화환 무늬 등이 장식되었고, 대리석과 청동 제품이 재생산되었다. 웨지우드의 제스퍼웨어도 인기가 있었으며, 자연주의 장식을 한 식기도 생산되었다. 민튼에서는 러시아의 왕후 캐서린의 주문으로 생산되었던 식기의 패턴을 기본으로 한 테이블웨어도 생산되었다.

126 빅토리아 시대의 르네상스 양식 물병

127 빅토리아 시대의 르네상스 양식 굽 달린 접시

128 빅토리아 시대의 네오-로코코와 클래식 양식 식기 왼쪽부터 티포트와 크림 용기, 물병

129 와인쿨러와 실버볼 실버볼은 굴, 조개껍데기, 해초로 장식되었고, 망치로 두들겨 생긴 자연스러운 웨이브가 바다 효과를 더해 주고 있으며, 세로 줄무늬 발을 가지고 있다.

❖ 글라스웨어glassware

고대 그리스 기록에 의하면 페니키아 상인들이 항해 도중 모래밭에서 취사를 하다가 우연히 소다가 모래와 섞여 전혀 새로운 물질인 유리가 된 것을 발견하게 되었다고 전해지고 있으나, 현재로서는 BC 3500년경의 이집트 유물에서 발견된 것이 가장 오래된 유리로 알려져 있다. 이후, 이집트 및 메소포타미아 지역에서 유리가 제조되었고, 로마 제국 시대에 유럽에 전파되어 13세기 이탈리아 베네치아의 무라노 섬에서는 유리의 공업적 기술을 개발하여 유럽 전역에 독점 공급하게 되었다.

무라노 섬에서는 이 기술의 비밀 유지를 위해 섬 밖으로 도망치는 자는 극형에 처하는 법을 제정하기도 했으나, 베르넬리니Vernelini라는 기능공이 죽음을 무릅쓰고 영국으로의 탈출에 성공, 영국 왕실로부터 유리 제조 기술의 전수를 조건으로 영국에서의 베네치아 유리 독점 제조권을 부여받았다.

1676년 영국의 유리 제조공 조지 라벤스크라프트George Ravenscraft가 다량의 산화연PbO과 탄산칼륨K_2CO_3을 교묘히 배합, 종전

130 **글라스웨어** 위쪽부터 차례대로 와인 글라스, 셀러리 베이스cerely vase, 고블렛, 디켄터, 텀블러

의 유리에 비해 뛰어난 투명도, 높은 굴절률, 중후한 무게감, 아름답고 경쾌한 충격음, 뛰어난 연식성 등의 특징을 갖는 신제품의 개발에 성공하게 되었는데, 종전의 유리 제품에 비해 수정crystal과 비견되는 아름다움을 갖게 되어 자연스럽게 크리스털crystal이라는 이름을 얻게 되었다. 크리스털의 제조 기법은 곧 유럽 전역에 전파되어 수백 년간 유럽 왕실과 귀족들의 애호품으로 사랑받아 왔다.

도자기에 비해 크리스털 분야의 관심은 매우 미흡하였는데, 그 원인은 독일에서 개발된 자기가 생산되기 시작하였다는 소식을 영국이 접하자, 탐험가 정신이 발동하여 보다 얇고 가벼우며 강하고 아름다운 도자기 개발에 도전하였기 때문으로 볼 수 있다.

1851년 런던 국제 박람회를 위해 조셉 팩스톤Joseph Paxton은 거대하고 방대한 전시품들을 수용할 빌딩을 설계할 임무를 위임받았다. 그는 자신이 흔히 사용해 왔던 재료들로 건물을 지었는데, 신속한 조립과 분해를 위해 작은 크기의 조립용 유니트로 만들어진 크리스털 궁전을 7개월 만에 완성하였다.

빅토리아 시대에 식탁에서 크리스털 사용이 어느 정도 보편화되었는지는 충분한 문헌과 자료가 남아 있지 않으나, 실내 조명과 실내 장식물, 컴포트comport 등에 사용된 기록을 통해 크리스털이 유행하였음을 알 수 있다.

커틀러리cutlery

영국의 산업혁명이 이룩한 기술적인 발전은 은의 생산비를 낮추었으며, 중간계층의 수요에 맞춰 새로운 형태의 용기와, 새로운 커틀러리의 양식이 증가하였다.

빅토리아 시대의 커틀러리에는 고전적인 테마가 지배하였는데, 고딕의 부활, 비대칭의 로코코, 중국식, 일본식, 화려한 터키 장식, 이집트 테마, 기하학적 무늬로 설명되는 미국 인디언 양식으로 자연적 모티브가 유행하였다.

131 손잡이 장식 부분이 다양하게 장식된 나이프

19세기에는 중간 계층도 은 포크를 사용하였으며, 뼈, 진주, 상아와 같은 유기체 제품이 손잡이에 사용되었고, 포크의 갈래는 짧아지고, 가까이 붙게 되었다.

1851년 런던 박람회에 출품된 스푼과 포크는 이미 의자의 다리에 나타난 밧줄 무늬와 이전 로코코의 화려한 과일 무늬 장식들을 돋움 새김으로 표현되었다. 생선 포크와 크림 국자도 곡선의 특징이 잘 나타나 있으며, 르네상스 양식이 나타난 디저트와 테이블 서비스 커틀러리도 사용하였다.

빅토리아 시대의 자연적 문양으로 포도와 넝쿨이 섬세하고 아름답게 표현되어 있으며 다양한 문양을 새겨 놓은 상아 손잡이도 이 시대에 유행하였다.

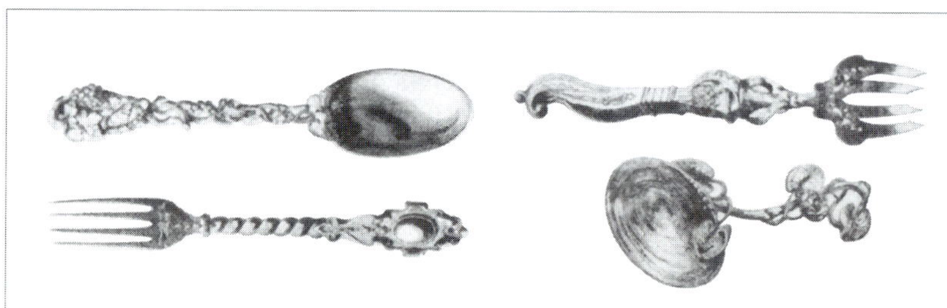

132 포크와 스푼, 생선 포크와 크림 국자

133 디저트, 테이블 서비스 커틀러리
134 실버 디저트 서비스

❖ 린 넨linen

빅토리아 시대는 전통적인 수공예와 새로운 기계들의 혼용으로 섬유 산업에 있어서 거대한 발전이 있었다. 이 시대는 가구와 도자기에 장식하는 것을 좋아했으며 섬유에 있어서도 마찬가지였다. 자수가 인기를 끌었으며, 특히 가느다란 끈과 바늘로 레이스를 만든 털실 세공이 유행하였다.

테이블클로스는 빅토리아 중기의 복식에서 나타난 루쉬와 손뜨개를 이용한 것이 특징이다. 흰 면에 자수를 하여 전체적으로 깔끔하게 처리했다. 빅토리아 시대의 전형적인 꽃이나 화초 무늬의 내추럴한 문양이 들어간 패브릭으로, 흰색으로 깨끗하게 문양을 직조하였다. 황금색의 실크로 우아함을 강조하였으며, 끝처리를 짧은 루시로 강조하여 화려함을 더하였다.

135 빅토리아 시대의 테이블 클로스

❖ 센터피스centerpieces

136 촛 대

빅토리아 시대의 센터피스 또한 다른 식탁 요소와 마찬가지로 고딕 양식이나 고전주의 양식을 선호하였다. 화려한 촛대와 중앙부를 장식한 꽃들을 볼 수 있다. 다른 시대사조와 마찬가지로 테이블 위를 은제나 도제로 된 호화로운 장식물을 가득 놓아 부를 자랑하는 것을 즐겼다. 주로 생화, 화초, 과일, 촛대 등을 사용하였으며 과거의 여러 양식이 통합적으로 나타남을 한눈에 알 수 있다.

137 다양한 센터피스

영 향

산업혁명에 의한 대량생산 체제로 특징지어지는 빅토리아 시대의 영국에서는 제품의 생산에서 질적인 면보다 양적인 면이 강조되었고, 수공업자의 기술은 기계제작으로 사라졌다. 미국의 빅토리아기는 남북전쟁으로 혼란기였고, 부유층은 돈의 축적 때문에, 예술에 대한 관심이 적었다. 그러나 신흥 부유층들은 영국의 궁전과 저택을 모방하여 지었으며, 과거의 골동품과 재생품으로 집을 장식하였다.

138 내추럴 스타일의 식공간

식공간 연출 요소들이 대량생산되고, 고딕 양식, 클래식 양식, 마욜리카 양식, 르네상스, 네오-로코코 양식 등이 새로 부활되면서 다양한 시기의 디자인들이 공존하게 되었다. 또한 빅토리아의 감각이 자연에의 정감과 기술에 대한 적대감과 다른 한편으로는 기술에의 정감과 자연으로부터의 도피로 양극화되어, 디자인 양식은 기계지향적 방식과 자연지향적 방식으로 이원화된 채 있었다. 그러므로 이런 이원화된 다양한 디자인적 요소가 오늘날 식공간에 미친 영향은 지대하다고 볼 수 있다.

내추럴리즘과 함께 단순한 생활방식을 추구하는 미니멀리즘 트렌드에 대한 꾸준한 관심으로 빅토리아 시대의 자연으로의 정감은 더욱 간소화되면서 자연친화적인 스타일로 현재도 지속적으로 식공간에 활용되고 있다.

참고문헌

김재규(2000). 유혹하는 유럽 도자기. 한길아트.

맛시모 몬타나리 지음, 주경철 옮김(2001). 유럽의 음식문화. 새물결.

박광순(2002). 홍차이야기. 도서출판 다지리.

식공간연구회(2004). 테이블 코디네이트. 교문사.

앤 패러비 지음, 유준근 옮김(1983). 디자인 역사. 도서출판 청우.

오혜경(1992). 실내장식의 변천사. 도서출판 국제.

원융희(1999). 세계의 음식문화. 도서출판 자작나무.

이연숙(1989). 서양의 실내공간과 가구의 역사 : 로코코-빅토리아. 경춘사.

일레인 매킨토시 지음, 김형곤 옮김(1999). 미국의 음식문화. 역민사.

임영상 · 최영수 · 노명환 엮음(1997). 음식으로 본 서양문화. 대한교과서.

황종례 · 유성웅 엮음(1994). 세계도자사. 한국색채문화사.

Ducan Crow(1972). *The Victorian Woman.* George Allen & Unwin Ltd.

Eric Knowles(1998). *100 Years of the Decorative Arts.* Reed Consumer Book Limited.

Peter Brown(2001). *British cutlery.* Philip Wilson Publishers.

Robin Hildyard(1999). *European Ceramics.* V&A Publications.

Sarah Yates(2000). *Collecting Glass.* Octopus Publishing Group Ltd.

Suzanne von Drachenfels(2000). *The Art of the Table.* Simon &Schuster.

Tim Forrest(1998). *The Bulfinch Anatomy of Antique China & Silver.* Bulfinch Press.

Tina M, Carter(2000). *Teapots.* Krause.

http://www.gantique.com

http://www.antique-glass.co.uk

그림출처

121. 이연숙(1989). 서양의 실내공간과 가구의 역사 : 로코코–빅토리아. 경춘사. p.410.
122. Robin Hildyard(1999). European Ceramics. V&A Publications. p.114.
123. Robin Hildyard(1999). European Ceramics. V&A Publications. p.114.
124. Eric Knowles(1998). 100 Years of the Decorative Arts. Reed Consumer Book Limited. p.107.
125. 한국국제교류재단, 빅토리아 & 앨버트박물관(2008). 흙, 불 그리고 아름다움. 한국국제교류재단. p.223.
126. Tim Forrest(1998). The Bulfinch anatomy of Antique china & silver. Bulfinch Press. p.94.
127. Tim Forrest(1998). The Bulfinch anatomy of Antique china & silver. Bulfinch Press. p.94.
128. Robin Hildyard(1999). European Ceramics. V&A Publications. p.114.
129. Tim Forrest(1998). The Bulfinch Anatomy of Antique China & Silver. Bulfinch Press. p.95, 99.
130. http://www.antique–glass.co.uk
131. Peter Brown(2001). British cutlery. Philip Wilson Publishers. p.126.
132. 앤 패러비 지음, 유준근 옮김(1983). 디자인 역사. 도서출판 청우. p.37.
133. Tim Forrest(1998). The Bulfinch anatomy of Antique china & silver. Bulfinch Press. p.93.
134. Tim Forrest(1998). The Bulfinch anatomy of Antique china & silver. Bulfinch Press. p.99.
135. 이연숙(1989). 서양의 실내공간과 가구의 역사 : 로코코-빅토리아. 경춘사. p.417.
136. Tim Forrest(1998). The Bulfinch Anatomy of Antique China & Silver. Bulfinch Press. pp.94–95.
137. 이연숙(1989). 서양의 실내공간과 가구의 역사 : 로코코–빅토리아. 경춘사. pp.441–443.
138. 식공간연구회(2004). 테이블 코디네이트. 교문사. p.174.

Chapter 8

Art Nouveau

'아르누보' 는 19세기 말에서 20세기 초에 걸쳐서 유럽 및 미국에서 유행한 장식 양식으로 '신예술' 이라는 뜻을 지닌다. '아르누보' 는 1880~1914년 사이 프랑스에서 발전되었으나 형태가 매우 다양하여 아르누보라는 단일 개념을 적용하는 것은 어렵다. 독일권에서는 유겐트스틸Jugendstil, 프랑스와 벨기에에서는 아르누보Art Nouveau, 영국과 미국, 러시아에서는 모던 스타일Modern Style, 이탈리아에서는 스틸로 플로레알레Stilo Floreale, 스페인에서는 모데르니스모Modernismo, 오스트리아에서는 분리파Sezessionssril 또는 빈Wien 양식이라는 명칭으로 불린다.

아르누보

1880~1920

시대적 배경

1870년대를 시작으로 제1차 세계대전에 이르는 시기는 세계적으로 비교적 평온한 국제관계를 유지하였으며 유럽의 여러 국가들은 세계적으로 중요한 위치를 차지하기 위해 나름대로 노력하였다. 영국, 프랑스, 독일 등의 강대국들은 새로운 시장 개척과 원료 공급의 확보를 위해 식민지 쟁탈이 있었으며, 급진적인 과학의 발전 등 사회 전반에 물질적으로나 이성적으로 풍요로운 시대였다.

18세기에 일어난 산업혁명은 대량생산을 가능하게 하였지만 생산물의 질적 가치가 떨어지는가 하면 아름답거나 유용성이 결여된 물건이 생겨나면서 문제점이 드러나기 시작했다. 이런 현상이 중세의 수공예품에 대한 향수를 불러 일으켰고, 산업기술의 발달로 예술가들이 고립되고 그로 인해 생겨난 사회와 예술의 격차를 줄이고자 "아름다운 것은 아름답기 때문에 유용한 것이다."라는 아름다움과 유용성의 개념으로 미술공예운동이 일어났다.

미술공예운동은 역사주의로부터 탈피하고 자유롭고 새로운 것을 창조하려는 움직임에서 구조와 기능, 장식의 통일을 기본 원리로 한 아르누보를 탄생하게 하였다. 또한 아르누보는 일본의 개항으로 일본 문화가 유럽에 유입되면서 일본 미술의 영향을 많이 받았다.

식문화

19세기 중반까지 곡물은 유럽의 음식 가운데 지배적인 위치를 점했다. 대부분의 사람들이 먹는 빵은 검은빵이었고, 중북부 유럽에서는 주로 호밀, 메밀, 귀리, 보리로 만들었다. 그러다가 19세기 중반 무렵에 양적 · 질적으로 이전의 경향이 역전되었다. 밀 생산과 소비에 여유가 생기면서 흰빵이 더 넓은 소비층을 사로잡았다. 영양 면에서는 검은빵에 비해 부족했지만 수세기 동안 부자들의 우월성의 표시였던 '흰색' 의 특권과 소망이 컸기 때문에 하얗게 만들려고 노력하였다.

18세기 육식과 채식 사이의 활기찬 논쟁은 음식상의 가치에 대한 이데올로기적인 대립에서 나타난 것일 수도 있지만, 육류가 이전보다 넓은 층의 사람에게 보급된 결과 새로운 구분짓기의 모델을 찾아야 하는 필요를 나타내고 있는 것인지도 모른다. 이에 영국 최초의 채식주의 단체가 1847년 노동과 부의 중심지인 맨체스터에서 결성되었다. 그러나 도시 소비의 평균 수준이 높아지면서 고급 음식류의 수입이 필요했고, 영국의 지주들은 아일랜드로부터 고기와 버터를 수입했다.

19세기 후반 미국 사회에서는 산업화 · 도시화 · 근대화의 결과로 음식 문화의 다섯 가지 중요한 요소(물질적, 생물학적, 과학기술적, 사회적, 문화적)가 더욱 복잡하게 상호 관련되어 나타났다. 그리고 경제적인 여건이 좋아짐으로 미국인들의 우유와 과일, 야채의 소비가 증가했다.

비턴의 《가정관리Household Management》, 더피의 《주부가 알아야 할 모든 것What a Woman Should Know》에서 사교와 가정생활에 대해 엄격하게 나타내고 있으며, 손님을 맞이하기 위한 올바른 예절과 저녁파티 준비 방법, 하녀들의 관리 등을 기술하였다.

프랑스식 서비스가 국제적 공식 서비스법으로 정착되고, 일반인의 미식에 대한 관심 고조, 뷔페, 카페테리아 식사법이 등장하였다. 부르주아 계급들 간의 사회적 교류를 위한 티 파티tea party가 성행하였다. 또한 일본풍의 분위기로 연꽃, 대나무 등 동양적 감성에 매료되어 지역적 특성에 관심을 기울여 일본 향토 요리에 대한 관심이 높아졌다. 점차 식사 패턴이 국제화되면서 식사 예법에 관한 서적 출판이 활발히 일어났다.

양 식

design keywords

languid line
orientalism
S-curve
aesthetic movement
Tiffany

아르누보의 작가들은 대개 전통으로부터의 이탈, 새 양식의 창조를 지향하여 자연주의·자발성·단순 및 기술적 완전을 이상으로 했다. 종래의 건축·공예가 그 전형典型을 그리스·로마 또는 고딕에서 구한 데 비하여, 이들은 모든 역사적인 양식을 부정하고 자연 형태에서 모티브를 빌어 새로운 표현을 얻고자 했다.

특히, 덩굴풀이나 담쟁이 등 식물의 형태를 연상하게 하는 유연하고 유동적인 선과, 파상波狀무늬, 당초唐草무늬 또는 화염火焰무늬 형태 등 특이한 장식성과 유기적이고 움직임이 있는 모티브를 즐기고, 직선적 구성을 의도적으로 피했다.

장식 모티브를 자연물의 유기적 형태에서 얻었으며 식물 모티브는 백합을 비롯해, 난초, 아이리스, 양귀비, 튤립 등 윤곽이 뚜렷하고 꽃과 풀이 엉킨듯한 유기적인 운동으로 표현하였다. 동물 모티브로는 유미주의에서 가져온 백조와 공작이 있다. 백조는 미와 기품을 상징하고, 공작은 화려한 색채와 난형卵形 문양을 지닌 호화로운 날개가 미와 허영의 상징으로 애용되었다.

아르누보 장식은 불균형에 의한 조화, 좌우 비대칭이 최대한 강조되어 전체 구조나 세부 형태의 거의 모든 단계에서 나타난다. 형태의 불균형은 생명과 운동을 암시하는 격동적 요소로서 표현되었다. 색채는 환상적이면서 신비스러운 분위기를 위해 밝고 환한 파스텔 계통의 색상을 사용하였음을 알 수 있는데, 이는 부드러우면서 은은한 느낌의 인상주의에 의해 형성된 부드러운 파스텔의 색조와 화학염료의 발전에서부터 기인하는 것이다.

아르누보 스타일의 모티브

구 분	파상 모티브	당초 모티브	화염 모티브	난형 모티브	식물 모티브
특 징	물결과 같은 형상, 일정한 간격을 두고 차례로 되풀이되는 모티브	식물의 덩굴이나 줄기를 일정한 모양으로 도안화한 장식 모티브	타오르는 불꽃 모양을 본뜬 모티브	공작 날개를 이용한 달걀 모양의 곡선 모티브	자연물의 유기적 형태에서 얻었으며 꽃과 풀이 엉킨듯한 유기적인 형태의 모티브
그 림					

자료 : Rene Beauclair(2007). *Full-color Art Nouveau patterns & designs*. Dover Publications, INC. pp.3-29.

테이블 코디네이트의 요소

디너웨어dinnerware

139 와인병 홀더

도자기보다는 금속으로 만든 테이블웨어에서 자연으로부터 가지고 온 늘어지는 형태가 많이 나타났으며, 대량생산 제품보다는 수공예품이 주로 이용되었다.

유약에 중점을 두는 디너웨어가 생산되었고, 고전적이거나 동양적인 영향을 받아 부조 장식이 없는 대칭적인 형태가 주를 이루었다. 또한 유약 자체의 묘미가 분명히 드러나는 고대 페르시아, 터키, 극동 지역의 도자기를 선호하였다. 특히 일본의 유약과 도기 비법을 발견하기 위해 많은 애를 썼으며, 상업적인 도자기도 일본의 청화백자 이미지를 모방하였다.

유약 처리 전에 자기에 그림을 그려 넣는 새로운 기법이 덴마크의 코펜하겐 왕립 도자 공방에서 시도되었다. 이는 일본 목판화의 영향을 받아 보통 푸른색과 회색이 다채롭게 채색되었고 이것은 덴마크 도자만의 특징이 되었다. 코펜하겐의 도자기는 균제미均齊美가 뛰어난 형태와 서늘하고 부드러운 색조로 세계적 명성을 얻었고, 왕립 도자공방에서 제작된 '푸른 크리스마스 접시' 는 많은 사람들이 갖고 싶어하는 품목이 되었다. 덴마크 왕립 자기 공장에서는 흰색 바탕에 담청색, 분홍색, 녹색, 회색 같은 연한 색으로 꽃, 곤충, 바닷게, 해조류 등을 묘사한 우아한 작품을 제작하였다. 베를린 왕립 자기 제조소에서는 곡선과 꽃무늬를 사용한 제품을 선보였으며, 마이센 국립 자기 제조소는 '날개' 패턴을 이용하여 많은 호응을 얻었다. 식물, 꽃, 나뭇잎 등의 자연주의 양식에 기초한 무늬나, 추상적인 곡선무늬가 디너웨어에 많이 장식되었다.

140 티포트

141 앙리 반 데 벨데의 마이센 도자 공방의 식기의 세트 중 하나인 접시

도기 제작은 재료 자체의 흰색으로 다시 눈을 돌렸고, 그 위에 고사리와 풀, 튤립, 백합 같은 식물무늬나 양식화된 추상적 형태를 간소하게 그려 넣었다.

아르누보 시대 부조기법을 활용한 장식 효과는 대부분 주제

142 커피 세트

면에서 유기체적인 것이었다. 그릇의 띠 부분을 장식하는 꽃봉오리나 줄기는 유약 처리 과정을 거치면서 전체적인 형태로 통합되었다.

아르누보 식기 세트의 외양은 변형을 가하지 않은 단순·소박한 형태가 선호되었다.

커틀러리

커틀러리에서도 아르누보의 양식이 그대로 나타났다. 손잡이 부분이 꽃으로 장식되어 있거나 곡선으로 표현된 제품이 많이 생산되었으며, 타원형의 볼이 많이 나타났는데, 볼에도 유선형이나 식물이 장식되었다.

143 리버티 실버 스푼

144 앙리 반 데 벨데의 은제 식사 용구 세트 1899년. 신 박물관 Neue Sammlung(뮌헨) 소장

145 위팅Whiting의 백합 패턴과 더긴Durgin의 도팽Dauphin 패턴 커틀러리 각각 1902년, 1897년경

앙리 반 데 벨데가 제작한 은제 커틀러리 세트에서도 유려한 곡선이 전체를 감싸고 있다. 미적 요소와 단순성이 실제 사용상의 기능을 해치지 않으면서 완벽하게 하나가 되도록 디자인되어 있다.

글라스웨어glassware

유리는 런던의 유리궁전 건축 이후 아르누보 시기에 선호된 소재 중 하나였다.

프랑스의 에밀 갈레Emile Galle와 르네 랄리크René Lalique 그리고 미국의 루이스 컴포트 티파니Louis Comfort Tiffany는 장식적 유리 공예 분야에서 탁월한 성과를 보여 주었다.

146 에밀 갈레 꽃병 파리 장식미술관 소장

유리공예 분야에서 큰 업적을 세운 갈레는 도자기 장식에 사용했던 에나멜 기법을 일본이나 이슬람 이미지와 결합하여 실험하였다. 갈레로 인해 유리가 율동감 있게 표현되고 무한정으로 색상을 만들어 낼 수 있는 다양한 내부 패턴과 표면 질감을 지닌 매체로 전환되었다. 유리 상감세공, 두 겹의 유리 사이에 장식을 삽입하는 앵테르칼레intercalaire 세공, 양각 세공, 에칭, 녹청 입히기, 법랑 세공, 유리조각 덧붙이기 등의 기법들이 혼합하여 사용되었다.

또한 갈레는 각종 식물을 전체적으로 나타내거나, 꽃받침, 암술, 꽃부리 같은 세부를 묘사하였으며, 이외에도 잠자리, 나방, 딱정벌레, 개미 등 곤충류를 묘사하기도 했다.

르네 랄리크는 구상적 모티브와 무색 유리, 비대칭 무늬 그리고 잠자리나 딱정벌레, 식물 같은 아르누보의 전형적인 모티브들을 즐겨 사용하였다.

147 티파니 상사의 물주전자 1880년, 뉴저지 파시파니, 티파니 상사 기록보관소 소장

1893년 티파니는 녹인 유리에 금속 증기를 쐬어 무지갯빛 분광을 만들어 내는 유리를 개발하고, 여기에 티파니 분광유리Tiffany Favrile Glass라는 이름을 붙였다. 유리 장식에 사용된 선은 동적이고 비대칭적이었으며 꽃과 식물의 움직임과 성장의 요소들이 사실적이기보다는 양식화되어 표현되었다. 티파니가 글라스라에서 이룩한 거대한 업

적은 아르누보 유리공예의 광범위하고 일반적인 수준을 훨씬 넘어서는 것이었다.

❖ 린 넨linen

현대에 영향을 미친 아르누보 직물 디자인 분야의 선구자는 윌리엄 모리스William Morris였다. 1873년 처음으로 직물 디자인을 시작한 모리스는 견과 모직물의 직물 디자인을 했고, 식물성 염료를 이용한 실험, 식물과 새의 모티브를 수놓은 양탄자와 장식용 벽걸이 양탄자를 제작했다. 모리스는 고딕을 예찬하는 사람으로서, 그 정신을 이어받아 역동적이며 장식적인 새로운 디자인을 만들어 내고자 했다.

아르누보 시기에는 에스 커브S-curve의 아름다움을 살리기 위해 부드러운 재료를 많이 사용하였다. 특히 레이스lace, 시폰chiffon, 오간디organdy 등 부드럽고 얇게 비치는 직물을 애호하였다. 꽃과 식물 무늬의 수를 놓거나 아플리케를 하기도 하였다. 아르누보 직물 패턴 디자인은 주로 꽃을 주제로 하였고, 꽃, 잎사귀, 얽힌 줄기 등을 모티브로

148 **윌리엄 모리스의 오이풀 무늬 벽지 도안** 1876년, 빅토리아 & 앨버트박물관(런던) 소장

한 흐르는 듯한 곡선, 사실적인 고전적 꽃 문양, 부케 모양 등이 있으며 이러한 패턴의 반복 구성은 많은 직물에 사용되었다.

센터피스centerpieces

아르누보적 화예 디자인 형태는 수직형보다는 소재가 가지고 있는 자연의 특성을 살려 유기적으로 생명체가 서로 교차되고 뒤틀린 형태와 선으로 디자인된 것을 많이 볼 수 있다.

꽃은 좌우 비대칭으로 꽂는 경우가 많았고 은제품 화기花器의 모티브도 자연의 식물을 연상시키는 것이 중심이었다. 그리고 꽃과 일체화하는 격식을 차린 디자인의 플라워 베이스가 많이 제작되었다. 아르누보 문양의 당초무늬, C형의 곡선, 율동적인 곡선의 휘감김, 서로 교차되면서 뒤틀어진 선들은 오브제와의 자연스러운 연결감을 통해 수평 구조의 특징과 폭포형의 비대칭 형태를 많이 볼 수 있다.

소재 면에서 꽃으로는 카라, 백합, 붓꽃, 양귀비, 튤립이 사용되었고, 식물로는 여성적인 섬세한 곡선을 나타낼 수 있는 베어글라스Bear grass, 스마일락스Smilax 등의 줄기들이 주로 사용되었다. 화예 디자인의 장식성은 자연의 식물과 꽃을 유기적 형태로 늘어지게 휘어서 사용하고, 부재료로 리본과 진주 등 액세서리를 첨가하여 표현할 수 있다. 식물과 꽃의 변형, 이미지의 변형 등으로 장식성을 나타낸다.

춤의 동작과 에너지를 전달하고 있는 도자 인물상은 아르누보 양식의 정신을 잘 나타내고 있다. 이 인물상의 재료인 비스킷 자기는 18세기 중반 세브르에서 개발하여 발전시킨 재료이다. 그 당시 인기 있었던 고전적 형태에 적합했던 비스킷 자기는 19세기에 상당한 인기를 누렸다. 기공氣孔으로 쉽게 오염되기는 했으나 18세기와 19세기 초 후식이 제공될 때 식탁 장식으로 많이 이용되었다.

149 아르누보 스타일의 센터피스

150 식탁 장식용 인물상 프랑스 세브르 자기 공장 소장

영 향

당시 실내건축에서는 흔히 볼 수 있었던 끝없이 길게 연결되는 복도를 없애고, 개개의 방이 독립적인 공간이 될 수 있도록 만들어졌다. 층과 층 사이에는 휘감기는 듯한 곡선을 사용하여 공간적 연속성과 유동성을 주었으며, 공기처럼 가벼운 느낌을 주면서도 힘과 우아함으로 가득 찬 선이 많이 디자인되었다. 식물의 추상적인 나선형 문양을 가구를 포함하여 건물의 모든 요소와 윤곽에 응용하였다.

요제프 호프만Josef Hoffmann이 건축한 슈토클레트Stoclet 저택의 식당은 황금빛의 이국적인 화려함, 값비싼 대리석 벽은 아르누보의 특징을 잘 드러낸다.

매킨토시Mackintosch가 스코틀랜드 지방 고유의 전통 양식을 새롭게 바꾸려 시도하고자 디자인한 네 개의 찻집에서 매킨토시는 새로운 건축 개념의 모체를 개발하려는 것만이 아니라, 동시에 건물의 외부와 실내장식을 통일시키려고 시도하였다.

151 요제프 호프만이 건축한 슈토클레트 저택의 식당 브뤼셀, 1905~1911년

152 매킨토시가 디자인한 부캐넌가街 찻집 글래스고Glasgow, 1897년

153 아르누보 스타일의 테이블 세팅

그림 153의 화려한 티파니 스테인드 글라스와 함께 난초로 장식된 접시, 아르누보 실버, 트럼펫 모양의 베네치안 스템웨어 등은 아르누보 스타일의 세팅 모습을 잘 나타내고 있다.

참고문헌

맛시모 몬타나리 지음, 주경철 옮김(2001). 유럽의 음식문화. 새물결.

문영란(2003). 화예디자인에 나타난 아르누보와 아르데코 양식의 조형적 특성 연구. 한국화예디자인학회논문집 제8집.

박상오(2002). 아르누보 양식이 현대패션에 미친 영향. 한국디자인문화학회지. 8(2).

백영자(1989). 서양복식문화사. 경춘사.

스티븐 에스크릿 지음, 정무정 옮김(2002). 아르누보. 한길아트.

식공간연구회(2004). 테이블 코디네이트. 교문사.

신상옥(1994). 서양복식사. 수학사.

앨러스테어 덩컨 지음, 고영란 옮김(2005). 아르누보. 시공사.

이순홍 · 제윤(1999). 아르누보와 아르데코 양식이 현대패션에 미친 영향에 관한 연구. 한국복식학회.

카린 자그너 지음, 심희섭 옮김(2007). 어떻게 이해할까? 아르누보. 미술문화.

한국국제교류재단, 빅토리아 & 앨버트박물관(2008). 흙, 불 그리고 아름다움. 한국국제교류재단.

Best Flower Arrangement(2004). フォ-シ-ズンズプレス. No.10.

Elaine N. McIntosh 지음, 김형곤 옮김(1999). 미국의 음식문화. 역민사.

Rene Beauclair(2007). *Full-color Art Nouveau Patterns & Designs.* Dover Publications, INC.

Robin Hildyard(1999). *European Ceramics.* V&A Publications.

Sheila Chefetz(1998). *Modern Antiques for the Table.* Penguin Studio Books.

Suzanne von Drachenfels(2000). *The Art of the Table.* Simon & Schuster.

Tim Forrest(1998). *The Bulfinch Anatomy of Antique China & Silver.* Bulfinch Press.

佐藤よし子(2006). 食卓を 彩るシルバ-. 講談社.

┃그 림 출 처┃

139. Tim Forrest(1998). The Bulfinch Anatomy of Antique China & Silver. Bulfinch Press. p.121
140. Tim Forrest(1998). The Bulfinch Anatomy of Antique China & Silver. Bulfinch Press. p.123.
141. 카린 자그너 지음, 심희섭 옮김(2007). 어떻게 이해할까? 아르누보. 미술문화. p.39.
142. Robin Hildyard(1999). European Ceramics. V&A Publications. p.119.
143. Tim Forrest(1998). The Bulfinch Anatomy of Antique China & Silver. Bulfinch Press. pp.124–125.
144. 카린 자그너 지음, 심희섭 옮김(2007). 어떻게 이해할까? 아르누보. 미술문화 p.37.
145. Sheila Chefetz(1998). Modern Antiques for the Table. Penguin Studio Books. p.20.
146. 스티븐 에스크릿 지음, 정무정 옮김(2002). 아르누보. 한길아트. p.53.
147. 스티븐 에스크릿 지음, 정무정 옮김(2002). 아르누보. 한길아트. p.254.
148. 카린 자그너 지음, 심희섭 옮김(2007). 어떻게 이해할까? 아르누보. 미술문화. p.40.
149. Best Flower Arrangement(2004). フォ-シ-ズンズプレス. No.10. p.257, 262.
150. 한국국제교류재단, 빅토리아 & 앨버트박물관(2008). 흙, 불 그리고 아름다움. 한국국제교류재단. p.235.
151. 스티븐 에스크릿 지음, 정무정 옮김(2002). 아르누보. 한길아트. p.169.
152. 앨러스테어 덩컨 지음, 고영란 옮김(2005). 아르누보. 시공사. p.51.
153. Sheila Chefetz(1998). Modern Antiques for the Table. Penguin Studio Books. p.6, 18.

Chapter 9

Art Deco

1920년대에 시작하여 1930년대에 프랑스를 중심으로 서유럽과 미국에서 유행한 장식 양식이다. '아르데코Art Deco' 라는 용어는 1925년 파리에서 개최된 장식과 산업 예술의 유명한 전시회Paris Exposition Internationale Des Arts Decoratifs et Industriels Modernes의 제목으로부터 유래되었으나, 그 시대에 사용된 용어가 아니라 이 양식을 즐기기 위해 시작한 1960년대 아르데코의 재현에서부터 실제적으로 사용되었다. 이 명칭은 프랑스에서는 아트 모던으로 '1925년 양식' 이라 불렸으며, 미국에서는 모더니스틱 모던, 지그재그 모던, 스타일 1925 등으로 불리기도 한다.

아르데코

1920~1939

시대적 배경

아르데코 양식이 발생한 1920년대는 1차 세계대전과 1929년의 세계 대경제 공황이 일어났던 격동과 혼란의 시기였다.

이러한 20세기 초는 역사적 · 정치적 · 경제적으로 변혁의 시기이자 사회적인 혼란으로 인하여 대중들은 사회의 불안정 속에서 나타난 반대의 보상심리가 사치와 화려함으로 만연되는 사회 속에서 아르데코 양식으로 표현되었으며 아르누보의 과잉 장식 경향에 대한 반동으로부터 비롯되었다.

식문화

이 시기부터 냉장과 냉동 기술이 미국과 유럽에서 개발되기 시작하여 19세기 말에 카레와 텔리가 육류처럼 상하기 쉬운 식품을 저온 저장할 수 있는 냉장고를 개발하였으나 냉동 기술은 완성되지 못하였다. 이후 1929년 미국인 클라렌스 버즈아이는 래브라도의 에스키모인들이 추운 날씨에 빠른 속도로 얼린 생선과 육류는 녹이더라도 완전한 상태로 남아 있다는 사실을 알고 강력한 냉동기를 이용한 급속냉동법을 개발했다. 1950년대 말에는 유럽 사람들도 미국에서 개발된 냉동법의 혜택을 받기 시작했다. 1차 세계대전 후 유럽의 도시민 가운데 상당수의 사람들이 영양적으로 불균형한 식사 때문에 빈약한 체격을 갖게 되었음이 명백해졌다. 그 후 영양에 대한 집중적인 선전과 나아진 경제 여건으로 인해 대부분 유럽인들의 식생활이 개선되기 시작했다.

미국은 1900년 이후 이민이 극적으로 증가했으며, 이탈리아 이민자들은 파스타와 감자 소스가 포함된, 요리법을 만들어 냈다. 이것은 점차적으로 1920년대에 대중화되어 갔으며, 이탈리아 음식은 폭넓은 호응을 얻은 최초의 이민 음식이 되었다.

양 식

design keywords

cubism
geometric
zigzag
sunburst
ziggurat

아르데코는 입체파, 러시아의 구성주의, 이탈리아의 미래파, 이집트 미술, 매킨토시와 비엔나 공방, 바우하우스의 작품, 러시아 발레단, 중동 지역의 미술, 인디언 미술품에 이르기까지 다양한 문화를 절충시킨 종합적인 양식이다.

아르데코의 중요한 통일된 요소들 중 하나는 기하학적인 형태의 강조로, 소용돌이치는 곡선interlacing curve과 기능적이고 고전적인 직선미sleek line를 추구하였다. 기하학적 형태는 아르데코 시대의 장식 전반에 걸쳐 표현되었고, 둥근 모습을 각진 형태로 표현한 것은 큐비즘cubism의 영향으로 볼 수 있다.

단순함은 아르데코에서 많이 사용되었던 기하학적 형태, 꽃, 여인상 및 여러 겹의 직선미가 나는 매끄러운 선에서 나타나고 있다. 특히 단순화된 꽃은 흔히 볼 수 있는 장식으로 이전의 전통 · 사실적 표현의 묘사는 사라지고, 크고 양식화된 꽃의 단순함을 강조하였다. 장미, 마가렛, 달리아, 국화 등이 주로 그 대상이었으며 그 중 특히 단순화된 장미는 가장 많이 사용되었다.

아르데코에서 많이 쓰였던 독특한 테마의 하나인 여인상은 과거의 사실적인 모습과는 달리 미끈하고 단순한 선을 강조한 양식화된

아르데코 모티브

구 분	지그재그	지구라트	선버스트
특 징	직선이 번갈아 좌우로 꺾인 모양	고대 바빌로니아 · 아시리아의 피라미드 형태의 신전을 본뜬 모양	구름 사이로 새어 나오는 강렬한 햇살 모양의 불꽃 문양 그림
그 림	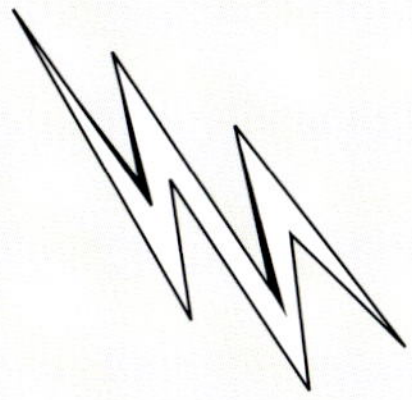		

모습을 나타냈다.

아르데코에 쓰였던 형상shape은 더욱 뚜렷하고 단순해져서 주제들도 이러한 경향에 잘 어울리는 것들이 부각되고 추상적 경향을 띤다. 지그재그Zig zag, 지구라트Ziggurat, 선버스트Sunburst가 대표적인 형태이다.

아르데코의 색은 검은색, 금색, 은색, 원색, 파스텔의 대담한 색이 주조를 이룬다. 검은색은 순수 회화의 큐비즘 운동과 흑인 예술, 조세핀 베커의 등장과 함께 당시 기능주의의 영향으로 발생되었다. 이는 아르데코의 대표적 특징인 단순성을 가장 적절히 표현할 수 있는 색으로 정착하여 20세기에 들어와 야성미 · 세련미 있는 유행색으로 정착되었다.

금속 소재에 의한 색인 금색과 은색은 아르데코의 모던함을 표현한 색으로 강하게 대비를 이루며 현대적이고 대담한 분위기를 주는 역할을 했다. 아르데코의 직선적인 날카로움과 유선형을 표현하기에 적당한 것이 금속 소재였으며 특히 전깃불 아래서 생기는 광택 또한 아름다운 금속의 미로 부각되었다. 이러한 사실은 신문명을 이룩한 기계와 금속에 대한 당시 사람들의 동경, 그리고 기술의 발달을 지적할 수 있다.

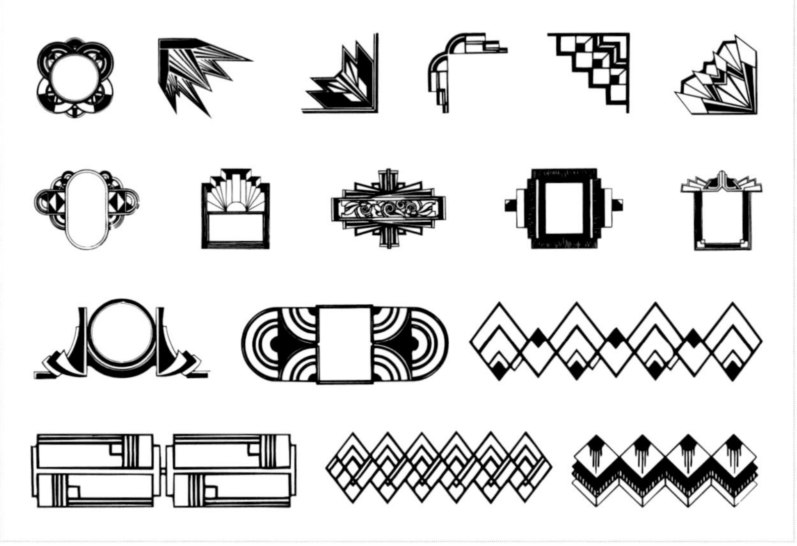

154 아르데코 시대의 모티브

원색의 등장은 동양에 대한 관심, 야수파, 초현실주의의 영향과 공연 예술 등을 배경으로 하며, 패션이나 인테리어 영역에서 현저했고 합성염료의 보급도 많은 영향을 미쳤다고 본다. 그리고 구조물이나 광고, 디자인 면에서는 단순화되는 형을 바르게 전달하기 위해 강력한 색채를 사용하였다.

이 시기에 새로운 파스텔 색조가 등장했다. 파스텔 계통의 색상은 아르누보의 주조색이었던 연한 하늘색, 연한 갈색, 연한 녹색 등의 낮은 채도의 파스텔 색조 대신 핑크, 하늘빛의 파랑, 레몬 옐로, 민트의 초록과 같이 선명하고 산뜻한 셔벗 톤이었다.

아르데코 시대는 광택이 있는 소재들을 중심으로 흑단, 상아, 유리, 대리석, 진주, 뱀 가죽, 고급 피지 등으로 희귀하고 값비싼 재료를 사용하였다. 재즈jazz에서 파생된 리듬과 역동주의, 기차의 속도와 자동차의 매력, 공기역학에 대한 유선형의 발견 등에서 디자인 영감을 받았으며 대량생산에 적합한 스테인리스 철강과 광택 있는 동, 유리의 새로운 산업 재료들을 사용하여 디자인하였다.

테이블 코디네이트의 요소

디너웨어dinnerware

양차 대전 사이의 기간은 사회적으로 또 예술적으로 중요한 변화의 시기였으며 아름답고 식욕을 돋우는 디자인과 화려하고 흥미로운 색상의 제품들이 생산되었다. 디너웨어는 아르데코가 번성했던 시기에 화려하게 장식되었으며 일부는 규모가 큰 도자기 산업의 제품으로 생산되었다.

꽃무늬 패턴을 식기 표면에 전체적으로 전사하기도 하고, 그릇의 가장자리에 색 라인을 넣거나 추상적이고 기하학적인 패턴으로 제작하기도 하였다. 커피잔의 손잡이 부분을 삼각형으로 만들기도 하는 등 모던한 스타일을 생산해 내긴 했으나 사용하기에는 불편함이 많았다.

때로는 장식 없이 제작되거나 모던한 이미지, 이국적인 이미지가 그려지기도 했으며 아르데코의 인기 있는 모티브였던 선버스트 문양이 그려진 티 세트가 나오기도 했다. 일반적인 원형보다 유선형과 각진형이 유행했으며, 직사각형의 볼, 삼각형의 컵과 컵 받침같이 기하학적인 형태를 지닌 것들이 생산되었다.

커피잔 세트는 도자기로 제작되기보다는 금과 은이 복합적으로 사용된 제품이 더 많았으며, 기하학적인 형태가 대부분이었다.

155 핸드 페인팅된 커피컵과 소서

156 아르데코 스타일의 커피 서비스 세트

157 아르데코 스타일의 2인조 티 세트

❖ 커틀러리cutlery

158 아르데코 스타일의 빨간 베이클라이트(합성수지) 손잡이 커틀러리

159 아르데코 스타일의 니켈 스푼과 포크

이 시기는 은, 놋, 구리, 크롬 그리고 도금된 커틀러리가 많이 생산되었고, 크롬과 도금된 금속 제품은 비싼 가격에 판매되었다.

1914년 스테인리스 스틸이 해리 브래리Harry Brearley에 의해 쉐필드Sheffield에서 발명되었고, 퍼스 브라운Firth Brown에 의해 상업적으로 생산되었다. 스테인리스 스틸이 생산되면서 나이프의 칼날은 더 이상 녹슬거나 부식하지 않았고, 탄소강으로 만들어진 칼날처럼 어렵게 닦을 필요도 없어졌다.

수많은 제조업자들이 스테인리스 스틸을 이용해 19세기 디자인으로 제품을 만들고자 노력했으나 쉽지 않았으며, 새로운 디자인이 요구되었다. 결국 19세기 말에 한 조각one-piece으로 만들어진 특이한 스타일의 나이프가 생산되었고, 핑거 포인터finger point, 슬리퍼slipper라 불리는 다크 그린, 갈색, 아이보리로 채색되고 끝이 점점 가늘어지는 손잡이를 가진 나이프가 나타나기 시작했다. 이는 영국과 독일에서 서서히 발전시켜 나갔다. 1930년대까지 대량생산이 계속되었고, 시장의 규모도 점차 커졌다. 유행하던 고전적인 라인이 서서히 사라지고, 일체의 장식을 배제한 단순한 패턴의 디자인이 유행하였다. 특히 미국에서 주목받은 '믹스 앤 매치mix and match' 스타일은 영국을 위시한 유럽권에도 영향을 미쳤다.

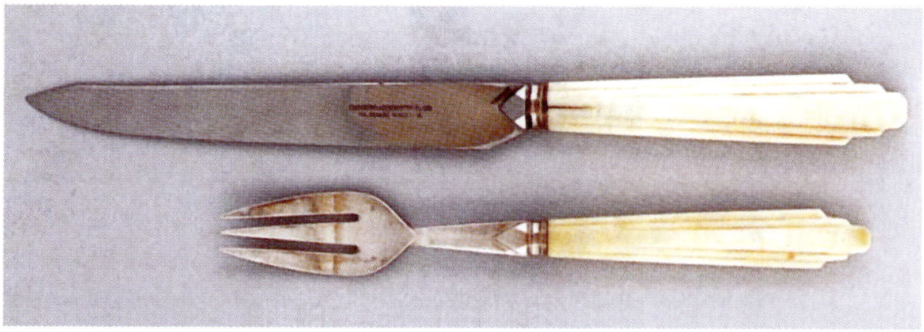

160 아르데코 스타일의 상아 손잡이 포크, 나이프

글라스웨어glassware

유리의 생산 기술은 19세기에 큰 진보를 이루어 유리 제품의 표면이 장식되기도 하였으며, 20세기에는 독창적인 예술가의 출현으로 유리 제품에도 아르누보 사조뿐 아니라 아르데코, 기능주의, 현대주의적 경향이 나타나게 되었다. 특히 베네치안 유리는 아르누보와 아르데코 양식에 관심을 갖고 베니치아인들의 창의성과 기술을 반영하였으나 19세기 중반 무렵 관광객을 대상으로 하는 산업으로 퇴보되었다. 그러나 이후 16세기의 더욱 단순한 형태와 양식을 부활시킴으로써 이 베네치안 유리를 복원해 보려는 시도가 행해졌다. 또한 20세기 초는 예술가들에 의해 새로운 장식 유리를 창조하고자 하는 시도가 이루어졌다.

161 누드 조각상 스템의 칵테일 글라스

루비 레드ruby red, 코발트 블루cobalt blue, 딥 그린deep green 컬러의 글라스웨어들이 생산되었다. 하나의 스템웨어stemware 패턴으로 큰 고블렛goblet에서 작은 코디알cordial까지 다양한 종류의 스템웨어를 생산하기도 하고, 단순한 스템에 볼bowl의 색을 여러 가지로 하거나 다각형의 볼을 가진 글라스웨어가 유행했다. 스템 부분만 색을 넣거나 기하학적 문양으로 디자인된 제품이 생산되기도 하였고, 스템에 여성의 누드, 모자 쓴 남성, 동물 형상 조각품을 활용하기도 하였다.

162 아르데코 스타일의 칵테일 글라스

아르데코의 대표적 유리 디자이너로는 아트버Artver, B. 스텔라Stella, E. 카조Cazaux, 에밀 갈레Emile Galle, 르네 라리크René Lalique 등이 있다.

163 아르데코 스타일의 엠베시Embassy 스템웨어

린 넨linen

아르데코 직물 디자인의 특성은 모티브와 색채에서 찾아볼 수 있다. 모티브의 변화를 보면 첫째, 과거의 단조로운 기하학적 모티브에서 다양하고 대담한 형태로 변화하였다. 이전의 기하학적 디자인은 매우 단순하고 단조로운 모티브의 반복으로 되어 있었으나, 아르데코의 기하학적 직물 디자인은 획기적인 구성에 의해 추상성을 강조한 대담한 기하학적 모티브로 이루어졌다.

둘째, 양식화樣式化된 꽃의 모티브를 사용하였다. 아르누보를 포함한 과거의 사실적인 꽃은 양식화되었고 넝쿨, 리본, 꽃바구니, 부케 등을 없애고 꽃 자체만을 강조하였다.

셋째, 아프리카, 동양의 에스닉ethnic 모티브가 첨가되었다. 식민지 박람회에 전시된 고기물古器物의 형태나 장식에서 영감을 받은 에스닉 디자인에 의해 직물 디자인의 형태가 다양하게 되었다. 아르데코 직물 디자인의 색채 특성은 금, 은색이 주류를 이루었고 러시아 발레와 추상미술의 영향으로 등장한 원색 계통과 그 외의 파스텔 색조, 강한 핑크, 라벤더, 크롬 옐로, 라임 그린 등의 다양한 색으로 이루어졌다.

164 아르데코 스타일의 테이블클로스

165 아르데코 스타일의 테이블커버

❖ 센터피스centerpieces

센터피스의 재료는 형태가 큰 폼 플라워form flower보다는 형태가 작은 꽃들과 식물이 사용되고, 매스 플라워mass flower 및 사용된 소재들의 집단화clustering, 그룹 짓기grouping를 하여 시각적 장식성을 강조하였다. 수직형 작품에서는 소재의 종류는 적되 많은 양으로 볼륨감을 나타내어 강한 효과를 주었다. 화려한 색채, 단순한 기하학적 형태가 주를 이루며 기하학적 미美, 대칭미, 통일감이 강조되었다. 기본 재료는 자연의 식물과 꽃인 목본성木本性 소재를 주로 사용했으며, 종류는 적되 양은 많이 사용하여 단순 형태, 절제된 선으로 표현하였다. 계단식 기법, 단짓기, 매스 기법 등의 표현 기법을 사용하여 장식적이며 규칙적이었다.

그 외에 금속 제품의 센터피스나 촛대에서는 누드나 세미누드 인물상이 많이 이용되었다. 큐비즘의 영향을 받은 꽃병, 지구라트 모양을 한 촛대도 나타났다.

166 아르데코 스타일의 센터피스

167 아르데코 스타일의 콤포트

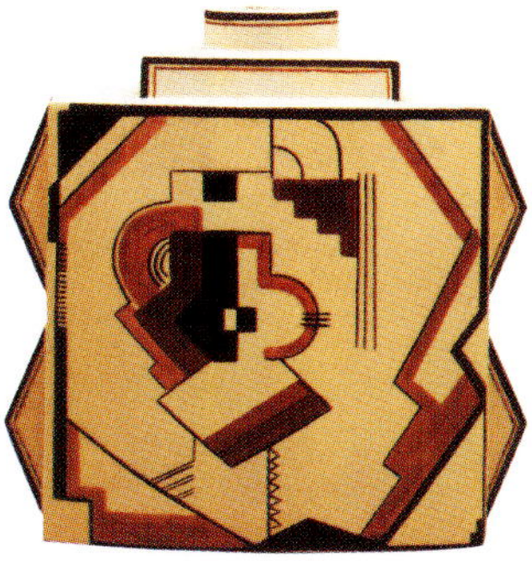

168 아르데코 스타일의 꽃병

169 아르데코 스타일의 지구라트 촛대

영 향

파리의 플라자 아테네 호텔Plaza Athenee Hotel의 레스토랑은 밝은 컬러의 외관과 꽃으로 장식한 창문이 아르데코의 진수를 보여 주고 있다. 1935년부터 1942년까지 프랑스와 미국을 연결하던 아르데코 스타일의 유람선 르 노르망디를 모티브로 하였다.

버킹엄 궁전의 별관이라 불리는 영국 런던의 클라리지 호텔Claridge's Hotel은 영국의 아르데코를 보여 주는 대표적 건물이다. 호텔 내의 바는 거대 동심원이 연결된 샹들리에로 고급스러우면서 매혹적인 연출을 하고 있다. 단순화된 벽면의 기둥과 동심원의 반복 사용은 아르데코 양식을 응용한 것으로 볼 수 있다.

그림 172에서는 단순한 직선과 기하학적 선이 강조된 인테리어와 가구에서 아르데코의 영향을 엿볼 수 있으며, 금색의 디너웨어와 유색의 글라스웨어, 세미누드의 센터피스는 아르데코 시대 유행한 테이블 세팅 요소로 연출되어 있다.

170 아르데코 스타일의 영향을 받은 파리 플라자 아테네 호텔 내의 레스토랑

171 아르데코 스타일의 영향을 받은 영국 클라리지 호텔 내의 바

172 아르데코 스타일 테이블 세팅

참고문헌

김광수(1998). 현대 남성복식에 표현된 아르데코 양식에 관한 연구. 국민대학교 석사학위논문.

김지영 · 임은정(2008). 아르데코 시대의 테이블 세팅 5대 요소에 관한 연구. 한양여자대학 논문집 제31집.

노블레스. 2008년 1월호.

레이 태너힐 지음, 손경희 옮김(2006). 음식의 역사. 우물이 있는 집.

마귈론 투생-사마 지음, 이덕환 옮김(2002). 먹거리의 역사. 까치.

문영란(2003). 화예디자인에 나타난 아르누보와 아르데코 양식의 조형적 특성 연구. 한국화예디자인학회 논문집 제8집.

이원숙(1995). 아르데코 직물디자인 연구. 이화여자대학교 석사학위논문.

일레인 매킨토시 지음, 김형곤 옮김(1999). 미국의 음식문화. 역민사.

임채정(1991). 아르데코 양식의 가구디자인 특성에 관한 연구. 연세대학교 석사학위논문.

장경림(1993). 아르데코 양식의 현대적 해석과 실내디자인에의 적용 가능성에 관한 연구. 이화여자대학교 석사학위논문.

장혜량(1997). 아르데코 양식을 응용한 복식 디자인 연구. 이화여자대학교 석사학위논문.

Alastair Duncan(1999). *American Art Deco.* Thames and Hudson.

Jane Hay(1996). *Art Deco Ceramics.* Bulfinch Press.

Judy Spours(1988). *Art Deco Tableware.* Rizzoli.

Karen McCready(1995). *Art Deco and Modernist ceramics.* Thames and Hudson.

Leslie Pina & Paula Ockner(1999). *Art Deco Glass.* Schiffer Publishing Ltd.

Mary Frank Gaston(1997). *Art Deco.* Collector Books.

Peter Brown(2001). *British Cutlery.* Philip Wilson.

Sheila Chefetz(1998). *Modern Antiques for the Table.* Penguin Studio Books.

Tim Forrest(1998). *The Bulfinch Anatomy of Antique China and Silver.* Bulfinch Press.

그림출처

154. www.houseoflime.com
155. Judy Spours(1988). Art Deco Tableware. Rizzoli. p.14.
156. Alastair Duncan(1999). American Art Deco. Thames and Hudson. p.80.
157. Karen McCready(1995). Art Deco and Modernist Ceramics. Thames and Hudson. p.54.
158. Judy Spours(1988). Art Deco Tableware. Rizzoli. p.170.
159. Peter Brown(2001). British cutlery. Philip Wilson Publishers. p.146.
160. Peter Brown(2001). British cutlery. Philip Wilson Publishers. p.150.
161. Leslie Pina & Paula Ockner(1999). Art Deco Glass. Schiffer Publishing Ltd. p.17.
162. Leslie Pina & Paula Ockner(1999). Art Deco Glass. Schiffer Publishing Ltd. p.16.
163. Leslie Pina & Paula Ockner(1999). Art Deco Glass. Schiffer Publishing Ltd. p.28.
164. Alastair Duncan(1999). American Art Deco. Thames and Hudson. p.141.
165. Alastair Duncan(1999). American Art Deco. Thames and Hudson. p.144.
166. Best Flower Arrangement(2004). フォーシーズンズプレス. No.10. p.259.
167. Mary Frank Gaston(1997). Art Deco. Collector Books. p.155.
168. Karen McCready(1995). Art Deco and Modernist Ceramics. Thames and Hudson. p.77.
169. Karen McCready(1995). Art Deco and Modernist Ceramics. Thames and Hudson. p.60.
170. 노블레스. 2008년 1월호. p.321.
171. 노블레스. 2008년 1월호. p.319.
172. Sheila Chefetz(1998). Modern Antiques for the Table. Penguin Studio Books. p.82.

Chapter 10

Modern

'모던Modern' 이라는 말은 기술적으로 앞서있고, 물질적으로 부유하며, 사회적 · 종교적 권위라는 미망으로부터 자유로운 삶을 상징한다. 무엇보다도 인간 이성에 대한 굳은 믿음과 더불어서 삶과 사회가 전반적으로 합리화 · 이성화되어 간다는 것을 의미한다.

기능성을 중시하고 장식을 최대한 배제하는 디자인으로 시각 요소의 크기나 색상, 위치 등을 목적과 용도에 준하여 수학적으로 정확하게 정의하는 방법으로, 게슈탈트gestalt 심리학이나 시선의 동선에 따른 레이아웃 등이 이에 해당하는 디자인 방법이라고 볼 수 있다.

모더니즘 양식은 제작 공정상의 합리성을 함께 고려하므로 간혹 대량생산품의 무미건조한 느낌을 줄 수도 있다. 그러나 디자인에 있어서 합리성과 기능성을 중시해야 한다는 기본 틀을 확고히 한 양식으로, 현대에는 모든 스타일이 모더니즘 디자인의 영향을 받고 있다.

모던

1900~

시대적 배경

1900년대부터 기계화가 대두되고 대량생산과 소비가 본격화되면서 기계 미학에 대한 인식이 폭넓게 받아들여지기 시작했다. 그 동안 장식에 치중한 유럽의 디자인 개념은, 기계 생산의 모든 물건은 그 미적 가치가 합리적이어야 하며, 용도에 주안점을 두어야 한다는 개념으로 바뀌었다. 따라서 장식이 억제된 합리적인 형태로서 제품의 질적 수준을 높이고 새로운 시대에 걸맞은 양식을 탄생시키려는 다양한 움직임이 전개되었다.

1925년 발터 그로피우스Walter Gropius(1883~1969)가 출간한 《국제건축International Architecture》은 각지에서 개별적으로 진행되고 있던 여러 건축적 경향 내에서 공업화 시대의 기술과 정신을 반영한 조형적 특징을 공유하는 조류가 싹트고 있음을 지적하고, 근대 건축 운동의 주류가 형성되는 계기를 마련해 주었다. 공업 기술의 무국적성뿐만 아니라 사회주의 국제적 운동이라는 사상적 배경의 존재를 지적할 수 있다. 이러한 조형적 특징의 성립에는 예를 들어, 르 코르뷔지에Le Corbusier, 미스 반 데어 로에Mies van der Rohe, 발터 그로피우스, 아돌프 로스Adolf Loos(1870~1933)와 같은 건축가나 데 스틸De stijl, 이탈리아 미래파, 바우하우스Bauhaus 등 시점과 방법론이 다른 다양한 운동이 관여하고 있다. 이들 개별적인 경향은 교통수단의 충실에 의한 원거리 이동의 자유와 속도감 있는 잡지 등의 인쇄 매체 발달과 같은 특수 상황에 의해 거의 동시적으로 진행되었으며, 상호 연결되어 있어 공통된 인식의 형성으로 서서히 이르렀던 것이다. 1927년 르 코르뷔지에가 '새로

173 모던 스타일의 타이포

174 르 코르뷔지에의 롱샹 Ronchamp 성당

운 건축의 5원칙' 을 발표하여 공통된 조형수법으로 사용되었다.

1927년 독일공작연맹Deutscher Werkbund이 주최한 주택 전시 '바이젠호프 지투룽' 이 독일 슈투트가르트Stuttgart 교외에서 개최되어 미스 반 데 로에와 피터 베랜스Peter Behrens(1868~1940), 브루노 타우트Bruni Bruno(1880~1938), 한스 샤로운Hans Scharoun(1893~1972), 발터 그로피우스 등이 참여하였다. 그 밖에 요세프 프랑스(1890~1967), 마트 스탐(1899~1986), 요한네스 오우드J. J. P. Oud(1890~1963), 르 코르뷔지에 등이 참여하여 근대 건축 운동의 특징을 단적으로 장식이 없는 백색의 평활한 벽면으로 이루어진 상자형의 형태가 국제적으로 인지되었다. 그 결과 유럽에서는 1925~1928년에 걸쳐 급속하게 근대 건축 운동이 수렴되었다. 그 후에도 미스가 제시한 균질공간의 개념을 다루면서 지속적으로 추가와 수정이 이루어졌고, '근대 건축' 의 국제적인 전개의 지배적인 이념이 형성되었다.

식문화

모더니즘의 식공간은 모든 사적이고 주관적인 요소들을 배제함으로써 기하학적인 순수 형태를 통해 객관적인 공간을 형성하며 인위적인 곡선의 식공간 요소를 배제한 단순한 기하학적인 형태, 즉 사각형, 삼각형, 원, 직선 등의 요소를 활용하였다. 추상적인 식공간은 분석과 해부를 통한 극도로 단순한 형상으로, 간결하며 시각적으로 명쾌함을 제공하였다. 기하학적 비례와 원색으로 디자인된 추상적 형태의 식기 도구들과 센터피스는 마치 직사각형의 캔버스 모습을 시각화하려 하였다.

모던 테이블 세팅은 형식이나 규칙이 없이 자유롭게 세팅하는 캐주얼 테이블 세팅의 한 표현이라 할 수 있는데, 샤프한 이미지를 부각시키는 것이 가장 큰 포인트가 된다. 스테인리스나 돌은 식기뿐만 아니라 테이블 클로스 대신에 사용해도 모던한 세팅이 된다. 모던 세팅을 가장 확실히 연출할 수 있는 방법은 색채이며 블랙과 화이트, 그레이 등의 무채색을 조화시켜서 세팅하면 샤프한 형태와 어우러져 세련되고 도회적인 느낌의 식탁을 연출할 수 있다. 대조나 대비의 갑작스런 변화를 통해 정반대의 분위기를 조성하는 것으로 자극적이고 동적인 효과를 준다. 간결한 식탁이나 그릇을 배경으로 하여 여러 색과 질감의 음식들이 차려 놓은 상차림은 강한 대비 효과를 낸다. 서로 대립하는 느낌이 드는 두 그룹을 매치시키는 것도 모던한 효과를 얻을 수 있는 방법이다. 동양적인 것과 서양적인 것, 모던한 것과 에스닉한 것끼리의 매치가 그 예라 할 수 있다.

양 식

❖ 르 코르뷔지에

르 코르뷔지에Le Corbusier(1887~1965)는 모더니즘 운동의 대표주자이다. 다양한 나라의 모더니즘 운동과 공통점을 지니나 완전히 동일하지는 않으며, 개인적인 이념을 반영하여 인간 생활 이상의 추구와 기존 도시의 비판적인 검증이 중첩되었다.

175 프랑스 피르미니firminy에 건설된 문화의 집maison de la culture

라 쇼-드-퐁La Chaux-de-Fonds에서 수행한 주택 설계비를 갖고 '동방으로의 여행'을 감행하여 "지역에 뿌리

176 르 코르뷔지에가 설계한 위니테 다베타시옹 Unité d'habitation 옥상

177 프랭크 로이드 라이트의 낙수장 Fallingwater

를 둔 건축을 발견했다."고 기술하고 있다. "주택은 살기 위한 기계이다."라는 유명한 정의는 사물의 완전함을 언어로 표현하려는 다소 과장된 표현으로 '주택'의 새로운 개념에 기초를 두고 있다.

그의 저서인 《건축을 향하여》의 시적 표현은 모더니즘을 표방하는 것과는 사뭇 다른, 그리스의 고전성과 프랑스의 합리주의에 근거를 둔 것이다.

'슈타인 저택'은 필요한 기능을 엄격한 볼륨으로 정리한 것이 주요 특징으로, 필로티는 외부에서는 보이지 않으며, 순수한 상자의 파사드에는 '모듈러modulor'에 의해 수학적인 아름다움이 추구되었고 횡장형橫長形의 띠창이 단정한 표정을 보여 주고 있다.

'사보아 저택'은 파리 근교 '포아시poissy'에 건축된 것으로 우아한 옥상정원이 연출되며 픽처 윈도의 개구부가 정확하게 설치되어 있다. 어느 작품보다도 '새로운 건축의 5원칙'을 집약적으로 표현한 작품이다.

르 코르뷔지에의 사고는 인간에 대한 이상주의적이고 논리의 명석함에 사로잡혀 현실의 인간 생활이 지닌 부정적인 욕망을 충분히 파악하지 못했다. 현실적으로 르 코르뷔지에와 그 이후 건축가들의 새로운 사고나 발명은 인간성에 대한 오류나 무지로 되돌려져 비판의 대상이 되기도 했다.

후기 르 코르뷔지에는 기본 이념을 지키면서도 중심지구의

design keywords

form follows function
Less is more
timeless rationality
comtemporary attitude
revolutionary ideas & styles
De Stijl
Bauhaus
Futurism

정부를 상징하는 기념비Momument를 세운다거나, 주정부 청사를 브리즈 솔레이유brise-soleil와 노출 콘크리트로 표현하는 등 이전의 조형과는 다른 새로움을 보여 주고 있는 것이 특징이다. 전후 르 코르뷔지에의 노출 콘크리트에 의한 조소적 조형은 전 세계에 많은 모방 작품을 남겼다.

프랭크 로이드 라이트

약 92세의 나이로 세상을 떠난 라이트Frank Liyod Wright(1867~1959)는 죽음 직전까지 설계 활동을 계속하여 다른 미국 건축가에 비해 많은 수의 걸작을 남겼다.

그가 표방하고 실천한 '유기적 건축'은 자연과 융화하는 건축이며 이는 유소년기의 환경과도 깊은 관계를 가지고 있다. 자연과 융화하는 건축은 동양과 일본 건축의 본질적 이해에 입각한 성과이다.

178 프랭크 로이드 라이트가 설계한 건축물

라이트의 모토는 "미국에서 생을 영위한 사람들은 빈부의 구별 없이 평등하게 풍요로운 주생활을 보낼 권리가 있다."는 것으로서, 그것을 실천하기 위해 정진했다. 또한, 주택 이외에도 모든 종류의 건물 조형에 도전하였으며 나아가서는 역동적인 공간을 스파이럴spiral한 조형으로 실현하기도 했다.

19세기 말 미국의 주택은 콜로니얼 리바이벌이 주류를 이룬다. 일반적으로 콜로니얼colonial 양식이란 식민지에 이주한 사람들이 모국의 전통적인 건축 양식으로 이주 전의 기후나 풍토, 쉽게 구할 수 있는 소재에 의한 개간을 가한 것이다. 특히 유럽에서의 이주자가 많은 미국은 비교적 온난한 지역에서 테라스와 포치porch를 주택에 부속시키고 주택의 반외부 공간에서의 생활을 즐겼다. 이것을 근대 건축으로 이행시키는 추진자는 프랭크 로이드 라이트, 루돌프 쉰들러, 리차드 노이트였으며 미국의 독자적인 주택을 모색하게 되었다.

또한 라이트는 미국뿐만 아니라 세계의 건축가들에게도 큰 영향을 미치게 되었으며, 특히 건축 각각의 공간을 상호 관입시킨 〈플로링 스페이스Flooring Space〉를 만들어 냄으로써 유럽의 건축가들에게 강한 인상을 부여하였다.

179 프랭크 로이드 라이트가 디자인한 의자

라이트의 〈프레리 하우스Prairie House〉는 〈윈슬로우 저택〉과 〈로비 저택〉에서 종래의 '상자형' 건축의 이탈을 의도하여 광대하게 확장되는 대지와 호응하는 것이 특징이며 이러한 라이트의 '상자의 해체'를 위주로 한 공간 해체는 1923년 르 코르뷔지에의 《건축을 향하여》와 1966년 벤츄리의 《건축의 복합성과 대립성》과 함께 20세기를 대표하는 3대 건축서의 하나로 인정되고 있다.

라이트가 일본에 쌓은 업적은 여러 분야에 이르며 대표작은 〈제국 호텔〉, 〈林저택〉, 〈산읍 저택〉 등이 있다.

1936년 라이트의 〈유소니안 하우스〉에서 나타난 공간 구성의 특징은 1890년대의 '중심의 해체' 로부터 '프레리 하우스' 기의 '상자의 해체' 를 거쳐 건물의 구성 요소를 모두 2차원의 '면' 으로 파악하려 했던 구성 방식으로 완성된 것이며 그것은 라이트의 도달점이기도 했다.

라이트의 건축을 정리하자면 미국이 지닌 광대한 자연과의 친밀한 관계가 의도된 것으로 내 · 외공간이 상호 침투하고 깊은 처마를 지닌 지붕이 넓은 대지로 낮게 확장되어 가는 형식을 사용하고 있는 것과 동시에 그 땅에 대응하는 소재를 사용함으로써 미국의 대지로 확장되어 가는 것을 나타내고 있다.

미스 반 데어 로에

미스 반 데어 로에Mies van der Rohe(1886~1969)는 발터 그로피우스, 르 코르뷔지에, 프랭크 로이드 라이트와 함께 근대 건축의 거장이라 불리우며 특히 국제건축과 기능주의 건축의 아버지로 알려져 있다.

그의 대표작인 〈바르셀로나 만국 박람회 독일 파빌리온〉(1929), 〈투겐하트 저택〉(1930)은 모든 기능을 허용하는 보편성을 지닌

공간개념, 즉 〈유니버셜 스페이스〉로 발전하는 과정을 나타내었다. 이 시점에서 미스 자신은 기능주의를 초월하는 가능성 있는 이념을 제시하였다는 데 주목할 필요가 있다.

180 미스 반 데어 로에의 투켄하트tugendhat 저택

미스는 대부분의 건축가와는 달리 건축 교육을 받지 않았으며 인생 전반에 걸쳐 체험적인 학습과 실무를 경험하고 사상의 형성을 밟아 건축가로 대성한 것이다. 전위 그룹인 〈11월 그룹〉의 건축 책임자이며 바우하우스의 3대 교장으로 부임했으나 나치의 압력에 의해 바우하우스를 폐교하고 미국으로 이민하였다. 그 뒤 유리상자를 통해 방해받지 않는 유니버셜한 공간으로 이동, 소위 국제주의의 전형적인 모습으로 생각되는 작품들을 차례로 발표하여 전 세계의 건축계에 영향을 주었다.

1938년에 미국으로 건너가 〈IITillinois institute of technology college & Institutes〉나 〈판스워스 하우스The Farnsworth House〉에서 세계 최초의 철과 유리에 의한 초고층 빌딩인 〈레이크쇼어 드라이브 아파트먼트Lakeshore drive Apartments〉, 〈시그램 빌딩Seagram Bldg〉에서 '유니버셜 스페이스Universal Space'를 성립, 모더니즘 건축의 보편주의를 상징하는 공간의 발견은 20세기 가장 중요한 건축가로 부상하였으며 오늘날 도시 경관의 대표적인 이미지를 만들어 냈다.

SOM에 의해서 설계된 〈레버하우스lever house〉(1952)는 전면 유리 빌딩으로 고층 빌딩의 모델이 되었다.

181 엘리슨과 피터 스미슨 부부의 개방되고 실용적인 공간

한편, 많은 추종자를 낳은 미스 로에의 고층 건축은 곧 수많은 전형을 전 세계에 만연토록 하였으나 또한 미스 로에의 균질공간은 지나치게 효율주의나 기능주의 일변도여서 무미건조하다는 비판이 1950년대 초부터 일어나기 시작했다.

미스 로에의 빌딩에 '뉴 브루털리즘New Brutalism' 이라는 운동으로 저항한 엘리슨Alison Smithson(1928~1993)과 피터 스미슨Peter

182 일본식 모던 테이블 세팅
183 모던 스타일의 디너웨어

Smithson(1923~) 부부는 미스가 선호하는 완벽한 디테일이나 고가의 건축 재료를 버리고 그 대신 개방되고 실용적인 생활환경 창출에 중점을 두고 있다.

그들의 대표작은 영국의 건설된 〈헌스텐톤의 스쿨〉(1954)로 영국과 같은 지역성이나 실제의 생활공간이 갖는 쾌적함을 가미한 것으로 거장 이후의 모더니즘 공간을 모색했다고 할 수 있다. 이와 같은 공간의 투명성에의 지향은 오늘날 '네오 모던' 이라 불리는 작가들의 접근과도 일맥상통하는 것으로 보인다.

테이블 코디네이트의 요소

❖ 디너웨어dinnerware

19세기 말엽에 일본 미술이 유럽 도공들에게 중요한 영감의 원천이 되었으며 그 결과 1900년 파리 만국박람회에 근대 양식이 출현하게 되었다.

로젠탈Rosenthal의 스튜디오 라인Studio line 제품은 예술성과 기술성의 결합으로 대량생산의 상업적 이윤 추구보다는 한정된 물량과 고가격이라는 취지로 기하학이고, 옵티컬 효과optical effect를 추구하는 마르첼로 모란디니Marcello Morandini의 작품 세계가 반영된 디자인이다.

184 이탈리아 커피 세트
185 영국 식기

또한, 토마스 로젠탈이 제작한 '로프트lotf'는 1982년 처음으로 출시된 이래 모던 디자인 자기 가운데 유럽에서 가장 상업적으로 성공한 제품으로 식기에 담을 음식을 고려하고 제작되었다. 조용하고 단순하지만 각 형태의 맞춘 완벽한 사이즈와 비례를 의도하고 있다. 각이 진 접시라든지, 스테인리스, 돌 소재의 식기를 이용하여 새롭고 신선한 분위기를 연출하였다.

❖ 커틀러리cutlery

20세기에 와서는 신소재, 특히 스테인리스 스틸의 발견으로 커틀러리는 디자인과 내구성 등 양면에서 혁신적인 발전을 이루었다.

대량생산, 시장 규모의 확장과 함께 고전적 라인이 퇴조하고 장식을 배제한 단순한 패턴이 주류를 이루었다. 나이프의 손잡이가 길어지고, 디자인의 변화와 다양한 소재의 등장으로 선택의 폭이 넓어졌다. 커틀러리의 소재로는 스테인리스 스틸을 비롯하여 은, 진주, 금도금과 플라스틱, 상아, 나무 등으로 다양한 소재로 만들어지고 있다. 디자인이나 소재 면에서 다양하고 개성적인 제품들이 출시되고 명품의 커틀러리는 대를 물려 줄 수 있는 가보로 그 집안의 전통과 이니셜로 각인되기도 한다. 디자인적인 경향으로는 장식을 최소화한 미니멀 스타일의 양식을 보여 주고 있다.

186 모던 스타일의 커틀러리

❖ 글라스웨어glassware

187 모던 스타일의 글라스웨어

1960년대 이후 스튜디오 글라스 운동으로 유리공예가 더 이상 수공예의 범위에서 벗어나는 새로운 전환점이 되었다. 이는 예술로서의 조각 작품의 발전과 과학기술의 응용의 두 가지 측면이며, 순수 예술로의 출발과 함께 첨단 산업화로 점차 발전되었다.

예각적銳角的인 라인을 식탁 연출에 활용하는 것이 좋은데, 예를 들면 높이가 높은 글라스를 사용해서 접시와의 각도를 예각적으로 하는 것도 한 가지 예이다. 글라스는 크리스털보다는 샤프한 스템이 달린 것이나 기하학적인 모양이 적합하다. 글라스 안에 냅킨을 접어 넣어서 평면적인 테이블 위를 입체화시키는 것도 한 가지 방법이다.

❖ 린 넨linen

19세기 산업혁명과 스팀 기계의 발명은 직물 산업을 기계화하였고, 세기 말경에는 면직물이 대량생산되었다. 인공적인 염색이 자연염색을 대신하였으며, 다양한 색상이 시도되었다. 그럼에도 불구하고 여전히 흰색이 가장 선호되었다. 19세기에는 음식 소개의 관행이 생겨나 식탁보의 가짓수에 영향을 주었다.

모던 디자인은 스칸디나비아의 국가들에서 성공적으로 발전했으며 가장 큰 특성은 색채의 다양한 사용에 있다. 실내 공간에서 가장 선호되어 왔던 흰색과 함께 직물의 다양한 색과 자연적인 나무 톤이 더 넓게 활용되었다. 덴마크 모던Danish Modern이라는 말은 직물에 생기 있는 빨간색, 파란색과 함께 자연적 티크 나무의 따뜻한 밝은 갈색의 사용과 같은 뜻이 되었으며 이는 2차 세계대전 이후 미국에서 대중적으로 널리 수용된 색채이다.

188 기하학적 문양의 린넨

센터피스centerpieces

무채색의 컬러 매치는 차갑고 단조로운 느낌이 들기 때문에 플라워 장식이나 식탁 액세서리로 악센트를 주어 이를 보완한다. 무채색과 색상 대비가 강한 원색으로 된 것을 사용하는데 모던한 세팅에 악센트를 주는 것이므로 일부분에만 쓰는 것이 좋다.

영 향

북유럽풍의 모던이 주류를 이루고 있으며, 이것은 캐주얼이 세련되고 보다 심플해서 캐주얼 모던, 네츄럴 모던, 심플 모던이 되었으며 자연과 인공이 융합된 형태가 가장 최근의 모던 스타일이다. 모던 스타일은 항상 변화하며, 시대에 맞춰 새로운 스타일로 변화되어 간다.

20세기 말은 모노톤의 모노크론계를 선호하게 되었으며 플라스틱 등의 투명감이 있는 소재가 유행하고 있다. 특히 미니멀한 의상, 간소하게 코디네이트한 테이블웨어나 인테리어를 선호하게 되었다. 그 결과, 식습관도 지금까지의 테이블 매너나 프로토콜에 구속받지 않고 새로운 형태로 변화되어 가고 있다.

참 고 문 헌

구니히데 오시노미 지음, 편집부 옮김(1991). 모더니즘과 인테리어 디자인. 국제.
나병철(1999). 모더니즘과 포스트 모더니즘을 넘어서. 소명출판사.
루이스 헬만 지음, 임종엽 옮김(1991). 재미있는 건축 이야기. 국제.
박용성(2000). EnCyber 두산세계대백과. (주)두산출판BG.
백석기(1993). 웅진생활요리대백과14 Happy Cooking. 웅진.
오영근(1999). 세계가구의 역사. 기문당.
우도 쿨터만 지음, 이선구 옮김(1997). 20세기 건축의 경향들. 가나아트.
윤평중(1992). 포스트 모더니즘의 철학과 포스트 마르크주의. 서광사.
이강업 · 진경돈 엮음(2000). 서양 현대 건축사. 서우.
임석재(1997). 신추상과 네오코르뷔지안 건축. 북하우스.
진경돈 · 남경훈 옮김(2001). 20세기 현대 건축론. 세우.
한국미술연구소(1997). 디자인? 디자인!. 시공사.
S.K. 틸야드(1996). 모더니즘의 충격. 조형사.
勝見勝 지음, 박대순 옮김(1983). 현대 디자인 이론의 사상가들. 미진사.
丸山洋子(2000). *Text Book Table coordinate.* Yoko Maruyama.

그림출처

173. http://www.suzung.com/ezpp/Web09/20901.html
174. http://img114.imageshack.us/img114/3779/cimg0929xh1.jpg
175. http://www.regionurbainedelyon.fr/images/361-1-firminy-maison-de-la-culture-le-corbusier-2.jpg
176. http://upload.wikimedia.org/wikipedia/commons/9/91/Le_Corbusier_Unité_d'habitation_toit.jpg
177. http://image.blog.livedoor.jp/hirotonakamura/imgs/4/8/48b59c1e.jpg
178. http://www.pbase.com/cityflyer/image/88941605/original.jpg
179. http://commons.wikimedia.org/wiki/Image:Frank_Lloyd_Wright_Chair_1903.jpg
180. http://www.arikah.net/commons/en/8/86/Villa_Tugendhat_front.jpg
181. http://www.wdw.nl/persfoto/smithsons/10%20Hexenhaus.jpg
182. 직접 촬영
183. 직접 촬영
184. 세계도자기엑스포 조직위원회(2001). 세계도자디자인전. 세계도자기엑스포 조직위원회. p.44.
185. 세계도자기엑스포 조직위원회(2001). 세계도자디자인전. 세계도자기엑스포 조직위원회. p.47.
186. http://www.smallislandtrader.com/silver/carrs/new_york_sterling_silver/splash.htm
187. http://www.wineproductsunlimited.com/site/1348473/page/648095
188. 직접 촬영

PART 2

한국의 상차림

Chapter 11

上古

BC 1000년경부터 문화 형성의 시기가 도래되는데, 이것을 일반적으로 부족사회라고 일컫는다. 이때에는 발달된 사회 구조가 형성되어 고조선 · 부여와 같은 부족 연맹을 이루었고, 고도의 정치 사회가 운영되었다.
농경이 생업의 중심이 되고, 농경사회農耕社會가 성립 · 발전하는 것은 청동기 시대부터이다. 청동기 시대 곡물의 종류는 조, 기장, 수수, 보리(밀), 벼, 콩, 팥 등이었으며, 보리 이외의 밭 잡곡인 조, 팥, 기장, 수수 등은 신석기 시대부터 있었을 것이다.

상고

기원전 10세기경~

시대적 배경

기원전 10세기경 구리와 주석의 합금인 청동으로 만든 도구와 무기를 사용하던 새로운 청동기 문화가 중국 둥베이 지방으로부터 우리나라에 유입되었다. 청동기를 가지고 들어와 고조선을 세운 청동기인은 스스로 선택받은 우수한 부족으로서 열등 부족을 지배하는 것이 당연하다고 생각했고, 이것을 청동기 시대의 사상적 근본으로 선민사상選民思想이라 한다. 이처럼 단군 고조선은 신석기 시대의 토속신앙에 청동기인의 선민사상이 결합되어 이루어진 것이다.

청동기 문화 시대의 특징은 농경의 시작과 청동기 · 간석기 · 민무늬 토기의 사용과 고인돌 · 돌널무덤 · 독무덤 등의 새로운 무덤이 만들어졌다는 점이다.

청동기 시대의 집은 땅을 파서 나무 기둥을 세우고 억새풀이나 갈대 등으로 지붕과 벽을 덮은 움집 형태이다. 대개 평야나 하천에서 가까운 구릉에 10여 채 전후의 작은 마을을 이루었다. 또한 이 시기에 농경과 목축이 본격적으로 시작되며, 벼 농사가 이루어지는 등 생산력이 증가됨에 따라 사회 내부에서 계급이 발생되었다. 우리나라 청동기 시대 초기에는 중국 요령 지방 청동기 문화의 영향을 받고 있으나, 후기에는 한반도화된 독창적인 한국식 동검 문화로 발전하게 된다. 이는 한국식 동검, 청동의기 등 다양한 청동기의 모양과 무늬가 요령 지방에서 출토되는 것과는 매우 다르다.

신석기 시대부터 있었던 토테미즘totemism, 또는 수많은 자연신 등을 통솔하는 신이 있으며 이것은 천신 · 하느님이란 사상이 청동기 시대에 성립되었다. 여기서 왕은 천신의 아들이라 하였고 왕이 제사를 다스리는 제정일치祭政一致의 체제가 성립되었다.

제사는 신을 불러들여 신과 인간이 접촉하는 기회라 생각하고 신을 사람 대하듯 술과 음식을 바치고 함께 먹고 노래하고 춤을 추니 신과 친숙해져서 인간에게 재해를 내리지 않는다고 믿었다. 또한 제사 음식은 사람의 음식과 같다고 여겼다. 따라서 제사 음식은 시대에 따른 변화가 적으므로 이것으로 고대 음식의 복원이 어느 정도 가능하다.

식문화

189 은 시대의 청동기에 보이는 식사하는 모습

우리나라에는 식사 풍속에 관한 문헌상의 기록은 남아 있지 않으나, 고대 중국의 식사 풍속에서 직·간접적으로 영향을 받았을 것이다. 이에 고대 중국의 식사 풍속을 통하여 우리의 식사 풍속을 추정推定함에 무리가 없을 것이라 여겨진다.

청동기 시대에 접어들면 청동青銅으로 만든 식기가 나타나지만, 우리나라에는 이런 것이 거의 나타나지 않고 있다. 중국은 은 시대의 청동제기青銅祭器가 많이 남아 있다. 그러나 평소 생활에서는 비슷한 형태의 것을 흙으로 만든 것이 사용되었을 것이다.

우리나라 상고 시대의 유물로서 원예작물이나 야생野生 나물은 보이지 않는다. 채소는 야생의 풀 가운데 선택, 재배되어 개량품종이 된 것이다. 채소에 대한 문헌도 거의 없으며, 나물이란 말만 있고, 박혁거세가 채소인 박에서 나왔다는 언급 정도만 있을 뿐이다.

《한서漢書》〈지리지 낙랑조〉에 대추와 밤이 많이 산출된다 하였고, 최근 삼한 시대의 의창고분에서 굽다리 칠그릇에 담긴 밤 세톨이 출토되었다. 그 밖에 《삼국사기三國史記》에는 복숭아와 오얏이 기록되어 있으며, 오디와 잣이 식용되었다는 자료가 남아 있다.

상고 시대 식생활의 큰 특색 중 하나는 건조식품의 발달에 있다. 곡물을 이삭 그대로 볶아서 건조하여 겉껍질을 손으로 문질러 벗겨 먹는 원시적인 곡물의 가열 건조법이었던 볶은 겉곡식은 물론, 미숫가루도 이미 전쟁이나 여행할 때 휴대용으로 이용되었다. 중국 문헌에는 미숫가루에 관한 기록이 남아 있으나, 우리 문헌에는 없다. 그러나 당연히 이러한 곡물 건조식품이 있었을 것으로 추정된다.

《삼국지三國志》〈위지 동이전〉에 의하면, 이 땅의 '영고', '동맹', '무천' 등 군집대회에서는 밤낮으로 식음食飮하였다 한다. 여기서 '음飮'은 술을 가리킨다. 신과 함께 술을 마시고 함께 취하여 신과 친숙해짐으로써 재앙을 막고 풍부한 수확을 기대하는 것이다.

상차림의 요소

❖ 상

원삼국 시대의 우리나라에서는 굽다리 그릇의 음식을 손으로 먹는다는 기록이 없으나, 당시 일본 사람은 손으로 먹는다고 《삼국지三國志》〈위지 동이전〉에서 소개하고 있다. 그런데 우리나라에서는 밥상을 쓰고 있었으며, 숟가락과 젓가락도 있었다.

《후한서後漢書》에 의하면 부여에서 음식을 먹는 데 조두俎豆를 쓴다 하였다. 여기서 조는 본래 도마를 가리키는 글자였는데, 이것이 적틀炙臺[1]을 가리키게 되었다.

적대는 그 위에 희생물을 얹어 놓는 것인데, 이것은 다시 밥상·소반을 가리키게 된 것이다. 또한 부여 사람들은 굽다리 그릇에 음식을 담아 먹기도 한 것으로 여겨진다.

1) 재물을 올려 놓는 세간

190 깊은 바리류 민무늬 토기 높이 30.6cm(왼쪽). 국립경주박물관 소장

191 항아리류 민무늬 토기 높이 13.7cm(오른쪽). 국립경주박물관 소장

❖ 식 기

청동기 시대

청동기 시대에 접어들면서 점차 식사의 내용이 풍부해지고, 이에 따라 식기의 형태도 다채로워졌다. 흙으로 만든 식기인 토기는 주로 삶는 데 이용하였고, 저장, 발효용과 식기를 겸하기도 하였다.

청동기 시대의 토기는 모래가 섞인 진흙을 구워서 만든 새로운 형태의 민무늬 토기無文土器였다. 신석기 시대의 빗살무늬 토기와는 달리 무늬가 없는 토기라는 의미로 붙여진 이름이다. 그러나 민무늬토기에도 구멍무늬 등 부분적으로 무늬가 있는 토기도 있다. 바탕흙은 진흙에 석영, 장석 등의 비교적 굵은 모래알갱이나 운모 같은 고운 가루를 함께 섞었으며, 손으로 주물러 만들기 때문에 그 형태가 정연하지 않은 것이 많다. 한데가마에서 구웠기 때문에 붉은 색을 띠며, 낮은 온도에서 구웠으므로 쉽게 깨질 수 있다. 납작바닥의 민무늬 토기가 일반적이나 지역과 시기에 따라 다양한 형태로 나타나며, 붉은 간토기 · 가지무늬 토기 · 검은 간토기 등 특수하게 만들어진 토기도 있다. 이것은 모래가 열을 잘 전달하므로 빗살무늬 토기보다 경도硬度가 높았고, 갈색 빛이 도는 붉은색의 표면에 무늬가 없으며, 밑바닥이 납작한 특징을 가지고 있다.

이 민무늬 토기는 일본에 건너가 초기 야요이 토기의 모체가 되었다. 민무늬 토기는 밑바닥이 납작한 평저 토기平底土器가 많아지고, 동시에 기형畸形도 여러 가지로 변환되었다.

우리나라 민무늬 토기 유적에서는 바리형 토기와 항아리형 토기의 두 가지 계통이 기본적인 세트를 이루고 보편화되었던 것으로 보인다.

바리형 토기는 무문 토기 가운데 가장 분포가 넓고, 오랫동안 사용되어 왔으므로 우리나라 식기의 기본을 이루었다고 할 수 있다. 바리형 토기는 겉쪽에 그을음이 묻은 것이나 속에 검은 음착물이 들어 있는 것이 출토되고 있는데, 이것은 음식을 조리하는 그릇으로 사용되었을 것이다. 또한 음식을 담는 그릇으로도 겸용하였을 것이다.

물을 담고, 운반을 용이하게 하기 위하여 입구를 좁게 만들었으므로, 자연히 목이 생기고 어깨가 있는 항아리형 토기나 단지형 토기가 고안되었다. 항아리형 토기는 물을 긷거나 물 · 곡식같은 것을 저장하는 데 사용되었다. 특히 환원염으로 구운 도기들이 저장용으로 많이 사용되었던 것으로 보이며 이것이 그대로 일본에 전해져 수혜기須惠器로 발전되었다. 또한 이 토기는 곡물의 저장뿐 아니라 장류의 저장용으로도 쓰였을 것으로 추정되는데, 이는 대두가 경작되었던 시기가 기원전 4~5세기경이기 때문에 장의 제조도 이때에 이루어졌다고 볼 수 있다.

우리나라의 민무늬 토기 유적에는 음식을 담는 데 주로 쓰이는 사발과 접시같은 토기가 출토되기는 하였으나, 그 수량이 많지 않다. 따라서 토기가 아닌 목기木器 등의 존재를 생각할 수 있다.

평남이나 황해도 등지에는 팽이 모양의 팽이형 토기가 많이 분포되어 있으며, 중국의 영향을 받은 것으로 보이는 칠그림 토기彩文土器와 그릇 전면에 무늬 없이 붉은 산화철을 발라 반들거리도록 곱게 연마한 붉은 간토기가 있다.

192 붉은 간토기 진주 지방. 높이 13.7cm. 국립중앙박물관 소장

초기 철기 시대

초기 철기 시대에는 민무늬 토기와 철기, 청동기 등의 유물과 함께 널무덤이 만들어졌다. 한편 민무늬 토기의 전통 위에 중국에서 새로 들어온 토기 제작 기술의 영향을 받아, 토기를 만드는 방법에 많은 변화가 일어났지만, 아직도 청동기 시대 민무늬 토기의 영향이 강하게 남아 있다.

193 흑도장경호-검은 간토기 국립부여박물관 소장

청동기 시대의 민무늬 토기 형식들을 그대로 유지하면서 입구를 말아서 띠를 돌린 것 같이 한겹 아가리 토기가 이 시기의 특징적인 형식으로 등장하였다.

우리나라의 검은 토기黑色土器는 물레를 쓰지 않고, 검은색 또는 회흑색으로 그릇의 벽이 두꺼운 편이다.

한편 검은 간토기 덧띠 토기의 모양은 굽 달린 토기로 변하였으며, 시루도 새롭게 나타난다. 시루는 청동기 시대의 유적지인 나진 초도 패총 유적과 김해 패총에서 동銅으로 된 시루와 토제 시루가 각각 발견되었고, 초기 철기 시대의 것으로 추정되는 북창군 대평리에서 토제 시루가 출토되었다. 나진 초도 패총에서 발견된 시루의 모양은 양옆에 손잡이가 달리고 바닥에 작은 구멍이 여러 개가 있어 대평리 주거지의 것보다 구멍의 크기가 작은 대신 그 수가 많고, 대평리의 시루는 적갈색으로 버찌 모양이며 바닥에는 큼직큼직한 구멍을 여러 개 뚫었는데 이 구멍은 소성 후에 아래위로 맞뚫은 것이다. 이 시루의 모양은 중국의 신석기 문화를 대표하는 용산龍山 문화기의 시루 형태와 비슷하며 대략 이곳으로부터 유입된 것으로 추측된다. 이때의 유적에서 출토된 시루 중

194 시루 높이 27.4cm. 국립경주박물관 소장

그 외면에 시꺼먼 그을음이 묻어 있고, 솥 바닥에는 검은 응집물이 보인다. 이것은 불을 때서 솥으로 사용하였기 때문으로 보인다. 한편 시루 바닥 중앙부에 큼직한 구멍이 한 개뿐인 것도 있다. 이 같은 시루의 등장은 청동기 시대와 철기 시대에 시루로 곡물을 증숙하였음을 알 수 있게 한다. 기존의 청동기는 무기류, 의기류 등에서 다양한 형태와 수량의 증가로 계속 활발하게 제작, 사용되지만, 후기가 되면 상징적 · 의기적 · 비실용적 성격으로 바뀌면서 형식상의 퇴화가 일어난다.

195 토제 시루

굽다리가 달린 그릇을 굽다리 그릇형 토기 또는 두채 토기豆彩土器라 하는데, 그릇의 모양에 따라 굽다리 바리, 굽다리 접시, 굽다리 합 등이 있다. 이것은 청동기 시대에는 매우 드물었으나, 초기 철기 시대에 많이 나타나 삼국 시대로 이어졌다.

초기 철기 시대의 식기로 우리나라에서는 흙으로 만든 두형 토기가 많은데, 《후한서後漢書》에 따르면 "조선에는 변두邊頭에 음식을 담아 먹는다."고 쓰여 있다. '변' 은 대나무, '두' 는 나무로 만든 굽다리 그릇으로서, '두' 는 국물 있는 음식, '변' 은 마른 음식을 담아 사용했던 것으로 보인다.

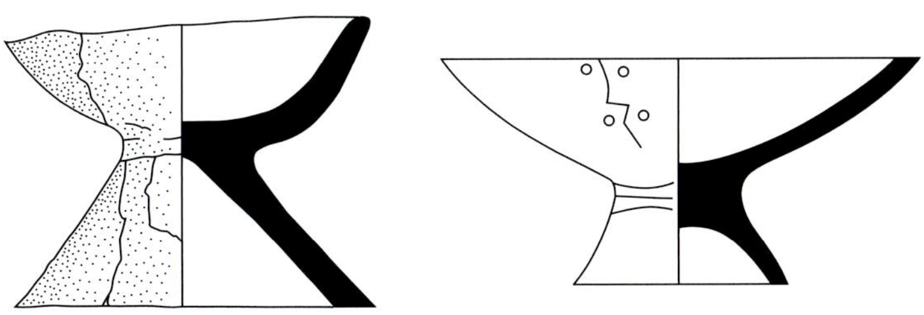

196 굽다리 그릇형 토기

197 고배 국립광주박물관 소장

원삼국 시대

이 시기의 토기는 김해식 토기를 기점으로 토기 성형에 물레가 사용되고, 가마를 써서 높은 온도에서 구웠다. 이러한 기술의 발달로 이전의 습기를 빨아들이는 성질이 많고 연질인 민무늬 토기를 벗어나서 새로운 경질토기를 생산하는 단계에 접어들었다.

제작 기술이 발달하여 이전의 붉은색 민무늬 토기와는 달리 지붕을 씌운 굴가마에서 높은 온도로 구워 내 비교적 단단한 회백색을 띄는 토기가 만들어졌는데 이를 와질토기瓦質土器라 부른다. 토기 제작 기술은 후기로 이어지면서 소성도가 점차 향상되고 만들기, 깎기의 세부 기술도 다양해지는 등 기형의 변화가 일어나 삼국 시대의 회청색 경질도기로 이어진다.

토기는 고대인들에게 있어 중요한 그릇 중의 하나였으며, 시대와 지역에 따라 다양하게 나타난다. 와질토기는 쉽게 깨지던 앞선 토기들과는 달리 단단하고 종류 또한 다양하다.

항아리, 그릇받침, 여러 가지의 기하학적인 무늬의 신선로 모양 토기 등은 그 당시 살림살이의 일면을 엿볼 수 있는 귀중한 자료들이다.

원삼국 시대의 식기에는 흙으로 만든 보다 단단한 바리, 사발, 접시 등이 있었고, 부산 동삼동 조개 부지에서는 고래 뼈로 만든 접시가 출토되었다.

그 외에 쇠로 만든 공구가 보급됨에 따라 나무로 여러 가지

198 신선로 모양 토기 경주 구어리. 높이 25.7cm. 국립경주박물관 소장

199 굽다리 단지 경주 구어리. 높이 24.5cm. 국립경주박물관 소장

200 굽다리 항아리 경주 조양동. 높이 32cm(왼쪽). 국립경주박물관 소장

201 숟가락으로 아버지를 시중드는 그림의 옻칠 상자

목기를 보다 정교하게 만들어 여러 가지 식기 · 밥상 · 쟁반 · 술잔 · 상자들을 만들었다.

칠기는 옻나무의 수지를 식기나 용기의 표면에 칠해 만든 나무 식기로 후한 시대의 중국 산둥성에서 발견된 무덤 속의 그림에 아들이 오른손에 젓가락을 쥐고 아버지의 식사를 돕고 있는 장면이 발견되었다. 이러한 기술이 우리나라에 들어와 나무 식기나 상자에 옻칠을 하였을 것으로 보인다. 우리나라에서는 원삼국 시대에 평양에서 아들이 숟가락으로 아버지에게 죽을 먹이고 있는 장면을 그린 옻칠 상자가 발굴된 바 있다. 당시의 유물이 남아 있지는 않지만 대나무, 싸리, 박 등으로도 식기를 만들었을 것으로 추정된다.

❖ 수 저

《시경詩經》에 '수북이 밥을 담은 그릇 가시나무 숟가락 길게 굽었고' 라고 하였는데, 시경에는 숟가락에 관한 말만 나올 뿐 젓가락에 관한 언급은 나오지 않는다.

202 토제 국자 1

숟가락과 국자는 이 시대의 중요한 특징 중의 하나로 꼽히며 숟가락이 거의 현재와 비슷한 형태였다.

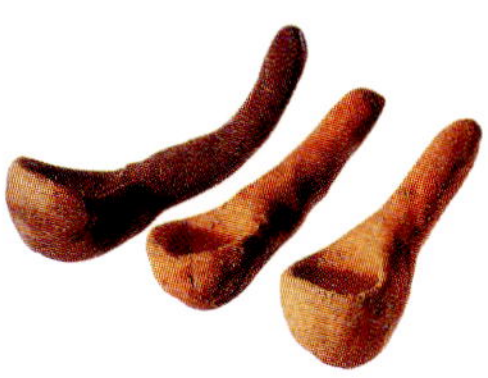

203 토제 국자 2

남원군 송동면 세저리에서 연질토기로 된 국자가 출토되었고, 낙랑의 채협총彩篋塚에서는 지름 6cm, 높이 22.3cm인 칠작漆勺이 출토되었는데, 고사리 말린 형태로 구부러지면서 가늘고 긴 자루가 달려

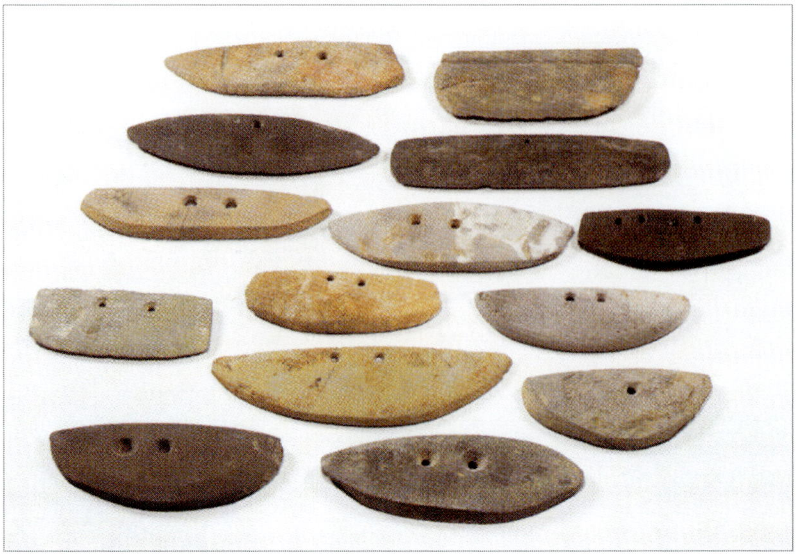

204 반달돌칼 12.2cm(왼쪽 아래)

있다.

국자는 대개 국을 뜨는 데 사용되었을 것으로 추측된다. 이 시대에 화식의 조리법을 암시하는 화로가 발견되었고, 또 곡물을 가는 데 쓰이는 맷돌도 발견되었다.

청동기 시대의 만주 길림성이나 함북 나진 초도의 유적에서 뼈로 만든 숟가락, 평양에서는 청동으로 만든 숟가락과 젓가락이 출토되었다.

청동기 시대의 일반적인 도구는 간석기인데, 신석기 시대에는 날 부분만 갈아서 사용된 것이 많았으나 청동기 시대에는 전체를 갈아서 사용하였다. 식사 도구와 관련된 것으로는 곡식을 수확하는 반달칼이 있다.

참고문헌

강진형 외(2006). 이야기가 있는 아름다운 우리 식기. 교문사.

국립경주박물관(2007). 박물관 들여다보기. 통천문화사.

이성우(1994). 동아시아 속의 고대 한국식생활사연구. 향문사.

한국문화재보호재단 엮음(2002). 한국음식대관 제5권 : 상차림 · 기명 · 기구. 한림출판사.

그림출처

189. 이성우(1994). 동아시아 속의 고대 한국식생활사연구. 향문사. p.187.
190. 국립경주박물관 소장(경박 200803-036)
191. 국립경주박물관 소장(경박 200803-036)
192. 국립중앙박물관 소장
193. 국립부여박물관 소장
194. 국립경주박물관 소장(경박 200803-036)
195. 한국문화재보호재단 엮음(2002). 한국음식대관 제5권 : 상차림 · 기명 · 기구. 한림출판사. p.397.
196. 이성우(1994). 동아시아 속의 고대 한국식생활사연구. 향문사. p.179.
197. 국립광주박물관 소장
198. 국립경주박물관 소장(경박 200803-036)
199. 국립경주박물관 소장(경박 200803-036)
200. 국립경주박물관 소장(경박 200803-036)
201. 이성우(1994). 동아시아 속의 고대 한국식생활사연구. 향문사. p.189.
202. 한국문화재보호재단 엮음(2002). 한국음식대관 제5권 : 상차림 · 기명 · 기구. 한림출판사. p.397.
203. 한국문화재보호재단 엮음(2002). 한국음식대관 제5권 : 상차림 · 기명 · 기구. 한림출판사. p.397.
204. 국립경주박물관 소장(경박 200803-036)

Chapter 12

三國

삼국 시대(BC 57～AD 935)는 고구려高句麗, 백제百濟, 신라新羅가 한반도와 만주에 걸쳐서 거대한 고대 국가를 형성했던 시기이다. 국가의 형성과 함께 계층화된 신분제도가 식생활을 귀족식과 서민식으로 분리시켰으며, 벼농사의 정착이 식생활의 안정을 가져왔다. 여성은 요리의 담당자가 되고, 쌀밥이 귀족들의 주식으로 정착되었으며 가공과 저장 및 조리법의 발달은 식생활의 계층화에 크게 영향을 주었다.

삼국 시대 귀족층의 반찬 수는 한 끼에 5～6개 정도이며, 밥그릇은 왼쪽, 국그릇은 오른쪽에 놓는 식생활 관습이 이미 삼국 시대에도 있었다.

고구려

BC 37~AD 668

시대적 배경

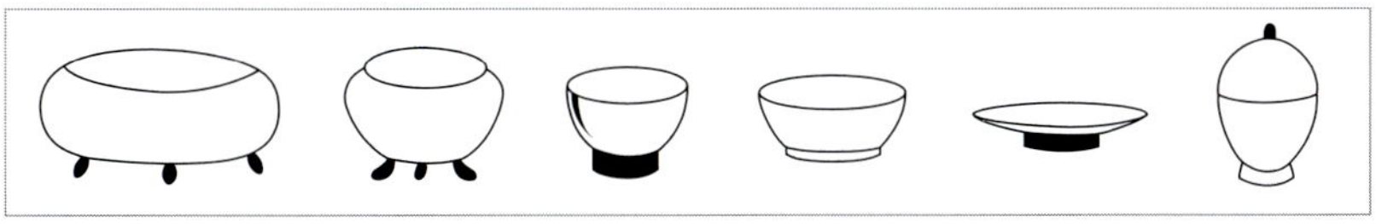

205 우리나라 고분 벽화에 보이는 식기의 형태

압록강과 훈강渾江 유역에서 자리잡기 시작한 고구려는 태조왕太祖王 52년 때에 왕위 계승권을 확립하였고, 그후 2세기 말에 이르러서는 왕권이 강화되고 중앙집권을 이루었다. 미천왕美川王 14년(313)에는 낙랑군을 축출하고 대동강 유역을 차지함으로써 대제국으로서의 면모를 갖춘다.

소수림왕小獸林王(372~384) 때에는 국가의 체제를 재정비하여 불교를 수용(372)하고 태학太學을 설립하였으며, 율령을 반포하여 중앙집권적 귀족 국가의 체제를 갖춘다. 이와 같은 국내의 안정과 발전은 광개토왕廣開土王(391~413)이 대외적으로 영토를 확장하는 원동력이 되어 요동을 차지하고 만주滿洲 통구通溝 지방에 광개토왕 비석을 남기게 되었다. 광개토왕의 뒤를 이은 장수왕長壽王(413~491)은 수도를 국내성國內城에서 평양으로 옮겨 정치 · 경제 · 문화의 중심지로서 크게 발전시킨다. 한편, 계속적인 정복 사업을 펼쳐 475년 백제의 한산漢山을 함락시켜 고구려는 대제국을 형성하며 전성기를 맞는다.

주요 작물은 벼와 조였으며, 일부에서는 보리농사와 콩농사를 하였다. 농업의 발달과 벼농사, 철기 문화의 유입 등은 우리나라에 선진 문화를 도입하는 문호의 역할을 하였다. 왕국으로서의 성립도 백제나 신라에 비해서 앞섰고, 철기 문화의 도입 문호로서 다른 고장에 비해 철제 농구를 앞서 사용하였으므로 철제 쟁기를 소나 말이 끌게 하는 심경深耕 농업을 일찍 실시했을 것으로 보인다.

위치상 해면어업이 일찍부터 발달하지는 않았다. 반면에 압록강, 두만강 유역에서 세를 일으켰으므로 민물고기 요리가 일찍부터 발달했다.

식문화

6세기의 무용총 고분벽화에는 의자식 생활의 모습이 그려져 있어서, 기다란 다리가 달린 상几은 한 사람 앞에 두 개가 놓여 있는데, 다른 하나의 상 위에는 밥과 반찬인 것 같은 것이 개인용의 상 위에 차려져 있다. 이 상차림은 독좌獨坐 형태이다.

음식은 모두 입식 식탁에 차려져 있는데, 상 위에 놓인 음식 중 큰 그릇의 것은 높이 괴여 담겨져 있고 가까운 식탁의 것은 그릇이 작다.

한 동자가 손님 앞에 무릎을 꿇고 앉아 있는데, 손님의 시중을 드는 모양이다. 동자의 왼손은 작은 그릇이 놓인 상 끝 가까이에 놓여 있고 오른손에는 무엇인가 쥐어져 있는데, 손님에게 고기 음식을 썰어 대접하려는 식탁용 칼을 쥐고 있는 듯하다. 이 시기는 식탁용 칼을 썼으며, 경주 안압지에서도 같은 식탁용 칼이 여러 개 발견되었다.

206 접객도 무용총 벽화

무용총의 벽화(그림 207)에 그려진 접견도를 보면 음식을 담은 쟁반을 가슴보다 약간 높은 높이로 단정하게 받쳐 들고 정성스럽게 나른다.

207 접견도 무용총 벽화

반盤 및 상几과 같은 것을 사용하여 음식을 담아 운반하는 여인의 모습이 보이고 있는 것으로 미루어 일미一味·이미二味를 처妻나 첩妾이 올리는 것과 같은 모습으로, 음식의 제공 형태가 시계열형임을 보여 주고 있는 것이다.

상차림의 요소

❖ 상

소반은 특히 고구려에서 발달하였으며 고구려의 고분벽화에서는 여러 모양의 소반을 접할 수 있다.

각저총角抵塚 주실主室 옥벽화奧壁畵에는 묘주가 접객接客하는 그림이 있는데, 이 그림에서는 방형方形의 말굽 사족반四足盤과 원형 삼족반을 볼 수 있다. 또 무용총舞踊塚 주실主室 오벽奧壁 좌부벽화左部壁畵에서는 다리가 없는 쟁반과 말굽 모양의 다리를 가진 둥근 소반을 볼 수 있다. 이것들은 모두 좌식坐式 생활에 알맞은 높이로 된 소반들이다.

208 각저총의 주인실내 생활도 5세기 후반~6세기 초

209 두묘(굽다리 그릇) 평양왕광묘平壤王光墓 출토

210 배杯(술잔) 평양 석암리平壤 石巖理 194호분 출토

211 세발 달린 토기 국립중앙박물관 소장

212 항아리

무용총은 각저총과 같은 장소에 있는데 벽화를 보면 방안에 남자 손님과 남자 주인 두 명이 의자에 마주 걸터앉아 있고, 음식상과 두 개의 곁상(술상과 과일상)이 각각 놓여 있다. 술상은 둥근 상이다.

발굴된 토기에 고배高杯가 거의 보이지 않은 것으로 미루어 고구려에서는 식탁과 상床이 병용된 것으로 본다.

식 기

토기의 유물이 매우 적고 한漢나라 계통인 회색 또는 흑회색의 평저平底 항아리가 주류를 이루었다.

목기는 특히 수공업이 발달했던 고구려에 많았는데, 그것은 고구려가 낙랑군을 정복하여 그곳의 발달된 칠기漆器 기술을 받아들였기 때문이다.

수 저

삼국 시대의 숟가락은 형태 면에서 크게 원형과 나뭇잎 모양의 행엽형杏葉形으로 구분할 수 있다.

❖ 기 타

추운 지방에 속해 있었던 고구려는 일찍이 온돌을 발명하였다. 4세기의 고구려 고분인 안악 3호분 동수묘 전실동측실冬壽墓前室東側室 벽화에 주방의 그림이 선명하게 남아 있다. 부엌의 내부를 보여 준 그림으로, 아궁이 앞에 한 여인이 장작을 지피고 있고 또 다른 여인은 부뚜막 뒤에서 국자(또는 주걱)로 시루 안의 것을 다루고 있다. 부엌 오른쪽의 따로 있는 공간에는 상에 접시 같은 반盤이 포개어져 있고 그 앞에 여인이 있다.

이 그림으로 미루어 부엌과 배선 간이 나란히 따로 있고, 난방과 취사용 열의 설비는 별도로 되어 있었음을 알 수 있다. 부뚜막의 높이로 보아 입식 주방이고 시루가 걸려 있으며, 시루에는 9부 가량 무엇인가 가득 담겨져 있는데 마치 떡가루를 앉힌 것처럼 보인다. 이런 모습은 이 시대에 시루가 주방의 기본 용구였음을 알게 한다.

213 부엌 공간 속의 부뚜막

214 청동 세발솥 국립중앙박물관 소장

215 고구려의 실외室外 부뚜막 국립중앙박물관 소장

백 제

BC 18~AD 660

시대적 배경

백제百濟(온조왕溫祚王~의자왕義慈王 20년)는 지금의 서울 동쪽 한강 부근에서 시작하여 공주, 그리고 부여로 수도를 이전하면서 경기도, 충청도, 전라도 일대에 자리 잡았던 국가이다. 백제가 한강 유역에서 고대 국가로서 성장하였는지는 자세히 알 수 없으나 대체로 고이왕古爾王(234~286) 때에 이르러서는 마한馬韓을 통일하여 경기도, 충청도, 전라도뿐만 아니라 강원도, 황해도 일부까지 점유하여 중앙집권적인 국가로서의 체제를 정비하게 된다. 이러한 배경을 바탕으로 침류왕枕流王 원년(384)에 불교를 공인함으로써 4세기 말엽에는 고대 국가로서의 자격을 구비하기에 이른다.

그러나 고구려 장수왕長壽王의 공격을 받아 475년 한성漢城이 함락되어 웅진熊津(현 공주公州)으로 천도하였고 서서히 다시 부흥하여 성왕聖王(523~554) 때에 사비泗沘(현 부여扶餘)로 수도를 옮겨 안정된 세력을 누렸다. 그러나 660년 나당羅唐 연합군에 의해 멸망함으로써 백제의 역사는 한반도에서 그 종말을 고하게 된다.

백제는 본래 벼농사의 적지인 마한 지역에서 성립되었으므로 벼농사에 관해서는 삼국 중 가장 유리한 위치에 있었다. 그리고 서남해안에 좋은 어장을 가지고 있었으므로 어류 자원이 풍부하고 고기잡는 방법도 발달하였다고 본다. 서해를 거쳐 일본으로 갔음을 알리는 기록이 있다.

식문화

마한을 배경으로 성립되어 벼농사에 관해서는 삼국 중 가장 유리한 위치에 있었다. 따뜻한 곳에 속해 있었던 백제나 신라에서는 냉식冷食을 위주로 하였다.

법왕法王도 살생을 금하고, 사냥이나 고기잡이 기구마저 모조리 불태워 버리게 하였다.

상차림의 요소

❖ 식 기

토기에는 멍석무늬의 것이 많고, 세 발 달린 그릇三足器이 특색으로서 신라의 고배高杯와 상대되는 것이고, 평저토기平底土器가 많다.

백제의 토기는 그릇 받침(기대器臺)이 있었고, 이는 밑이 둥근 그릇을 올려 놓기 위한 것으로, 모양새는 두 종류로 구분되어 있다. 그 하나는 원추형으로 된 높은 받침 위에 접시 모양의 그릇 받침이 붙어 있

217 세 발 달린 토기 국립전주박물관 소장

216 그릇 받침 국립중앙박물관 소장

는 것으로, 그릇 받침의 빛깔은 대개 회청색이며, 다른 하나는 사발과 같은 그릇 받침이 붙어 있는 것이고, 이것이 출토되는 지역은 주로 공주와 부여이다.

❖ 수 저

백제 무녕왕릉에서 출토된 청동 숟가락으로 원형 숟가락과 행엽형杏葉形 숟가락이다.

218 청동 숟가락

신라

BC 57~AD 935

시대적 배경

신라新羅(혁거세赫居世~경순왕敬順王 9년)는 낙동강을 중심으로 한반도 동남쪽에 치우쳐 있던 국가로, 그 모체는 진한辰韓 12개 소국小國의 하나였던 사로斯盧이다. 사로가 중심이 되어 그 주변의 소국을 병합하여 내물마립간奈勿麻立干(356~402) 때에는 큰 연맹왕국으로 성장하며 내물마립간 이후 신라는 김씨의 전제 왕권이 수립된다. 한편 낙동강 하류에는 변한弁韓 12국을 이루었던 독립된 가야 연맹체가 있었다. 가야 연맹체는 현재의 김해에 수로首露를 시조로 한 미오사마국彌烏邪馬國이 지금의 고령高靈 지방을 중심으로 대가야大伽倻로 발전하여 신흥 신라와 대치하기에 이른다.

신라는 6세기를 경계로 신라 왕국은 로마 문화 수용을 단절하고 중국 문화를 수용하는 쪽으로 대폭 방향을 바꾸었다. 이러한 신라의 대전환은 476년 신라 문화의 원천이었던 서로마 제국의 멸망으로 신라와 로마 세계의 교류는 이 시기에 거의 중단되었다고 볼 수 있다.

신라는 고구려 광개토왕廣開土王의 후원을 받아 법흥왕法興王 19년(532)과 진흥왕眞興王 23년(562)에 본가야와 대가야를 병합함으로써 고대 국가로서의 면모를 갖추게 된다. 그러나 신라라는 국호를 정식으로 개칭한 지증왕智證王(500~514)과 법흥왕法興王(514~540) 이후 신라는 중앙집권적인 귀족국가로서 율령의 반포, 불교의 공인(528) 등으로 통치 체제를 갖추게 되며 대내외적인 안정도 얻게 된다. 이를 배경으로 진흥왕(540~576)은 계속적인 정복 사업을 벌여 경기도, 함경도 일부에 이르는 대제국을 이룩한다. 이와 같이 안정된 귀족 문화는 유학을 장려하고 불교를 정신적인 지주로 삼아 고도의 문화를 창출하였다.

선덕여왕善德女王(632~646) 때 이 땅에 차가 전래되어 차 그릇이 발전하게 되었고, 홍덕왕興德王(826~836) 때 김대겸金大廉이 당나라에서 차 종자種字를 가져와 지리산 일대에 심었다.

사로는 낙동강 동쪽의 경북 일대에 위치하였으므로 벼농사의 적지는 아니었으며, 풍토상 보리농사가 잘 되는 지역이었다. 그리고 동남해안으로 넓은 해면을 갖고 있어, 어업이 일찍 발전하였으며 조선 기술이 우수하여 원해어업으로까지 발전되어 있었다고 볼 수 있다. 초기, 중기 무렵까지 벼농사와 겸해서 보리농사가 많았다.

식문화

법홍왕法興王 15년(582)에 불교가 공인됨에 따라 불교는 점차 상류층에 퍼져 나갔고, 마침내 정치에 결부되어 국민의 식생활을 크게 규제하게 되었다. 불교가 식생활에 미친 가장 큰 영향은 고기를 먹지 말라는 계율戒律이다. 불교는 자비를 근본 취지로 삼고 생명 있는 것을 죽이면 불벌佛罰을 받는다는 것이다. 이 가르침이 국시國是가 되어 법홍왕 16년(529)에는 살생 금지령이 내렸다.

그러나 원광법사圓光法師는 불교의 가르침을 무조건 추종하지 않고 살생유택殺生有擇이라 하여 불교와 조국을 유화시켜 식물성 먹이와 동물성 먹이를 균형 있게 섭취하도록 하였다.

삼국 시대 이래 불교의 영향을 받아 신이나 귀한 사람에 대한 존경의 뜻으로 고배高排 음식이 발달하여 이것이 일본에 전해져 일본 신사神社의 고배 음식이 되었다. 고배 음식에서 주가 되는 것은 과일, 떡, 과자이다. 그리하여 이 고배 음식이 지금도 회갑이나 혼인 잔치에 과일, 떡, 과자 등을 원통형으로 쌓아 올리되 5치(15cm), 7치, 9치 등 홀수로 하고 1자 5치(45cm)가 가장 높다. 고배 음식은 그 자리에서 먹는 것이 아니고 잔치 뒤에 여러 사람에게 나누어 준다.

그리고 여름에는 얼음을 이용하여 음식의 부패를 막는 방법을 개발하였다.

신라 시대의 정초 명일로는 상해上亥, 상자上子, 상오上午 등을 설날이라 하여 지켰다. 그 날에는 엄숙한 기분으로 백사白蛇를 조심하였는데, '설' 이라 함은 근심하고 두려워하지 않는 비수척성悲愁惕省의 뜻이었다. 신라인들의 이 명절 기원은 기록에 따르면 제21대 소지왕炤知王(488) 때로 소급된다. 이때에 궁중에 불상사가 있어 왕의 생명이 위태로워진 것을 새 · 쥐 · 돼지 등 세 동물의 지시를 힘입어 구출된 일이 있었다. 이에 그 덕을 갚기 위하여 정월의 첫 해 · 자 · 오일亥子午日을 기신일忌愼日로 하고, 특히 15일에는 찰밥을 만들어서 새에게 제사하였다고 한다.

5월 5일을 가장 볕이 강한 날로 알았던 이 민족은 그날 쑥을 뜯어서 떡을 만들어 먹었는데 그 떡의 모양을 수레바퀴처럼 둥글게 만든 데서 '수리' 라 불렀다.

《동국세시기東國歲時記》에는 "8월 15일을 우리나라 풍속에서 '추석秋夕' 또는 '가위嘉俳' 라 하며, 이것이 신라 풍속에서 비롯되었다." 고 기록하고 있다.

상차림의 요소

❖ 상

기거 양식起居樣式이 좌식坐食이고, 고배의 굽이 용산 문화龍山文化나 은 문화殷文化에서 보듯이 식상의 다리 구실을 하였으며, 98호 고분에서는 토기로 만들어진 둥근 식상이 출토되었다.

고배 모양의 받침대를 가진 식상食床 위에는 반찬 등을 담는 토기가 여러 개 놓여 있다. 또 나무로 만든 좌식용坐食用 식상도 만들어지게 되었을 것이다.

219 원형 토기 및 상 국립경주박물관 소장

❖ 식 기

220 **금제 굽다리 접시** 국립경주박물관 소장

221 **금제 완** 경주 황남동 98호 남분 출토, 국립경주박물관 소장

신라 시대의 주된 식기는 회청색灰青色 경질토기를 말한다. 높은 온도에서 구워진 것이기 때문에 흡수성吸水性이 거의 없고, 표면에 유약을 바르지 않았으나 재灰(회)가 떨어져서 저절로 유약의 구실을 일부 하고 있다.

굽다리 그릇이 특히 많고, 목제 그릇이 많으며 윗면이 편평한 형태도 있다. 굽다리가 고정되지 않고 분리되는 것, 뚜껑이 있는 것도 있었다.

음식의 재료가 계급에 따라 달랐듯이 식기의 종류도 계급에 따라 달랐다. 신라의 왕족과 귀족들의 것으로 보이는 고분에서는 도금기鍍金器와 함께 순금기純金器 · 유리기琉璃器 등이 보여 이러한 종류가 대략 그들이 상용하던 식기였음을 말해 주고 있다. 《삼국사기三國史記》에도 신라의 진골眞骨은 금 · 은 도금의 사용을 금했고, 6두품六頭品, 5두품五頭品은 금 · 은과 도금은鍍金銀을 금했으며, 4두품四頭品부터 백성은 금 · 은과 석주리 평문물을 금하였다는 기록이 있어 계급에 따른 기명 사용의 차이가 뚜렷했음을 알려 주고 있다.

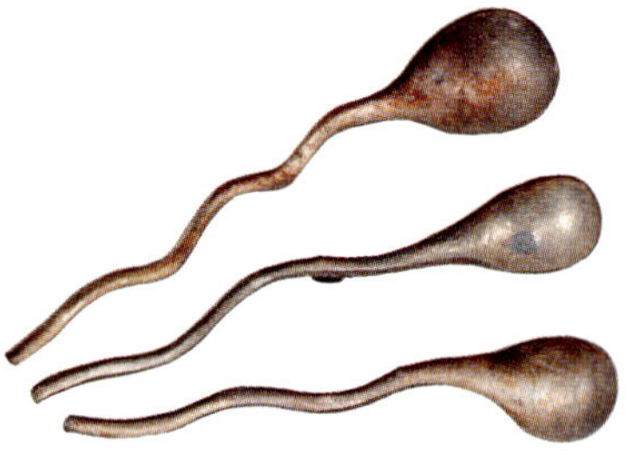

222 **은제 합** 경주 황남동 98호 남분 출토, 국립경주박물관 소장

223 **은제 국자** 경주 황남동 98호 남분 출토, 국립경주박물관 소장

토기

신라 시대의 토기는 경질의 회색 토기가 대표적이다. 이 토기는 김해토기金海土器에서 발전한 것으로 그 기술적인 공정에 있어서는 김해토기의 제작 기술과 사실상 별다른 차이가 없었다. 다만 더 세련되고 숙련된 기술로 발전해 나간 결과로 신라의 토기는 도기陶器와 자기磁器의 중간인 경질토기硬質土器를 낳은 것이다. 신라의 경질토기는 아주 고운 정선된 진흙을 그 원료로 하고 있었다. 그리고 물레를 써서 용기의 형태를 아름답게 했으며, 기벽器壁을 단단하게 하기 위하여 방망이로 기면器面을 두드렸던 것이다. 또 하나 뚜렷한 특색은 그 가마의 구조가 터널식 등요登窯로서 도자기 제작의 기술적인 완성 단계에 도달했다는 점이다. 그래서 신라 토기는 보다 높은 온도로 환원염還元焰에서 구워져 갈색 계통의 색깔은 완전히 사라지고 회색 계통의 단조롭지만 우아한 색깔이 창조되었던 것이다.

신라 토기 중에서 가장 대표적인 형태는 고배高杯이다. 고배는 밑이 둥근 용기 아래쪽에 원추형의 대臺가 붙어 있는데, 대에는 장방형의 구멍이 한 줄 또는 두 줄로 뚫려 있다. 고배 중에는 뚜껑이 없는 것도 있는데, 이러한 고배에는 반드시 손잡이가 달려 있다. 고배는 주기酒器 또는 말린 고기인 포염脯鹽 등 찬물용으로 쓰였을 것이다.

신라 4~6세기의 토기류, 굽다리 잔, 받침 달린 잔 등 다양한 토기들을 통해 당시 신라에 유입된 로마 문화를 볼 수 있다.

토기류가 2천 7백여 점 출토되었다. 그 중에서도 주목해야 할

224 손잡이 달린 토기류 경주 황남동 98호 남분 출토

225 신라의 다양한 토기

것은 쌍잡이雙耳 또는 손잡이 달린 잔이 많다는 점이다. 음료용 그릇인 토기에 손잡이를 다는 것은 중국 문화에는 없는, 그리스 · 로마 문화 특유의 형식이다. 신라의 일상 용도로 쓰이는 그릇에 그것이 도입되었다는 사실은, 그리스 · 로마 문화가 신라의 근저에까지 침투했었다는 사실을 나타낸다.

유리그릇

복분에서 출토된 유리그릇 4점은 모두 명확한 특색이 있는 유리그릇으로, 변화가 다양하다. 담황록색 투명 커트 완은 로마 커트 유리의 한 전형으로, 이 유리그릇이 소규모 개인 공방에서 만들어졌음을 알 수 있다.

226 담황록색 투명 커트 완 경주 황남동 98호 북분 출토. 국립경주박물관 소장

227 굽다리 잔 담황색 투명 바탕에 다갈색 사선 무늬가 있다. 경주 황남동 98호 북분 출토. 국립경주박물관 소장

228 진남색 민무늬 완 경주 황남동 98호 북분 출토. 국립경주박물관 소장

목기

목기는 신라에서도 매우 정교하게 만들어졌다. 《당서唐書》 〈동이전東夷傳 신라新羅조〉에는 "버드나무로 술잔을 만들어 쓰는데 이것이 마치 구리로 만든 기와와 같다."와 같은 기록이 전한다.

❖ 수 저

금관총에서 출토된 금동 숟가락과 은제 숟가락이 있고, 안압지에서는 청동제가 발굴되었다. 청동제 수저는 일본 정창원正倉院의 금은제 수저에서 볼 수 있듯이 오늘날의 것과 비슷한 모양으로 변형·발전되어 갔다.

❖ 기 타

철제솥이 밥을 짓는 기본 용구로서 사용된 것은 극히 일반적인 것이었다. 이러한 무쇠솥은 뚜껑이 밀착되도록 만들어져 있으므로 밥을 지을 때 수분 증발이 적어서 맛있는 밥을 지을 수 있었다.

98호 고분에서는 청동제의 시루가 출토되었으며 토제土製 시루도 많이 출토되었다.

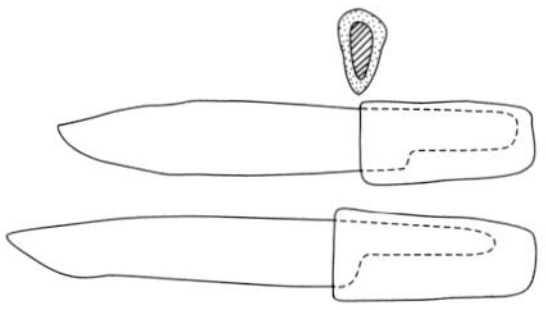

229 철제 식칼 경주 황남동 82호 고분 출토

참 고 문 헌

강경숙(1989). 한국도자사. 일지사.

강인희(1997). 한국식생활사. 삼영사.

김광호 외(2004). 식생활과 문화. 광문각.

김상보(1997). 한국의 음식생활문화사. 광문각.

요시미즈 츠네오 지음, 오근영 옮김(2002). 로마문화 왕국, 신라. 씨앗을 뿌리는 사람.

윤서석(1999). 우리나라 식생활문화의 역사. 신광출판사.

윤서석 외(2002). 한국음식대관 제1권 : 한국음식의 개관. 한림출판사.

이성우(1978). 고려 이전의 한국식생활사연구. 향문사.

이성우(1993). 한국식생활의 역사. 수학사.

케이티 스튜어트 지음, 이성우 외 옮김(1997). 식과 요리의 세계사. 동명사.

황규선(2007). 테이블 디자인. 교문사.

황지희(2002). 푸드 코디네이터학. 도서출판 효일.

그림출처

206. 윤서석(2001). 식생활문화의 역사. 신광출판사. p.231.
207. 이성우(1993). 한국식생활의 역사. 수학사. p.48.
208. 이성우(1993). 한국식생활의 역사. 수학사. p.47.
209. 김상보(1997). 한국의 음식생활문화사. 광문각. p.202.
210. 김상보(1997). 한국의 음식생활문화사. 광문각. p.202.
211. 국립중앙박물관 소장
212. 강인희(2000). 한국식생활사. 삼영사. p.133.
213. 이성우(1978). 고려 이전의 한국식생활사연구. 향문사. p.160.
214. 국립중앙박물관 소장
215. 국립중앙박물관 소장
216. 국립중앙박물관 소장
217. 국립전주박물관 소장
218. 윤서석 외(2002). 한국음식대관 제1권 : 한국음식의 개관. 한림출판사. p.401.
219. 국립경주막물관 소장(경박 200803-036)
220. 국립경주박물관 소장(경박 200803-036)
221. 국립경주박물관 소장(경박 200803-036)
222. 국립경주박물관 소장(경박 200803-036)
223. 국립경주박물관 소장
224. 요시미즈 츠네오 지음, 오근영 옮김(2002). 로마문화 왕국, 신라. 씨앗을 뿌리는 사람. p.166.
225. 요시미즈 츠네오 지음, 오근영 옮김(2002). 로마문화 왕국, 신라. 씨앗을 뿌리는 사람. p.56.
226. 국립경주박물관 소장(경박 200803-036)
227. 국립경주박물관 소장(경박 200803-036)
228. 국립경주박물관 소장(경박 200803-036)

Chapter 13

統一新羅

10세기는 역사상으로 당연히 신라 양식의 지속이 추측되며 신라와 고려 양식이 병행된 과도기라고 할 수 있다.

통일신라 시대(570~935)는 중국 양식과 백제 양식이 섞이는 과정을 통해 신라적인 화려하고 강렬한 개성이 불교의 융성으로 화려하고 정교하며 세련된 미의식으로 표출되었다.

통일신라

570~935

시대적 배경

우리 한민족은 농경에 적합한 생활환경을 갖고 있어 자연스럽게 미의 개념을 자연에 두게 되었다. 또한 고대의 인간들은 여러 사물을 신격화함에 따라 신에 대한 신앙적 제물, 또는 공물로서 사람이 귀중하게 여기는 생명이나 수렵한 동물, 수확한 곡물과 산양을 제단 앞에 바치던 의식 관례가 발달함에 따라 보다 아름다운 것보다 진귀한 것으로 변천해 나갔다.

삼국 및 통일신라 시대는 북방계 문화의 영향을 크게 받고 있었는데, 그러한 영향은 고구려를 경유하여 백제 · 신라에 이른 예가 많다. 그 외에 도와陶瓦 · 전 · 토기 등에서 고구려의 영향이 백제나 신라에서 나타났다. 그러나 중국의 문화적 요인을 수용함에 있어 무조건적이라기보다는 민간신앙이나 종교, 민족성 및 사회적 제 요인에 따라 각 시대의 조형 특성이 보이는데, 이는 자연의 미, 선의 미, 여백의 미의 정신세계를 추상적으로 표현한 독창적이고 전통적인 미의식으로 창출되어 나타났다.

신라의 공예품은 통일 이전부터 내려오는 신라 고유의 양식을 바탕으로 삼국 통일 및 당의 영향으로 전래된 새로운 양식이 결합하였으며, 동시에 일본으로도 전해져 정창원에 소장되기도 하였다. 이러한 당-신라-일본 삼국 간의 활발한 공예품 교역은 당시 정치적 · 문화적 교류와도 상통하는 것이며, 그러한 교류를 통하여 세 나라의 양식은 국제적으로 통일된 양상을 띠게 된다. 그렇지만 국가별로 미묘한 양식적 차이는 계속 존재하였다.

삼국 통일 이후 약 100여 년간 신라의 미술은 정치적 안정과 활발한 대외 관계, 불교의 발전 등을 바탕으로 양식적으로 가장 발달하였다. 이 시기는 통일신라 시대의 미술을 대표하는 시기로 알려져 있다.

식문화

신라에서는 내전內典이 있고, 그 명칭이 왕의 식사를 맡는 부서로 바뀌기도 하였으며, 원예 · 얼음 · 약 · 푸줏간 등의 부서가 있었다.

농산물의 생산이 크게 늘어나고, 중국의 문화 · 정치제도 · 불교 등의 영향을 받아 왕가 및 귀족층이 성립되고 그들의 식생활은 풍부하고 사치스러웠다.

경주에는 포석정이 지금도 남아 있는데 물 위에 술잔을 띄워 놓고 시를 읊으며 놀았다고 하니, 왕가의 연회식이 얼마나 사치스러웠던가를 상상할 수 있다. 문무왕의 동생이 안길安吉을 대접하는데 찬이 50가지에 이르렀다는 것이다. 찬 50가지가 구체적으로 무엇인지 몰라도 쌀을 주식으로 삼고, 전국에서 모여드는 식재료를 가지고 찬을 만들었을 것이다.

서민들은 국가 발전의 혜택을 직접 입지 못하였다. 조세를 바치고 부역 등 과중한 의무 부담에 시달리고 항상 가난하였다. 그들의 일상식은 잡곡밥 · 국 · 나물이 기본이고, 부식물은 채소나 야생나물 위주였다. 그리하여 귀족식과 서민식은 완전히 분리된 것이었다.

《삼국유사三國遺事》에 재산이라고는 다리가 부러진 노구솥 한 개가 있을 뿐이란 말로 미루어 서민들의 식사가 어떤 것이었는지 가히 짐작된다. 불교에 의한 육식 금지도 아랑곳없어 서민들은 사냥으로 육식을 하였고, 산야의 과일로서 무기질 · 비타민을 섭취하니 실질적으로 귀족층보다 균형잡힌 식생활을 하고 있었을 것이다.

상차림의 요소

❖ 상

각저총(5~6세기)의 무덤벽화를 보면 여인들이 네모난 널빤지에 짧은 네 다리가 붙은 밥상(소반) 앞에 앉아서 식사를 하고 있다. 이것은 좌식, 개인의 밥상, 이른바 독상獨床이다.

무용총에는 다리가 긴 식탁과 걸상이 세트를 이루고 있어 입식立式 형태였음을 알 수 있는데, 이것 또한 독상이다. 이와 같이 좌식과 입식의 밥상이 아울러 쓰이고 있으나, 중국에서는 당 시대부터 점차 입식으로 바뀌고, 우리나라의 평상식에서는 통일신라 시대 이후 좌식을 지향하게 되었다.

《삼국사기三國史記》〈잡지〉 직관職官에 의하면, 통일신라 시대에 궤机나 밥상의 제작을 다스리는 궤반국机盤局이란 직명이 있다.

고대 북부 지방의 고구려에서는 강炕이 나타난다. 강 위에는 좌식의 소반이 놓이고, 바닥에는 입식의 식탁을 놓고 식사한 것을 고분벽화를 통하여 짐작할 수 있다.

우리나라의 밥상이 좌식의 소반으로 고정되어 간 것은 온돌과 관련된다. 당시 남부의 백제 · 신라에는 난방 시설의 보급을 볼 수 없다. 그러다가 북구에서는 점차 부엌의 아궁이와 온돌이 일체가 되어 방 전체를 따뜻하게 하는 온돌로 바뀌고, 이것이 고려 시대부터는 남부까

230 온돌과 부엌 공간

지 전파되었다. 그리고 온돌로 바뀜에 따라 밥상도 소반 형태로 고정되어 갔다.

❖ 식 기

231 **얼굴무늬 토기** 8~9세기. 입지름 9.8cm, 높이 4.9cm. 국립경주박물관 소장

232 **풍로** 8세기. 바닥지름 30.2cm, 높이 19.5cm. 국립경주박물관 소장

238 **백자 완** 당, 9세기. 입지름 20.2cm, 높이 6.7cm(왼쪽). 국립경주박물관 소장

통일신라 시대의 토기는 질적으로 신라 시대와 큰 차이가 없으나 그릇의 형태나 무늬가 많이 변화되었고, 특히 이때부터 그릇 표면에 유약을 바르기 시작하였다.

남부에는 실용 식기의 유물이 비교적 많으나, 유물이 적은 북부는 고구려 · 만주 남부 · 중국 산둥성 등지의 고분벽화를 통하여 짐작할 수 있다.

통구의 무용총(5세기 후반) · 각저총(5세기 말~6세기 초)의 무덤벽화에서 실내 생활의 모습을 보면, 짧은 세 개의 굽이 붙은 큰 대접에 과일이 높이 괴어 있고, 또 무엇을 담았는지는 알 수 없으나 뚜껑이 있는 바리 모양의 그릇도 보인다. 또, 짧은 굽이 달린 사발, 여러 가지 찬이나 조미료를 담은 듯한 뚝배기 모양의 것, 보시기 같은 것, 종발 모양의 것, 접시 모양의 것들도 나타났다. 그러나 이들 식기의 용도나 확실한 형태는 정확하지 않다.

통일신라 시대에 접어들어 굽다리 그릇의 굽다리가 더욱 짧아졌다. 밥상 없이 굽다리 그릇에 얹힌 음식을 먹을 때는 굽다리가 길어야 하지만, 밥상에다 굽다리 그릇을 얹어서 굽다리 그릇 속의 음식을 먹으려면 굽다리가 짧아야 했고 마침내 굽다리가 없어지게 되었다.

그러나 제사상이나 연회상에는 전통에 따라 굽다리 그릇이 원 모습대로 쓰이고 있었다. 시대를 거쳐 배杯, 사발 등 작은 것이 늘어나고 각저총의 밥상 그림 등으로 미루어 이때 벌써 개인용 밥상이 차려진 것 같다. 경주 안압지에서 통일신라 시대의 많은 토기土製 식기가 나왔다.

233 **등잔** 8~10세기. 입지름 8.4~10.4cm, 높이 3.3~4.1cm. 국립경주박물관 소장

234 **청자 · 백자 완.** 당, 9세기. 입지름 16.2cm, 높이 4.9cm(아래쪽). 국립경주박물관 소장

235 **매병 모양 토기** 9~10세기. 입지름 30.5cm, 높이 87.7cm(오른쪽). 국립경주박물관 소장

236 **찍은무늬 단지** 8~9세기. 잎지름 5.8cm, 높이 9.5cm. 국립경주박물관 소장

237 **찍은무늬 병** 8~9세기. 입지름 8.4cm, 높이 30.1(왼쪽). 국립경주박물관 소장

금속식기

239 금동 합 8~9세기. 입지름 10.1cm, 높이 11.2cm. 국립경주박물관 소장

신라에서는 신분에 따라 식기의 재료를 제한하였다. 성골聖骨은 식기의 재료에 제한을 받지 않으나, 진골眞骨은 금 · 은이나 금 · 은의 도금을 금했고, 사두품四頭品에서 서민에 이르기까지는 금 · 은 및 놋쇠를 금하였다.

정창원 소장품 중에서 신라 제품으로 인정받는 것은 주로 동제 식기이다. 이중에서 도, 완鋺, 숟가락, 가위 등은 동일한 형식의 것이 안압지에서 출토되어 당시 신라 왕실과 일본 왕실과의 문화적 교류관계를 보여 준다.

정창원正倉院은 황동색을 띤 유기鍮器 계통의 그릇이다. 보통 3~10개의 그릇을 포개어 한 세트를 구성하는데, 현재 86세트 436점이 남아 있다. 안압지에서 출토된 합盒 · 완盌과 같은 양식의 그릇은 대체로 8~9세기경에 사용된 것으로 보인다. 한편 같은 양식의 그릇들은 통일신라 시대의 부여 부소산성扶蘇山城 유적, 익산 미륵사지, 경주 왕경王京 유적 등 여러 생활유적과 유물사지에서 출토되었다.

240 청동 숟가락 8~9세기. 길이 26.7cm(오른쪽). 국립경주박물관 소장

241 금동 가위 8~9세기. 길이 25.5cm. 국립경주박물관 소장

242 금동 사발 입지름 10cm(왼쪽). 국립경주박물관 소장

243 청동 접시 8~9세기. 지름 16.5cm, 높이 1.7cm(왼쪽). 국립경주박물관 소장

유리식기

금관총, 98호 고분, 천마총에서 유리로 만든 잔이, 서봉총과 금령총에서 유리로 만든 바리가 출토되었다. 이들 대부분은 서역의 수입품으로 추정한다.

칠기

중국의 한漢 시대 중국에서 발생한 칠기漆器를 받아들인 우리나라에서는 삼국 시대에는 크게 발달하여 중국 문헌에 '신라칠' 이란 말이 나올 정도이고, 통일신라 시대에는 칠전漆典이란 직명까지 보인다.

옻칠한 합 · 바리 · 접시 등의 유물이 많이 출토되었고, 천마총에서는 오늘날의 구절판 모양의 칠기가 출토되었다.

❖ 목 기

《신당서新唐書》, 《구당서舊唐書》에 의하면, 신라에서는 식기로서 유배柳杯가 있다고 하였다. 백남운白南雲은 유배란 버드나무 가지로 엮은 작은 상자로서 도시락으로 사용하였으며, 잔의 대용도 되었고, 대나무로 된 것도 있어서 신라의 빈민들은 흔히 이것을 사용하였을 것이라고 하였다.

❖ 수 저

숟가락과 젓가락의 사용은 삼국 시대에도 이어졌으며, 고분에서 청동제 숟가락과 젓가락이 출토되었다. 당시 중국의 젓가락 · 숟가락과 매우 비슷하지만, 통일신라에 접어드니 황해도 평상이나 경주 안압지의 숟가락은 중국의 것과는 형태가 달라져서 타원형의 것과 원형의 것이 세트를 이루게 되었다. 원형의 것은 음식을 다른 그릇에 조금씩 옮

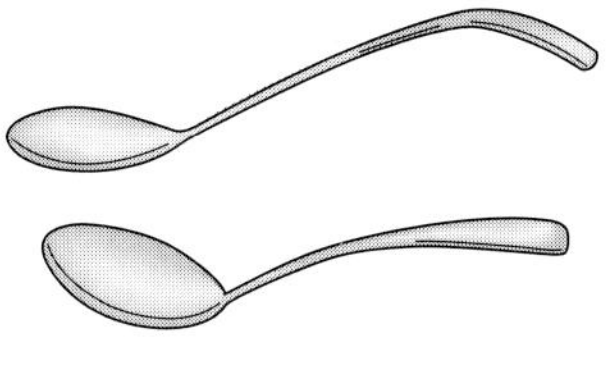

244 경주 안압지의 숟가락

기는 데 쓰인 것이라고 본다.

경주 안압지에서는 청동제 식도와 철제 식도가 출토되었고, 경주시 황남동 82호 고분에서 철제 식도가 나왔다.

❖ 기 타

특히 중국과 인접해 있던 고구려의 불전 공화로 시작된 화예 표현은 초기에는 조형성 · 입체성보다는 평면과 선에 의존하면서 사실寫實보다는 편화便花, 실형實形보다는 디자인의 양식을 따르고 있음을 알 수 있다. 그 연원이 중국의 육조 시대에 있음을 고구려 벽화에서 찾아볼 수 있는데, 평면 원형의 구조에서부터 차츰 자연미의 질서를 따른 불전 공화佛典空華[1)]의 형식이 추상적으로 표현되고 있음을 알 수 있다.

1) '불전공화의 유래와 한국 불교 꽃 문화에 대한 고찰'에서 지연 스님은 "〈비화경〉에 따르면 자비의 상징으로 백련화를 드는데 이는 석가모니 부처님을 가리키는 말"이라며 "모든 부처가 꽃이라면 석가모니 부처님은 빼어난 흰 연꽃"이라고 밝혔다.

참고문헌

윤서석(1980). 신라시대 음식의 연구-삼국유사를 중심으로 하여. 신라문화연구소. 신라문화재학술발표회 논문집.

이성우(1992). 동아시아 속의 고대 한국식생활연구. 향문사.

장영순(2002). 삼국 및 통일신라시대를 중심으로 본 한국 화예디자인의 표현 전개에 관한 연구. 한국 화예학회 논문집 제6집. pp.115-162.

정경례(1993). 식생활 식기·식구에 관한 연구. 한양대학교 석사학위논문.

조경미(2005). 통일신라시대 전성기 공예양식의 변화와 발전. 신라문화. 제25권.

그림출처

230. 이성우(1994). 동아시아 속의 고대 한국식생활사연구. 향문사. p.361.
231. 국립경주박물관 소장(경박 200803-036)
232. 국립경주박물관 소장(경박 200803-036)
233. 국립경주박물관 소장(경박 200803-036)
234. 국립경주박물관 소장(경박 200803-036)
235. 국립경주박물관 소장(경박 200803-036)
236. 국립경주박물관 소장(경박 200803-036)
237. 국립경주박물관 소장(경박 200803-036)
238. 국립경주박물관 소장(경박 200803-036)
239. 국립경주박물관 소장(경박 200803-036)
240. 국립경주박물관 소장(경박 200803-036)
241. 국립경주박물관 소장(경박 200803-036)
242. 국립경주박물관 소장(경박 200803-036)
243. 국립경주박물관 소장(경박 200803-036)

Chapter 14

高麗

고려(918~1392)는 우리나라 식생활 문화의 전반적인 구조가 확립된 시기이며, 신분에 따라 상차림에 차이가 있었고, 입식과 좌식이 공존하였다. 불교의 영향으로 식물성 조리법이 발전하고, 병과와 차 문화가 발달하였다. 고려 초기에는 금속으로 된 식기가 사용되었으나 중국에서 청자 기술이 유입되면서 도자의 중심이 도기질에서 자기질로 변화되었고, 훌륭한 고려청자가 완성되었다.

고려

918~1392

시대적 배경

고려는 후삼국을 통일한 후에 발해인과 발해 문화까지 흡수하였으며, 건국 초부터 끊임없는 전쟁을 치렀다. 전쟁을 치르는 동안 무신들의 난이 일어나 문신들이 정치할 기회는 줄었다. 고려는 농사를 중요시하여 조상들의 영토를 되찾기 위해 북쪽으로 영토를 넓히려고 애썼으며 벽란도碧瀾渡[1]를 중심으로 무역이 활발했던 시대이다. 해로를 이용해 송과 아리비아 상인들이 찾았으며, 요나라, 금나라, 왜구들과의 무역도 이루어졌다. 또한 불교를 국교로 삼아 숭불 정책을 펼쳤다.

식문화

고려는 우리나라 식생활 문화의 전반적인 구조가 확립된 시기이다. 삼국 시대에 형성된 일상 음식의 기본 요소와 밥상차림은 고려에 와서 양곡糧穀의 증산과 더불어 반찬이 더욱 발달하였다. 불교를 호국 신앙으로 선포하여 육식 절제와 근검절약을 선도하게 되므로 채소의 발효식품이 발전하여 지형漬型(장아찌류)과 침채류沈菜(김치류)의 체계가 성립되는 등 한국 김치의 전통이 확립되었다.

또한 육식 절제로 인해 식물성 조리법을 이용한 사찰 음식이 발달하였고, 체계화된 제사상 양식이 이루어졌다. 불공용 음식은 다채

1) 황해도 예성강 하류에 있는 고려 시대의 중요한 나루이다. 고려의 서울인 개경 가까이에 있던 국제 무역항으로 외국 상인이 많이 왕래하였다.

로운 색을 물들이거나 높이 올리는 고배高排 상차림이었다. 고려 시대에는 차 마시는 풍속이 귀족계급 간에 성행하였으며, 차와 더불어 병과류餠菓類가 발달하고 다과상차림의 규범이 성립되었다.

초기부터 토지 정책을 개선하고, 개간 사업을 적극 추진하여 농지가 확장되고 미곡米穀이 증산되었다. 이러한 환경으로 인해 떡과 과정류 등 쌀로 만드는 음식의 솜씨가 고도로 발달하였고, 증류주법도 새로 유입되어 술 만드는 기술과 양조업이 확대되었다.

고려 초기부터 대외 무역이 활발하게 전개됨으로써, 사신이나 상인의 왕래가 빈번하였다. 이들을 위한 객관客館이 증설되어 객관무역客館貿易이 성행하였고, 큰 규모의 연회가 자주 열리게 되었다. 객관에서 손님에게 조석 식사를 대접할 때의 모습을 《고려도경高麗圖經》에서는 "사부使副가 입관하였을 때에는 1일 3식을 대접하되 5조俎(상)이고, 조는 모두 붉은 칠을 했으며, 그릇은 황금을 바르고 있다. 상중객에게는 3상, 중객에게는 2상, 하객에게는 매 5인씩 연상으로 대접하였다."고 기록하고 있다.

또 서긍이 기록한 연회의 모습을 보면, "고려에서는 주례酒禮를 매우 중하게 여기며 공적인 회의가 있을 때에는 왕공 · 국관은 탁상卓牀을 사용하되 관리나 일반인은 좌탑座榻만을 쓴다. 식사할 때에는 소조小俎에 음식을 담아 탁상 위에 놓고 그릇은 동그릇銅器을 쓴다. 탑榻(긴 의자)에는 객이 2인씩 앉고 객의 수가 많을 때에는 탑을 늘리는데 서로 마주 대하고 앉는다."라고 기록되어 있다.

이상에서 고려 때의 상차림은 신분이나 계급에 따라 차이가 있었으며, 귀족은 식탁 위에 음식을 차린 소조를 다시 놓았으나 서민들은 좌식 차림으로 식사한 것을 알 수 있다. 연회상은 입식 식탁이 많고 음식을 즐비하게 차렸음을 알 수 있다.

고려 중기에 이르러서는 목장이 확대되면서 식용육의 사육이 증대되고, 도제屠祭[2]를 전문직화함으로써 육식을 선호하는 풍토가 높아졌다. 후기에 이르러서는 유교에 준한 가례家禮 양식이 정해지게 되었다.

2) 제사 지낼 짐승을 잡는 일

상차림의 요소

❖ 상

《고려도경高麗圖經》에는 "왕공王公은 상탁을 사용하되 사민士民은 좌상座床[3]만을 쓴다."고 되어 있다.

조俎는 쟁반과 같은 상으로 이것을 상탁床卓[4] 위에 놓는 관습이 있었다. 이는 단칠丹漆(붉은색)이나 흑칠黑漆(검은색)을 칠하였고, 크기는 높이 2.5척[5], 가로 2.5척, 세로 3척이다.

연탁宴卓, 연대燕臺는 단칠丹漆을 하고 도금장정塗金裝釘[6]을 하였다. 상을 차릴 때에는 붉은 비단의 수놓은 휘장을 치고 광명대光明臺로 불을 밝혔다.

《고려사高麗史》 식화食貨 영봉조泳俸條에 소목장, 조각장, 나전장, 칠장 등이 중상서中尚署에 소속되어 있었다는 기록이 있어 목공품의 생산이 훨씬 체계화되고 관官의 관리로 이루어졌음을 알 수 있다. 또한 예지禮志에 나타난 물목에 조안詔案, 서안書案, 향안香案, 안상案牀, 과안果案, 수준안壽尊案, 화안花案, 인안印案, 필연안筆硏案 등이 열거되어 있어 기물을 받치는 상도 다양하였음을 알 수 있다.

❖ 식 기

금속기

신라 문화를 이어받은 고려는 금, 은, 금동제, 유기 등의 금속 식기를 많이 사용했으나 신분에 따라 차등을 두어 사용하였다. 1019년 송宋에 사신으로 갔던 곽원郭元이 고려의 실정에 대해 "민가의 기명은 오로지 동으로 만든다."고 하였고, 1923년 송나라 사신 서긍徐兢이 고려를 방문하고 쓴 《고려도경》 제26권 〈연례燕禮 연의燕儀조〉에서 "그릇은 금이나 혹은 은으로 도금한 것이 많고 청도기는 값진 것으로 여긴다."

3) 앉아서 먹게 되어 있는 상
4) 다리가 긴 탁자형 상
5) 1척은 약 30cm
6) 금으로 칠해 꾸밈

《고려도경》의 금속제 기구

기명器名	형태와 용도
수병水甁	물주전자
방잔 盤琖	받침대가 있는 술잔으로 은銀으로 만들었다. 잔은 깊고 테두리가 오므라들었고, 주舟(당기는 부분)는 작고 발이 좁다.
주합 酒盒	술그릇으로 양쪽 귀에 고리사슬이 있어 들고 다닐 수 있게 되어 있다.
제병提甁	들고 다니는 물그릇으로 숭늉이나 끓인 물을 넣었다.
유앙 油盎	기름을 넣는 병으로 백동白銅으로 만들었다.
정병淨甁	귀족이나 관원, 민가에서 모두 쓰는 것으로, 물을 담는데 쓰였다.
수앵水甖	물통으로 두 개의 귀가 있어 들 수 있다. 고려 사람들은 이고 지기를 좋아했기 때문에 이 그릇이 가장 많았다고 한다.
탕호湯壺	더운물을 담는 그릇으로 고려인들은 차를 끓일 때 이 호를 마련했다.
수부水釜	세발솥(격정鬲鼎)과 같은 형태의 물가마이다.
죽부 鬻釜	삶는 기물로서 철로 만든다. 위에는 뚜껑이 있고 배 아래에는 세 발이 있다.
은하銀荷	은으로 만든 연잎 형상을 한 작은 쟁반으로 연회 때 차를 끓여 내놓을 때 덮어서 사용하였다.
은로탕정銀爐湯鼎	은으로 만든 화로와 찻물을 끓이는 세발솥이다.

자료 : 한국문화재보호재단 엮음(2002), 한국음식대관 제5권 : 상차림, 기명, 기구. 한림출판사. p.406.

라고 하였다. 외국 사절들의 식사 혹은 만찬석상에 나오는 그릇은 주로 도금한 금속기였음을 알 수 있다. 그러나 몽고의 침입과 원의 금속 원료 수탈로 서서히 침체되어 청동기가 부족해지고 점차 도기의 생산과 수요가 증가하게 되었다.

245 **용모양 손잡이잔** 국립중앙박물관 소장

《고려사》 공민왕 6년(1357)에 우필흥于必興이 "무릇 쓰는 그릇은 유동기鍮銅器와 와기瓦器[7]를 써서 토풍에 순응케 하소서."라고 하여 도기가 부각되고 있음을 말해 준다. 공양왕 3년(1391)에는 방사량이 "유동鍮銅은 이미 생산되지 않으므로 앞으로는 동철기를 금지하고 오로지 옹기, 목기만을 사용하여 습속을 개혁해야 할 것이다."라고 하였다. 이는 후기로 되면서 침체되었던 금속 원료의 수급이 말기에 이르러 악화되어 결국 동금령銅禁令에 이르게 되면서, 오히려 도기의 수요가 증가하는 것을 의미한다.

246 **꽃모양 접시** 국립중앙박물관 소장

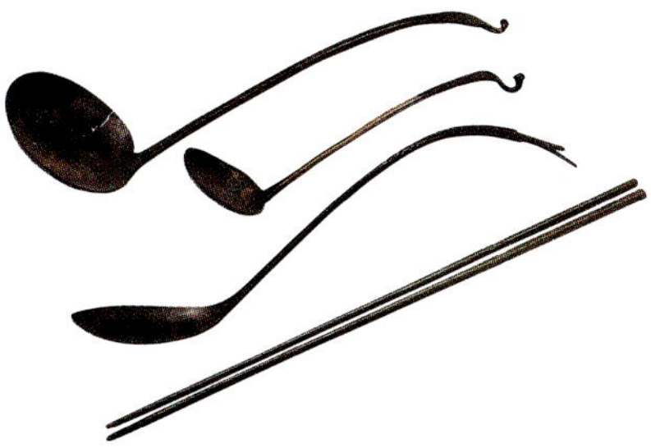

247 **청동기 국자와 수저** 국립청주박물관 소장

248 **은제 도금 탁잔** 고려 12세기. 국립중앙박물관 소장

249 **청동은입사포류수금문정병** 고려 12세기. 국립중앙박물관 소장

7) 진흙으로 만들어 잿물을 올리지 않고 구운 그릇

도기

도기의 기형은 주자, 소병, 편병, 매병, 표형병, 장경병, 정병, 큰 항아리, 작은 항아리, 입큰 항아리, 대발大鉢, 장군, 완, 접시, 자배기, 시루 등이 있으며 항아리와 병류가 가장 많았다. 초기 도기는 기벽이 얇고 세련되었으며, 주로 경질도기가 주류를 이루었다. 13세기 청자가 절정을 이룬 시기의 도기들은 청자의 형태를 닮은 표형병과 주전자들이 제작되었다.

도자 식기 중에서도 청자 제품은 귀족계급에서만 사용하고, 그 수량도 한정되어 있어 일반 서민의 경우는 질그릇을 일상 용기로 사용하였다. 고려 시대의 질그릇 중 항아리는 물독이나 술, 곡식, 과일의 저장 용기로 주로 쓰였으며, 서민 사이에서는 완이나 합이 주 · 부식용으로, 매병은 술을 담는 용기로, 소병은 유병으로 사용되었다.

청자

9~10세기 중국 절강성浙江省 월주요越州窯로부터 청자 기술이 한반도에 전해지면서 도기질에서 자기질로 한국 도자기의 중심이 전환되었다. 고려자기는 청자, 백자, 흑유자, 철회청자, 철채청자, 철유자, 잡유자로 분류할 수 있으며, 청자가 양과 질에 있어서 가장 우수하였다. 청자는 철분이 약간 섞인 태토에 2~3% 정도의 철분이 함유된 투명유를 발라 환원염에서 구워 낸 비취색을 띤 자기로, 중국 육조 시대에 발생하여 당 · 송 시대에 크게 발전하였다. 11세기 고려청자는 중국 기술이 처음 전래되었을 때의 모습들이 많이 사라지고 고려 문화에 맞는 형태들이 제작되기 시작했고, 12세기가 되면서 고려청자라고 불릴 만한 훌륭한 그릇이 구워지게 되었다.

청자의 기법은 표면에 장식무늬를 넣는 방법에 따라 소문청자素文青磁[8]와 상감청자象嵌青磁로 분류되며, 그 가운데 특징적인 것은 상감청자다. 소문청자는 표면이 비색 일색이며, 상감청자는 태토의 표면에 문양을 음각하거나 인화하고, 그 파진 자리에 백토, 흑토, 진사, 은 등을 채워 넣고 다시 청자유를 발라서 구워 낸 것이다. 상감청자 중 인

8) 민무늬 청자

화문印花文 기법은 한국 특유의 문양 기법으로 도자기의 표면이 마르기 전에 도장 같은 것으로 꽃을 줄지어 찍는데 당초문과 같은 굴곡을 주어 반복 문양을 만들기도 하였다. 이러한 기술을 바탕으로 도장을 찍어 오목하게 들어간 부분에 백토나 흑토를 넣고 그 위에 전면적으로 청자유를 바르면 밑의 백토나 흑토가 문양으로 드러나는 방법도 있었다.

청자의 본고장인 중국 송나라 서긍徐兢이 1123년에 사신으로 고려에 왔다가 남긴 보고서인 《선화봉사고려도경宣和奉使高麗圖經》에서 고려인들이 비색翡色(짙은 녹청색)이라고 하는 빛깔이 푸른 도기는 빛깔과 모양이 더 정교해졌다고 밝혔다. 그리고 주발, 접시, 술잔, 사발, 꽃병, 탕기湯器, 옥술잔도 만들어졌으나 중국의 일정한 그릇 만드는 제도를 모방한 형태였다고 한다. 그러나 술잔은 연꽃 위에 오리가 엎드려 있는 모양의 작은 뚜껑이 있는 참외 모양으로 특색이 있었으며, 사자 모양으로 만든 향로 또한 비색인데 위에는 쭈그려 앉은 짐승이 있고 아래에는 위로 벌어진 연꽃이 있어 그것을 받치고 있다고 했다. 여러 기물 가운데 이 물건만이 가장 정교하고 뛰어나다고 하였다.

청자의 기형은 완, 잔, 잔대, 병, 항아리, 접시, 합, 대접, 주전자 등 다양하였고, 후기로 갈수록 기벽이 두꺼워지고 굽 받침도 커져 실용적이고 기능적인 형이 되었다. 말기에는 실용 위주로 변해 기형이 대형화되었으며, 매병은 앞뒤 배가 편평하고 넓어진 주둥이의 편병들이 출현하였다.

철회청자鐵繪青磁[9]는 12, 13세기 고려청자의 절정기를 지난 후대에 많이 생산되었으며, 기형에는 광구병廣口瓶과 주전자가 많다.

13세기 후반부터는 원나라의 내정간섭과 지배층의 사치풍조로 인해 도자기를 만드는 여건이 열악해지고, 이 과정에서 청자는 품질보다 수량을 늘리는 데 초점이 맞추어졌다. 그 결과 형식적 완성미가 줄어들었으며, 그릇의 종류도 반상기 중심으로 간소해졌다. 14세기 후반에는 상감청자의 기형, 무늬, 색조, 만듦새 등이 타락하였다.

9) 백자나 청자 위에 유약을 시유하기 전에 철이 많이 포함된 안료를 사용하여 붓으로 그릇 표면에 검은색 문양을 그려 넣은 것이다.

고려 시대 식기

명 칭	그 림	설 명
청자 青磁 접시		안쪽 바닥을 둘러 음각선이 한 가닥 있고, 기벽이 얇고 고르며 해맑은 접시이다. 굽이 따로 없는 평저형이며, 12세기 전반 고려청자 최전성기 순청자의 특징을 보인다. 국립중앙박물관 소장(중박 200803-56)
청자음각모단문방형 青磁陰刻牡丹形 접시		네모진 몸체와 전, 네모진 굽을 가진 접시로 네 귀퉁이를 화형花形으로 깎아내고 당초문의 띠가 전에 돌려져 있다. 국립중앙박물관 소장(중박 200803-56)
청자화형 青磁花形 접시		여덟 개의 꽃잎 모양 전을 가진 작은 접시로 그릇 전체가 하나의 꽃 모양을 이루고 있다. 국립광주박물관 소장
청자상감운봉문화형 青磁象嵌雲鳳文花形 대접		여섯 장의 꽃잎 모양으로 형상된 대접으로, 13세기 전반기 무렵의 작품이다. 국립중앙박물관 소장(중박 200803-56)
청자은 青磁銀 구대접		국보 253호로 전에 은 테두리를 두른 희귀한 접시이다. 안쪽 면에는 양인각陽印刻 바깥 면에는 상감기법을 사용하였다. 국립중앙박물관 소장(중박 200803-56)
청자상감용봉모란문 青磁象嵌龍鳳牡丹文 개합		왕실용의 음식기로 뚜껑 달린 대접과 숟가락, 대접 받침의 세트가 모두 갖추어진 희귀한 유물이다. 삼성미술관 리움 소장
청자구절판 青磁九折坂		원반형의 구절판으로 10~11세기경의 것으로 추정된다. 원광대박물관 소장

(계 속)

(이어서)

명 칭	그 림	설 명
청자상감운학문사이호 青磁象嵌雲鶴文四耳壺		매병의 곡선을 연상시키는 항아리로, 어깨를 둘러 귀가 네 개 달려 있다. 국립중앙박물관 소장(중박 200803-56)
명청자상감당초문 銘青磁象嵌唐草文 잔		상감기법이 사용되면서 생겨난 형태의 잔으로 고려 시대 독자적인 기형으로 추정된다. 국립중앙박물관 소장(중박 200803-56)
청자상감국화문 青磁象嵌菊花文 탁잔托盞		금속제 탁잔 거푸집을 사용해 만드는 과정에서 생겼던 흔적이 청자에 남은 것으로 이 탁잔과 유사한 금속제 탁잔이 많이 만들어졌다. 국립중앙박물관 소장(중박 200803-56)
청자구형 青磁龜形 주자注子		국보 96호로 상형 청자가 유행하던 12세기 전반기의 작품으로 당시 세련된 공예 수준을 보여 준다. 국립중앙박물관 소장(중박 200803-56)
청자병 青磁瓶		12세기 전반의 것으로 길게 뻗은 목의 형상은 중국 송 시대의 자기나 고려 백자병에서 그 형태를 볼 수 있다. 국립중앙박물관 소장(중박 200803-56)
청자철화모단문매병 青磁鐵畵牡丹文梅瓶		철화청자 가운데 문양과 입 부분 등이 고려식으로 세련된 병이다. 국립중앙박물관 소장(중박 200803-56)

자료 : 국립광주박물관, 국립중앙박물관, 삼성미술관 리움, 원광대박물관

❖ 수 저

250 **청동수저 1** 국립중앙박물관 소장

251 **청동수저 2** 문경새재박물관 소장

252 **청동수저 3** 안동소주박물관 소장

고려 초기의 인종仁宗 장릉長陵에서는 타원형의 은제 숟가락과 청동제 젓가락이 출토되었는데 이 숟가락은 자루가 크게 휘어져 있었다. 중기 경남 남해군에서 출토된 청동제의 숟가락과 젓가락은 자루 끝이 제비꼬리 모양으로 두 갈래로 나누어져 있으며 측면에서 볼 때 S자형의 곡선을 이루고 있는 연미형燕尾形이 주를 이룬다. 그 외 고리 모양, 당초문, 연화문 등의 쪼임 기법이 사용되었다. 젓가락은 요즈음 형태와 비슷하며 손잡이 부분은 방형이다. 대체로 고려 시대는 숟가락이 지나치게 휘고, 가늘고 길어서 멋에 치우친 형태라 음식을 먹기에는 불편했을 것으로 보인다. 고려 시대에는 젓가락의 출토가 많았고, 숟가락의 경우 자루를 접을 수 있어서 휴대용으로 보이는 것도 있었다.

재료는 청동제가 보편적으로 쓰였고, 길이 9cm, 폭 7cm 내외의 가늘고 긴 형태를 주로 갖고 있으며, 나무 숟가락도 있었다. 고려 말기로 갈수록 제비꼬리 모양에서 꼬리만 잘린 형태로 되고, 측면의 곡선은 훨씬 완만해졌으며, 숟가락의 면은 둥글어졌다.

❖ 기 타

253 **청자 사자 장식 뚜껑 향로** 고려 12세기. 국립중앙박물관 소장

여러 가지 짐승 조각으로 장식한 향로가 많았으며 이는 귀족들이 즐겨 사용한 것으로 보인다. 또한 고려 시대에는 화려한 귀족 문화가 발달하면서 청자와 함께 나전 칠기 공예품 같은 수공업의 기술이 발달하였다.

참 고 문 헌

강진형 외(2006). 아름다운 우리 식기. 교문사.

나선화(1996). 소반. 대원사.

미스기 다카토시 지음, 김인규 옮김(2001). 동서도자교류사. 눌와.

박인숙(1993). 은수저 개발에 관한 연구. 숙명여자대학교 석사학위논문.

윤서석(1993). 한국식품사연구. 신광출판사.

이성우(1997). 한국식품문화사. 교문사.

이효지(1998). 한국의 음식문화. 신광출판사.

최건 · 장기훈(2005). 조선관요박물관 도자문화실. (재)세계도자기엑스포.

한국문화재보호재단 엮음(2002). 한국음식대관 제1권 : 한국음식의 개관. 한림출판사.

한국문화재보호재단 엮음(2002). 한국음식대관 제5권 : 상차림, 기명, 기구. 한림출판사.

그 림 출 처

245. 국립중앙박물관 소장
246. 국립중앙박물관 소장
247. 국립청주박물관 소장
248. 국립중앙박물관 소장
249. 국립중앙박물관 소장
250. 국립중앙박물관 소장
251. 문경새재박물관 소장
252. 안동소주박물관 소장
253. 국립중앙박물관 소장

Chapter 15

朝鮮

조선 시대(1392~1909)는 14세기부터 20세기 초에 이르는 기간으로, 서구 사회에서는 급격한 인구 증가로 모든 부분의 산업이 현대 체제를 갖추는 밑받침을 마련한 시기이며 산업혁명과 과학혁명을 통해 생활의 변화가 획기적으로 일어났다. 또한 이때는 식생활 문화의 과학성이 높아지고 문화 규범이 정비되어 현대의 한식이 완성된 시기이다. 온돌의 보급으로 식사 양식이 좌식으로 바뀌었고 분청 백자의 개발과 사기소의 확충, 놋그릇의 제조 보급으로 식기와 용구의 기준이 마련되었다.

일반적으로 조선 시대는 임진왜란(1592~1598)을 기준으로 조선 전기(1392~임진왜란)와 후기(임진왜란~1909)로 구분한다.

조선

1392~1909

시대적 배경

조선 시대는 유교를 국교로 하면서 식생활에 큰 변화를 가져왔고 현재와 비슷한 한식의 발달이 이루어졌다. 14세기 말부터 17세기 이전까지의 조선 전기에는 고려 시대로부터 다듬어진 한식의 전통이 조리 방법, 맛, 식사 예절에 이르는 식생활의 전 영역에서 서서히 정립되었다.

고려 말부터 남존여비 사상의 영향으로 남자들의 상은 대개 독상이었으며 남녀가 한 상에서 밥 먹는 것을 금했다. 여성들은 부엌에서 누룽지를 먹거나 상 아래 방바닥에 밥사발을 놓고 식사하는 풍습이 이어졌다. 조선 시대의 부녀자들은 시부모와 가족에게 봉양하는 식생활의 봉사자가 되었으며 일 년 동안 먹을 식품을 마련하였다.

조선 후기는 지배계층의 경제적인 여유로 식생활의 변화와 수공업이 발달했다. 상품화 경제가 크게 발전하여, 대동법의 실시로 도시와 농촌의 수공업이 활기를 띠어 농촌으로부터 이탈된 농민들은 상업이나 수공업 종사자로 유입되어 상업을 더욱 발전시켰다. 상인들의 수가 증가하였으며, 담배와 메주를 파는 시전이 생겼고 식생활의 변화와 가공식품의 상품화로 식품 가공에 노동력이 많이 투입되었다.

상업은 시장망의 전국적인 확대로 상품에 대한 수요 증가와 다양화가 이루어졌고 상품으로서의 농산물 생산과 고리대금업을 통해 대규모의 상업 자본을 형성하였다. 상업 자본은 관요인 분원에 유입되어 다양한 19세기 청화백자의 원동력이 되어 분원의 민영화를 가져왔으며, 독립적인 사영 수공업자들이 출현하여 거의 모든 수공업이 민영화되었다.

식문화

254 조선 시대의 부엌 기산풍속화첩-밥 푸고 상 차리는 모습

조선 시대는 상차림의 격식이나 음식의 조리 방법 등에 봉건적인 가부장적 윤리관을 반영한 시대이다. 식생활의 합리화를 꾀하여, 반상차림의 원칙에서 볼 수 있는 과학적인 일상식을 만들어 밥상을 차릴 때 반찬의 배합에 대한 원칙이 설정되었다.

조선 시대에는 고려 시대의 어느 정도 정돈된 식생활 습성이 더 다양한 형태로 현재와 비슷한 한식의 발달이 이루어졌다. 기본적인 상차림으로는 오랜 전통과 풍습대로 밥과 국, 나물류로 이루어졌는데 각 가정의 웃어른께 드리는 진지상을 반상飯床이라 하여 규범화시켰다.

밥과 반찬을 주로 하여 격식을 갖추어 차리는 상차림으로 밥상, 진지상, 수라상으로 구별하여 쓰는데, 받는 사람의 신분에 따라 명칭이 달라진다. 즉, 아랫사람에게는 밥상, 어른에게는 진지상, 임금에게는 수라상이라 불렀다.

기본으로 놓은 것은 밥 · 국 · 김치 · 청장이며, 5첩 반상이 되면 찌개를 놓고 7첩 반상에는 찜을 놓는다. 전 · 회 · 편육을 찬으로 놓

255 담와 홍계희 평생도 국립중앙박물관 소장

을 때에는 찍어 먹을 초간장·초고추장·겨자즙 등의 조미품도 함께 곁들인다.

가장 간단한 3첩 반상일 때는 간을 맞추는 데 필요한 간장 한 가지만 올리고, 5첩 반상에는 초간장이 더해진다. 3첩 반상에서는 숙채, 생채와 구이뿐이던 반찬이 5첩 반상에서는 마른 반찬류가 포함되기 때문이다. 또 7첩 반상에는 회가 더해지므로 초고추장을 포함시켜 결국 세 개의 종지가 상 위에 올라가게 된다.

3첩 반상은 반상 중에 가장 간소한 상차림으로 일반인들이 즐겨 차렸으며, 이 상차림이면 현대의 영양학적 관점에서도 매우 과학적·합리적인 상차림이다. 5첩 반상은 어느 정도 여유가 있었던 일반인들의 상차림이다. 7첩 반상은 손님 대접상이나 생신·잔치 등의 특별식 상차림이며, 9첩 반상은 반가집에서의 최고 상차림이었고, 12첩 반상은 궁중에서 차리는 수라상차림이었는데, 수라상은 반드시 12첩 반상이 아니고 그 이상이어도 상관이 없었다. 반찬의 종류를 정할 때는 재료가 중복되지 않도록 했고 빛깔과 영양도 고려해서 정했다.

온돌이 일반화된 것은 조선 초기이다. 온돌이 일반화되면서 주거 양식이나 식생활의 양식이 모두 좌식으로 되었다. 일상의 상차림은 모두 좌식으로 되었으나, 제사상은 조상 생존 시의 구습을 존중하는 의미에서 입식 차림이 계승되었다.

17세기 임진왜란 이후의 조선 후기 사회는 인구 증가, 농업 생산량 향상, 상공업과 시장이 발전하는 등 사회경제 구조의 변화로 양반, 중인, 상민, 천민으로 구성된 신분 구조에도 변동이 일어나서 양반 인구가 급증하고, 중인이 점차 증가하며 상민과 노비가 감소하는 현상이 나타났다.

어업의 발전으로 젓갈 등의 염장류 식품이 발달하였고, 김치를 담그는 데 고춧가루가 대량으로 이용되었다. 임진왜란 이전까지는 고춧가루가 귀하여 백김치에 가까운 형태였으나 고추와 젓갈의 다량생산과 보급으로 지금과 같은 지역적 특색이 나타나는 향토적인 김치 문화가 이루어져 지금의 식문화의 기초를 세우게 된다.

식생활에 새로운 전기를 마련하였으며 현재까지 이어오고 있

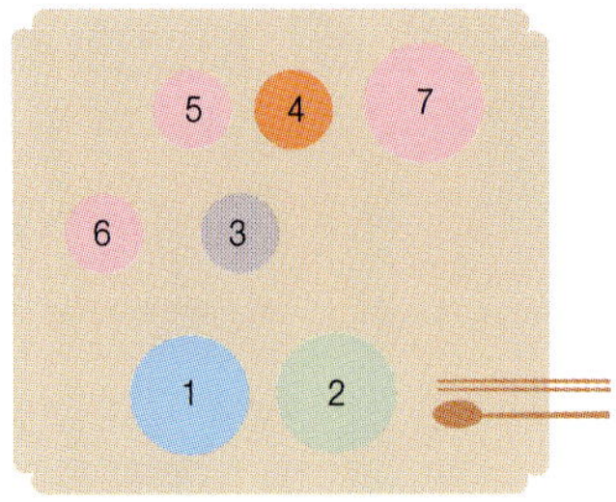

①밥 ②국
③간장 ④김치
⑤~⑥반찬

3첩 외상

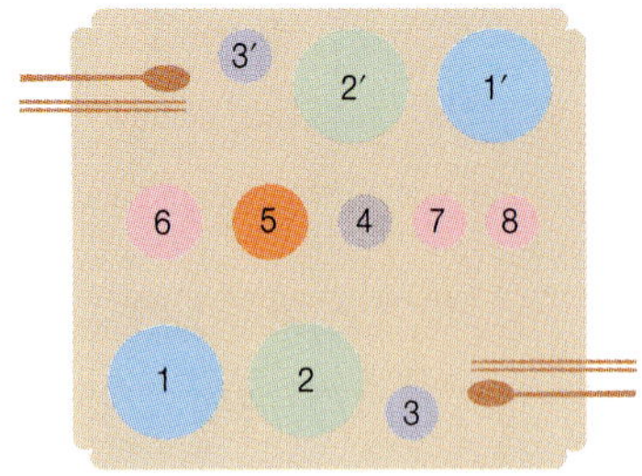

①밥 ②국
③개인 접시 ④간장
⑤김치 ⑥~⑧반찬

3첩 겸상

①밥 ②국
③간장 ④초간장
⑤김치 ⑥~⑩반찬
⑪조치

5첩 외상

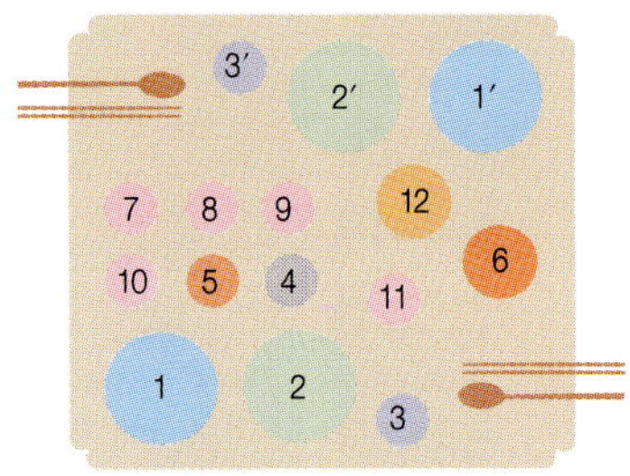

①밥 ②국
③개인 접시 ④간장
⑤초간장 ⑥김치
⑦~⑪반찬 ⑫조치

5첩 겸상

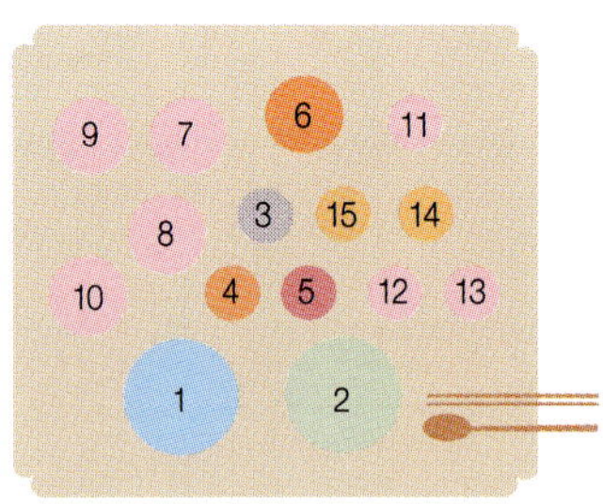

①반 ②국
③간장 ④초간장
⑤초고추장 ⑥김치
⑦~⑬반찬 ⑭~⑮조치

7첩 외상

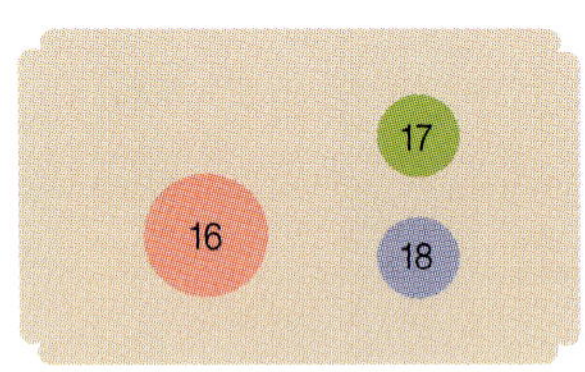

⑯찜
⑰과일
⑱반주

7첩 외상의 겸상

256 조선 시대 반상의 배치도

는 김장김치가 이때에 완성되었다. 양반과 평민 사이의 간격을 좁혀 식생활 관습이 하나로 통일되면서 한식의 완성을 기한 시대였다. 밥을 주식으로 하고 찬을 부식으로 하는 반상차림이 일상의 식사가 되었으며, 반찬류의 조리법은 대개 굽고, 지지고, 졸이고, 볶고, 끓이고, 삶는 등 현재와 같은 조리법이 이용되었다.

이 시대 서민들은 배부르게 먹는 것을 중요시 여겼는데 과중한 세금을 모두 곡물로 바쳐야 했던 서민들은 굶주림이 심했고, 먹을 수 있을 때 배부르게 많이 먹었다. 그러므로 배불러야 식사를 마치는 우리나라의 식습관은 오랜 동안에 걸쳐 뿌리를 내린 습관임을 미루어 짐작할 수 있다.

농민들은 농번기에 공동으로 협력한 뒤 함께 먹는 '두레밥'이 있었는데 두레를 짜서 농사일을 서로 협력하여 도왔던 미풍양속에서 비롯된 것으로 지금도 전해지고 있는 조선조 특유의 외식 형태이다.

가족이나 친지들끼리 들이나 산에서 즐겁게 놀면서 먹는 음식도 있었는데, 시기는 봄, 가을로 이때 마련하는 음식은 밥, 찬 외에도 반드시 술이 따랐다. 놀이 음식으로는 화전놀이를 하면서 먹는 꽃전, 삼짇날 진달래화전, 중양절 국화전이 있으며 이외에도 여행에 가지고 다니던 행찬行饌이 있었다.

상차림의 요소

상차림 요소인 반상의 구성 요소에는 음식과 반상차림에 따른 도구로 식기(반상기), 소반(상), 수저, 기타 도구(휘건, 토구, 수저받침) 등이 포함된다.

❖ 상

소반에 해당하는 조선의 상용한자를 찾아보면 상牀 · 상床 · 반盤 · 조俎 등이 있고, 때로는 궤机 · 안案 · 탁卓 등의 글자를 사용하는 경우도 있다. 보통 소반이라 부르는 것은 식사 때 식기를 얹는 기물로서 반盤(천판天板, 소반의 위판)과 다리로 이루어져 있다.

우리나라에서 소반이 크게 발달한 이유는 입식 생활을 하는 서양과는 달리 조리된 음식을 소반 위에 올려서 방으로 옮겨와 식사를 해야 하기 때문에 소반은 음식을 나르는 쟁반과 식탁의 구실을 겸한 독특한 구조로 발전되어 왔다. 소반은 음식상뿐만 아니라 음식물을 조리하는 도마로도 사용되었으며 신이나 상전에게 음식물을 진상할 때 진열대로도 쓰였다.

상의 다리는 말 · 개 · 호랑이와 같은 짐승들의 다리를 흉내내어 달았으나 단순히 흉내만 낸 것이 아니라 용을 새긴 상을 용상이라 하여 무관은 호랑이를, 문관은 말을, 개는 말 그대로 '개털'이라 하여 서민을 뜻했다. 다리의 모양에 따른 명칭은 개다리소반拘足盤 · 호족반虎足盤 · 죽절반竹節盤 · 되다리소반單脚盤 등이 있다.

상은 모양과 생산자, 크기, 다리의 생김새, 칠의 색에 따라 여러 가지로 나누는데 대표적인 것은 다음과 같다.

원반圓盤

257 원반 성신여대박물관 소장

둥근 모양의 상으로 작은 소반부터 여럿이 둘러앉을 수 있는 큰 두레반까지 크기가 다양하다. 다리의 모양은 전체가 하나의 둥근 원통형인 것, 병풍처럼 나무판 12쪽을 이어 만든 것, 다리가 네 개로 양쪽의 다리만을 둘씩 가로질러 놓은 것이 있다. 칠의 색깔은 임금님 수라상에 쓰이는 원반은 주칠인 붉은색이며 검은색이나 갈색, 자주색 등의 여러 색이 있다.

책상반册床盤

책상반은 장방형 소반으로 일상의 반상에 가장 많이 쓰인다.

통영반, 해주반, 나주반 중에도 책상반이 있다.

팔모반八模盤

팔모반은 윗면이 팔각형으로 다리는 병풍처럼 팔면이 목판으로 짜여져 있으며 다과상으로 많이 쓰인다. 크고 붉은칠을 한 것은 돌상 차림을 할 때 쓰기도 한다.

공고반公故盤

번상番床이라고도 하는 작은 팔각반으로 다리가 병풍처럼 둘러 있는데, 앞뒤가 크게 뚫려 있어 머리에 이면 앞이 다 보이게 만들었다. 관청에 번을 할 때나 식사를 차려서 나갈 때 쓰던 상이다.

귀 상

윗면이 반달처럼 반원형으로 된 상으로, 곁반으로 쓰인다.

단각반單脚盤

팔각이나 십이각의 윗면이 돌릴 수 있는 회전상으로 다리가 중심에 하나만 있다. 주안상을 차리는 데 알맞다.

258 단각반 이화여대박물관 소장

해주반海州盤

황해도 해주에서 만든 상으로 장식이 아주 간결한 책상반 모양이다.

259 해주반 성신여대박물관 소장

나주반羅州盤

전라도 나주의 명반으로 상의 둘레를 꽃잎처럼 곡선으로 굴리고 다리에도 조각을 많이 새긴 호족반이다. 네모진 책상반도 있다.

통영반統營盤

경상도 통영 지방에서 만든 상으로 책상반으로 자개로 문양을 내어 매우 화려하다. 다리는 넷으로 양쪽을 가로질러 막혀 있다. 대부분 반상 차림에 많이 쓰인다. 둥근 원반에도 자개를 박기도 한다.

260 **구족반** 성신여대박물관 소장

구족반拘足盤

개다리소반이라고도 하며 다리의 굽이 안쪽으로 향해 있고 윗면은 둥글거나 꽃처럼 곡선이 돌려 있다.

261 **호족반** 성신여대박물관 소장

호족반虎足盤

호랑이 다리처럼 상다리의 굽이 바깥을 향해 끝이 올라가 있는 모양이다. 나주상에는 호족반이 많다.

교자상交子床

여러 사람을 한 상에서 대접할 때 쓰이는 장방형의 큰상으로 옻칠이나 자개로 장식되어 있다.

가자架子틀

집에서 떨어진 산정이나 정자에서 여럿이 회식을 할 때 가마처럼 생긴 가자틀에 음식을 모아 얹어서 인부들이 들어 날랐다. 이를 방 안에 옮겨 놓고 둘러앉아서 먹게 된 것이 교자상의 연유인 듯하다.

❖식 기

262 **놋그릇** 놋쇠로 만든 그릇이다. 조선 시대는 국가에서 유기를 전담하여 놋그릇을 생산하는 유장鍮匠이 있었다. 숙명여대박물관 소장

조선 시대는 고려청자가 쇠퇴하면서 분청사기가 개발되고 이어서 백자, 청화백자 등 새로운 자기가 만들어졌다. 특히 놋그릇이 보급되어 식생활에 합리적인 발전을 가져왔다. 추위가 심한 겨울에 음식이 식지 않도록 하고 깨지지 않아 다루기 편리한 놋그릇의 보급은 살림의 혁명이라고 할 수 있다.

식기로는 유기류(놋그릇), 자기, 사기류, 질그릇, 목기류 등이 있고 사용 용도에 따라 그 명칭이 다르다. 밥을 담는 그릇을 주발, 국을

담는 그릇을 탕기, 숭늉이나 국수를 담는 그릇을 대접, 찌개 담는 그릇을 조치보, 김치류 담는 그릇을 보시기, 찬을 담는 그릇을 쟁첩, 간장 등을 담는 그릇을 종지, 그밖에 합, 조반기, 접시 등 여러 가지 기명이 있다.

조선 시대 식기의 종류를 보면 은기 · 유기, 자기 · 사기, 질그릇, 목기류로 나눌 수 있다.

263 **유기반합** 놋쇠로 만든 밥그릇이다. 바닥부터 조금씩 넓어지다가 다시 좁아지는데, 여성용은 뚜껑에 꼭지가 있다. 성신여대박물관 소장

은기, 유기

조선 시대는 고려 시대에 이어 놋그릇이 널리 쓰였으며 유기그릇은 당나라 이후 중국과 일본에 크게 명성을 떨쳤다. 유기는 안성의 유기그릇이 가장 유명하다. '안성맞춤'이라는 말이 있을 정도로 안성의 유기는 튼튼하고 잘 만들어진 유기였다. 유기는 일제 시대에 병기용으로 공출해 갈 때까지 우리나라 가정에서 널리 쓰였던 식기였다.

264 **놋상** 유기로 만든 상으로 변질되기 쉬운 놋쇠의 성질로 인해 차츰 없어졌다. 숙명여대박물관 소장

궁중에서는 유기 대신 은기가 쓰였다. 가을이 되면 추석부터 반상기를 모두 은기류로 바꾸었다. 여름에는 은기류의 그릇을 사용하지 않았는데, 은기나 유기가 열과 짠 것, 독성에 민감하게 반응하는 성질이 있어 여름에는 녹이 표면에 생길 수 있기 때문이다.

놋쇠는 구리에 주석이나 아연, 니켈을 섞은 합금으로 조선 이전에도 식기 용구였으나, 조선조에서는 유기장인 놋그릇 생산 전담자를 국가공무원에 소속시켜 공급하였으며 민간인 유기장도 많았다. 놋쇠 식기가 겨울철 식기로 적합하고, 놋쇠 용구를 쓰면서 안전하고 편리한 식생활로 발전하였다.

265 **놋신선로** 중앙에 숯불을 담는 통이 있으며 둘레에 여러 가지 음식물을 넣고 뚜껑을 덮어 끓이게 되어 있다. 숙명여대박물관 소장

유기는 무독, 무취의 무공해 금속으로서 직접 음식을 담는 식기로 요긴하게 쓰였다. 그 중에서도 특히 '반상기'라고 하여 예법과 범절에 맞춘 식생활 문화를 즐겼다. 중류 이상의 가정이면 여름에는 시원한 사기 반상기를, 겨울에는 보온이 좋은 유기 반상기를 썼다.

자기와 사기

266 **분청사기인화국문대합** 국립중앙박물관 소장

자기와 사기는 조선 시대에 가장 널리 쓰였던 식기였다. 자기는 광주가 유명하며 지금도 광주, 이천 등지에 우리나라 가마의 80% 이

267 **백자 사발** 성신여대박물관 소장

상이 있다. 자기, 사기류는 일반 서민에서부터 궁중에까지 다양한 계층에서 사용되었다. 궁중에서는 주로 여름에 사기, 자기류를 사용하였는데, 이는 사기류의 그릇이 열 전도가 낮기 때문이다.

조선 시대 식기로 사용된 도자기의 특징을 살펴보면 처음에는 청자의 뒤를 이어 분청사기가 나타난다. 그러나 분청사기는 대체로 균열이 있고 실용성과 느낌에 문제가 있으며 식기로는 부적합하여 분청사기는 소멸하고 백자가 뒤를 잇는다. 백자는 주로 청백색 · 유백색을 띠며 양감이 풍부하면서도 소박하고 담백하여 한국적인 미를 담고 있으며 무엇보다도 실용적이어서 조선 시대에 식기로써 널리 사용된 것으로 알려져 있다.

질그릇

소래기라고도 하며 접시 모양의 운두가 조금 높은 그릇으로 항아리나 독의 뚜껑으로 쓰인다.

질그릇은 즐문토기 시대부터 쓰인 오랜 전통을 지닌 식기이다. 주로 서민층에서 사용하였는데 조선 시대에 와서 김장 담그는 법이 유행됨에 따라 김장항아리, 장항아리 등이 필요하게 되었다. 또한 된장찌개, 설렁탕을 담기 위한 그릇으로도 널리 사용되었다. 기름기 있는 식기물이 잘 식지 않고 열을 가해서 조리할 수도 있어 한약을 다리는 데도 사용하였다. 질그릇은 열전도율이 낮은 흙을 소재로 하여 쉽게 끓거나 식지도 않고 무겁지 않으면서 보온 · 보열 효과를 최대한으로 보장하는 식기이다.

268 **소래기** 원광대박물관 소장

서양 식기는 접시처럼 방열放熱을 최대한으로 보장하는 평면성인 데 비해 한국의 식기 구조는 입체성으로 원통형이거나 사다리꼴형, 구형球型으로, 개구開口 면적이 작아지는 이유도 바로 방열을 구조적으로 억제하기 위한 난식 문화의 지혜이다.

목기류

269 **목제대접** 숙명여대박물관 소장

국이나 숭늉을 담는 데 쓰인 식기이다.

조선 시대 목기류는 순가락, 식기, 찬합에서부터 밥상, 함지박, 바가지류, 제기 등 종류가 다양하다. 조선 시대에는 전국적으로 대로 만든 죽세기류나 칠기 등도 다양하게 사용되었다. 목기에 옻을 칠한 옻기는 옻이 나무의 부식을 막아 주고 독성을 제거하고 독충의 접근을 막는다. 떡 같은 음식이 쉽게 부패하는 것을 방지하는 역할을 하기도 한다.

식기의 형태는 목기나 자기식기를 막론하고 대부분 물레로 제작되기 때문에 회전에 의한 원형이 기본형을 이루었다. 식기의 모양은 기본형에 깊이나 직경이 다를 뿐 비슷하다. 식기 표면의 장식 처리는 각국의 문화 · 사회 · 경제 발달에 따라 다양하다. 서양의 식기는 운두가 낮고 편평한 원형의 접시가 발달한 데 비해 동양에서는 높은 고대가 붙은 발(고배류)에서 고대가 짧아지고 깊이가 깊어진 완碗형이 발달되어 왔다. 그 이유는 식사 방법과 식사 내용의 차이에 기인한다. 서양 식기의 경우 식탁 위에 놓여진 식기에 요리를 담아 나이프, 포크, 스푼 등으로 음식물을 처리하여 입으로 옮기는 식사 방법에 따라 납작하고 안정된 형태의 그릇인 접시plate가 발달되었음을 알 수 있다. 반면 우리나라나 동양의 식기는 주식인 밥米과 습성 음식(국, 야채요리)을 담기에 편리한 오목한 그릇bowl이 발달했다. 이는 음식물의 내용과 식습관에 따라 식기의 형태가 다르다는 것을 알 수 있는 것으로 식기가 갖는 기능성은 사용자의 음식 문화의 전통성과 깊은 관련이 있다.

일상의 반상차림에 쓰이는 그릇을 반상기라 하는데 철에 따라 여름철과 겨울철에 식기를 구별하여 쓴다. 단옷날부터 추석까지는 여름철의 식기로서 도자기로 된 것을 쓰고, 그 외의 계절에는 유기나 은기를 쓴다. 반상기는 밥주발, 탕기, 조치보, 김치보, 종자, 쟁첩, 대접으로 이루어져 있다. 형태는 일반적인 주발의 형태와 바리, 합의 모양을 따서 한 벌을 모두 같은 형태와 문양으로 똑같이 맞춘다. 기명器皿이란 음식을 담는 그릇들을 말하는데, 주로 상에 오르는 대표적인 그릇들은

270 조선 시대 상 위에 놓는 여러 가지 식기

다음과 같다.

- **주발**周鉢 : 유기나 사기, 은기로 된 밥그릇으로 주로 남성용이며 사기 주발을 사발이라 한다. 아래는 좁고 위는 차츰 넓어지며 뚜껑이 있다.
- **바리**鉢伊 : 유기로 된 여자용 밥그릇으로 주발보다 밑이 좁고 배가 부르고 위쪽은 좁아들고 뚜껑에 꼭지가 있다.
- **탕기**湯器 : 국을 담는 그릇으로 주발과 똑같은 모양으로 주발 안에 들어가는 한 치수가 작은 크기이다.
- **대접**大接 : 위가 넓고 운두가 낮은 그릇으로 숭늉이나 면, 국수를 담는 그릇이며 요즈음에 국대접으로 흔히 쓰인다.
- **조치보**鳥致甫 : 찌개를 담는 그릇으로 주발과 같은 모양으로 탕기보다 한 치수 작은 크기이다.
- **보시기**甫兒器 : 김치류를 담는 그릇으로 쟁첩보다 약간 크고 조치보다는 운두가 낮다.
- **쟁첩**錚楪 : 전, 구이, 나물, 장아찌 등 대부분의 찬을 담는 그릇으로 작고 납작하며 뚜껑이 있다. 반상기의 그릇 중에 가장 많은 수를 차지한다. 반상의 첩수에 따라 한 상에 올리는 숫자가 정해지는데, 5첩 반상이면 쟁첩에 담은 찬을 다섯 가지 놓고, 9첩이면 아홉 가지를 놓는다.

- **종자**種子 : 간장 · 초장 · 초고추장 등의 장류와 꿀을 담는 그릇으로 주발의 모양과 같고 기명 중에 크기가 제일 작다.
- **합**盒 : 밑이 넓고 편평한 모양으로 유기나 은기가 많다. 작은 합은 밥그릇으로도 쓰이고 큰 합은 떡, 약식, 면, 찜 등을 담는다.
- **조반기**朝飯器 : 대접처럼 운두가 낮고 위가 넓은 모양으로 꼭지가 달려 있고 뚜껑이 있다. 떡국, 면, 약식 등을 담는다.
- **반병두리**飯餠器 : 위는 넓고 아래는 조금 편평한 양푼 모양의 유기나 은기의 대접으로 면, 떡국, 떡, 약식 등을 담는다.
- **접시**楪匙 : 운두가 낮고 납작한 그릇으로 찬, 과실, 떡 등을 담는다.
  우리나라에서는 큰 접시 혹은 대접을 반이라 하고 굽이 높은 접시는 '고배高杯', 작은 접시를 '접接'이라 하여 구분하였다. '접시'라는 명칭은 뚜껑 없이 낮고 편평한 식기에 대한 통칭으로 사용되는 데, 접시의 한자는 한글 접시의 차자借字이며 또는 접자接子 등으로 쓰고 옹접甕接이라는 이름으로 도자 접시를 부르기도 한다.
  조선 시대에 들어서면 15~19세기 전반에 걸쳐 자기 접시들이 많이 만들어졌는데 도기질의 분청사기의 접시와 달리 백자의 독자적인 단정한 품격을 기초로 초기에는 어기御器로서 제조되었던 것이 점차 시대의 변화와 함께 서민용으로도 널리 쓰였다.
  조선 시대 접시의 종류를 크게 두 종류로 나누어 본다면 하나는 둥근 접시이고, 또 하나는 구연부에 편평한 판을 돌려 붙인 접시인데, 둘 다 안쪽은 둥글고 오목한 부분이 있다. 이러한 형태에는 여러 가지 원인이 있을 수 있으나 가장 기본적인 이유는 그것에 담는 음식물들이 수분이 많은 것이었기 때문에 오목한 형태가 선호되었다.
- **옴파리** : 사기로 만든 입이 작고 오목한 바리이다.
- **밥소라** : 떡, 밥, 국수 등을 담는 큰 유기그릇으로 위가 벌어지고 굽이 있고 둘레에 전이 달려 있다.
- **쟁반**錚盤 : 운두가 낮고 둥근 모양으로 다른 그릇이나 주전자 · 술병 ·

찻잔 등을 담아 놓거나 나르는 데 쓰이며, 사기 · 유기 · 목기 등으로 만든다.

• **놋양푼** : 음식을 담거나 데우는 데 쓰는 놋그릇으로 운두가 낮고 아가리가 넓어 반병두리와 같은 모양이나 크기가 크다.

조선조에 왕과 왕비의 평상시의 수라상은 은반상기에 차려서 올린다. 조선조 말기에 쓰던 반상기로 은기에 칠보를 입힌 것이 궁중 유물로 남아있다. 궁중과 사대부가에서는 철에 따라 반상기의 재질을 바꾸어 사용하기도 하였다고 한다. 단오와 추석을 기해서 더운 철인 단오에서 추석까지는 백자를 쓰고, 그 외의 철에는 은기나 유기반상기를 썼다고 한다. 은반상기의 형태는 연엽반상기, 옥바리반상기, 합반상기 등이 있다. 이 중 뚜껑에 꼭지가 없이 연잎과 같이 유연한 곡선으로 만들어져서 쓰기 가장 편리한 연엽반상기를 가장 많이 사용하였다. 반상기에는 접시가 없고 반찬도 다 조그만 은합에 담는다. 왕과 왕비의 수라그릇은 남녀 구별 없이 민간에서 쓰는 것보다 두 배 정도 큰 합과 바리의 중간 같은 은기였다.

수 저

한국의 수저란 숟가락의 높임말이며 숟가락과 젓가락을 뜻하기도 한다. 숟가락은 밥이나 국물을 떠먹는 식사용 기구이고 젓가락은 음식을 끼워서 집는 기구이다.

우리나라는 음식을 먹을 때 숟가락과 젓가락을 사용한다. 특히 국물 중심의 탕문화湯文化로 인해 숟가락 사용이 고수되었다.

우리는 탕이나 국뿐 아니라 밥에도 유일하게 숟가락을 사용하는 민족으로 되어 있으며, 또한 수저가 개인에게 각각 지정되어 있는 것은 우리 민족뿐이다. 이는 우리 전통의 물신物神 숭배와도 관련이 있는 것으로, 특히 수저는 입으로 들어가 인간 영혼과 관련 있는 침과 직접 접촉되므로 가족이나 타인이 사용하는 것을 절대 금기시하는 것이다. 따라서 숟가락마다 형태와 무늬를 조금씩 달리하여 쉽게 구분할 수 있도록 하였다.

조선 시대의 수저는 많은 장식을 하던 고려 때와는 달리 숟가락의 봉이 넓어지고 둥글어졌으며 총은 곧고 꾸밈새가 없어졌다. 봉과 총의 연결부가 정확하게 구별되지 않으며 측면에서 본 곡선도 거의 휘지 않는다. 또 총 부분이 보다 두껍고 곧아져 사용하기에 편리하고 합리적이다. 조선 시대의 숟가락은 숟가락이 지니는 기능을 궁극적으로 추구하여 단순한 아름다움을 갖고 있다. 특기할 것은 봉 바닥을 완전히 투각하여 은, 동 등의 색이 다른 금속을 상감하여 바닥 뒷면에까지 양이 나타나게 하는 상감기법이 나타난 것이다. 고려 시대에는 주로 청동 재료를 사용했으나, 조선 시대에는 황동이 사용되고 있다. 젓가락의 모양도 아래쪽은 사각형이지만 집는 부위로 가면서 원형이 되고 마디가 없어지는 단순한 형태가 된다.

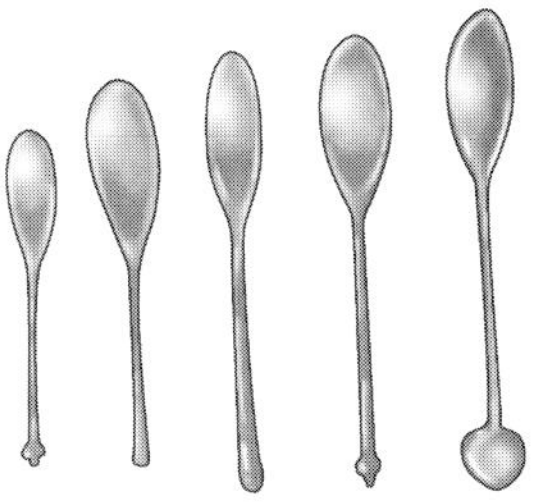
271 조선시대 청동 숟가락

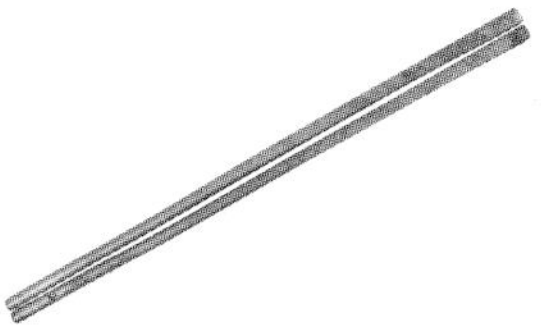
272 젓가락 국립민속박물관 소장

옛 은수저의 봉과 총 부분에는 대체로 수壽자 복福자 등의 문양을 새겨 넣었는데, 이것은 장수를 빌고 행복幸福을 염원한 것이라 할 수 있다. 다시 말해서 동시에 장수와 행복, 건강과 안녕을 기원하며 살아온 셈이다. 현재 사용하고 있는 수저에서도 이런 선인들의 풍습이 이어져 오는 것을 알 수 있다. 이것은 옛날이나 지금이나 수저의 생김새에는 상관없이 수저에 깃들어 있는 의미와 기원이 그대로 전해짐을 알려주고 있다.

수라상에는 은수저로 둥글고 납작한 모양의 잎사시를 두 벌 나란히 놓는다. 한 벌은 탕을 먹을 동안 쓰고, 다른 한 벌은 숭늉 또는 차수茶水로 바꾼 다음에 쓴다. 이는 기름기 있는 음식의 맛이 다른 음식에 옮지 않도록 하는 배려로 서양 요리를 먹을 때 식탁에 나이프와 포크를 여러 벌 놓고 음식 접시마다 바꾸어 쓰는 법과 같은 이치라 하겠다.

❖ 기 타

휘 건

273 **식지보** 밥상이나 음식을 담은 목판을 덮을 때 쓴 보자기로 습기를 막기 위해 기름 먹인 종이로 만들었다.

어른의 진지상이나 신랑 · 신부의 첫날 저녁상에, 상 앞에 앉은 사람이 앞에 두르고 음식을 먹을 수 있도록 하는 것으로 주로 어른의 휘건은 흰색이며, 신부의 휘건은 분홍색이다.

왕이나 왕비가 음식을 먹기 전에 앞에 휘건揮巾을 두르고 협자로 고정시킨다. 휘건은 얇은 연분홍 모시나 흰 무명 수건으로, 사방 60cm 정도의 크기로 만든 헝겊으로 서양의 냅킨에 해당된다.

수저받침

274 **수저통** 숟가락과 젓가락을 넣어 두는 통으로 나무에 꽃을 조각하여 만들었다. 숙명여대박물관 소장

수저를 상에 놓을 때 받쳐 놓는 것으로 두껍게 배접한 한지에 콩기름을 먹여서 수저 크기에 맞게 오려 여러 무늬를 놓아 사용한다.

토기吐器 · 비아통

원반 왼편 앞쪽에 비아통을 놓는다. 이는 뚜껑이 달린 은그릇으로 토구吐口라고도 하는데, 음식을 먹는 도중에 가시나 뼈 등 삼키지 못하는 것들을 버리는 그릇이다. 특별한 형식 없이 속의 것이 보이지 않게 깊거나 뚜껑을 덮어서 가린다.

비단 수저집

275 **수저집** 다홍색의 양단이나 공단, 모본단으로 십장생문, 연꽃, 모란꽃, 작은 새 등의 무늬, 수壽, 복福, 부귀다남자富貴多男子 등의 길상문을 수놓는다. 성신여대박물관 소장

연꽃이 그려진 수저집은 나무 수저와 함께 절에서 사용하던 것이며, 모란과 십장생을 수놓은 어른용, 과거에 붙으라는 글을 수놓은 어린 남아용이 있다. 대부분 신부가 시집갈 때 혼수용으로 마련해 가는 것으로, 시부모 수저집에는 십장생을 펼쳐서 장수를 빌고, 남편의 수저집에는 백년동심百年同心과 같은 글을 새겨 부부간의 한결같은 마음가짐을 빌었다.

질그릇 밥통

투각무늬로 공기가 통하게 만든 조선 시대의 질그릇 밥통이다. 베보자기에 싸 두면 여름에도 사흘 이상 밥을 담아 둘 수 있었다.

밥상보 · 밥그릇 싸개

건강과 부귀를 기원한 밥상보와 밥그릇 싸개는 빨강색 비단을 사용하여 사악함을 쫓는 민간신앙을 담고 있으며 보자기와 싸개의 모란 자수는 영화를 상징한다. 수라가 식지 않도록 싸 두는 솜보자기인 유복襦袱도 사용하였다.

276 **밥상보** 자투리 천을 조화롭게 이어 붙여 만든 보자기로 상에 먼지나 파리가 앉는 것을 막고 장식을 겸했다.

참고문헌

강인희 외(1999). 한국의 상차림. 효일문화사.

강진형 외(2006). 아름다운 우리 식기. 교문사.

권영걸 외(2002). 색의 세계 2, 이제는 色이다!. 국제.

김광혜(1999). 궁중음식의 색채 이미지 분석에 관한 연구. 한성대학교 석사학위논문.

김광호 외(2000). 식생활과 문화. 광문각.

김숙희 외(1998). 식생활의 문화적 이해. 신광출판사.

김은실 · 정해옥(2002). 한국음식과 문화. 문지사.

김태영(2000). 현대 식생활을 위한 도자식기 연구. 국민대학교 석사학위논문.

박영민(2000). 절식 상차림을 위한 식기디자인 연구. 이화여자대학교 석사학위논문.

박인숙(1992). 은수저 개발에 관한 연구. 숙명여대 석사학위논문.

박재연(2001). 상차림을 위한 도자식기 디자인 연구. 중앙대학교 석사학위논문.

백석광(2000). 궁궐 속 오렌지문화 한국 속 낑깡문화. 해남.

서성덕(2000). 도자기 접시 세트 개발에 관한 연구. 단국대학교 석사학위논문.

손영학(2000). 한국인의 솜씨. 다할미디어.

아카사와 다쿠미 지음, 심우성 옮김(2000). 조선의 소반 · 조선도자명고. 학고재.

오민영(2001). 한국 식문화에 적합한 은식기 연구. 숙명여자대학교 석사학위논문.

원융희(1999). 세계의 음식문화. 자작나무.

윤서석(1999). 식생활 문화의 역사. 신광출판사.

윤은숙(1996). 한국의 음식. 효일문화사.

이경란(2002). 조선 후기 반가의 반상문화에 대한 연구. 성신여자대학교 석사학위논문.

이규태(2000). 한국인의 밥상 문화 2. 신원문화사.

이난영(1998). 한국 고대 금속공예 연구. 일지사.

이재희(2001). 식기 디자인 개발에 관한 연구. 경희대학교 석사학위논문.

이정숙 · 윤숙자(1993). 식생활학. 수학사.

이종훈(1988). 언어학상으로 보는 한국의 부엌세간과 식기. 한국식생활문화학회지. Vol.3, No.2.

정유진(2001). 전통 반상차림 연구. 숙명여자대학교 석사학위논문.

주영하(2005). 그림 속의 음식, 음식 속의 역사. 사계절.

최성자(1996). 한국 전통음식의 맛과 멋. 한국식생활문화학회지. Vol.11, No.4.

한국문화보호재단 엮음(2002). 한국음식대관 제1권 : 한국음식의 개관. 한림출판사.

한국문화보호재단 엮음(2002).한국음식대관 제6권 : 궁중의 식생활. 사찰의 식생활. 한림출판사.

한복진(2002). 조선왕조 궁중음식. 화산문화기획.

허동화(1997). 우리규방문화. 현암사.

그림출처

254. 안빈 · 홍종숙(2005). 이야기가 있는 아름다운 우리 식기. 교문사. p.37.
255. 국립중앙박물관 소장
257. 성신여대박물관 소장
258. 이화여대박물관 소장
259. 성신여대박물관 소장
260. 성신여대박물관 소장
261. 성신여대박물관 소장
262. 숙명여대박물관 소장
263. 성신여대박물관 소장
264. 숙명여대박물관 소장
265. 숙명여대박물관 소장
266. 국립중앙박물관 소장
267. 성신여대박물관 소장
268. 원광대박물관 소장
269. 숙명여대박물관 소장
272. 국립민속박물관 소장
273. 허동화(2006). 우리규방문화. 현암사. p.268.
274. 숙명여대박물관 소장
275. 성신여대박물관 소장
276. 허동화(2006). 우리규방문화. 현암사. p.254.

Chapter 16

近·現代

우리의 것이 가장 경쟁력 있다는 말에는 아무도 이의를 제기하지 않을 것이다. 그러나 식품 산업 전반의 산업화, 식탁의 인스턴트화로 인해 우리 상차림은 새롭고 다양한 변화의 과정에 있으며, 서구화된 식습관의 일반화로 전통적인 통과의례 상차림 등에서도 전통 양식이 상당 부분 간소화, 변형되고 있다.

근·현대

1910~현재

시대적 배경

한국 음식의 식탁사에서 근·현대는 1910년 이후를 말한다. 19세기 동북아를 겨냥한 서구 열강의 아시아 진출이 시작된 이래 조선도 개방의 길을 걷게 된다. 일제에 의해 자립성이 상실되어 민족경제의 근간이 흔들리는 시기를 지나 1945년 해방과 동시에 찾아든 전쟁과 휴전의 혼란 속에서 민생은 극빈 상태에 이르게 되었으며 세계 각국의 구호물자가 범람하게 되었다. 1960년대에서 1970년대까지는 경제개발 시기로, 고도성장과 근·현대화가 동시에 추진되었으며 국민총생산량이 눈에 띄게 급증하였다. 이에 따라 농촌을 이탈하는 현상이 심화되었고 고도성장의 성과로 인한 물질적 풍요와 폐해가 농촌과 도시 간의 격차를 점차로 벌어지게 하였으며 급속한 산업화와 도시화가 동시적으로 진행되었다.

277 1950년대 부엌의 모습

오늘날 한국 사회는 서구 사회가 수백 년에 걸쳐 달성한 근대화를 한 세대 동안 달성하면서 각종 문화적인 부작용과 진통을 겪는가 하면, 독립 반세기만에 경제협력개발기구OECD 가입국으로 비약하면서 세계 선진국의 대열에 우뚝 서는 저력을 발휘하기도 했다. 근대화 물결은 1980년대에 이르러 고도의 경제성장과 산업화의 급격한 신장에 따라 여러 가지 사회 · 경제적 요인과 문화 의식에 대한 가치관이 달라지게 되면서 소비자의 다양한 요구는 식품 산업과 외식 산업 전반에 걸친 변화를 주도하여 식생활 산업을 혁신적으로 발전시키게 되었다.

식문화

식문화의 패턴은 식생활과 문화 의식 수준의 향상으로 맛과 영양 그리고 모양새까지 갖춘 형태로 점차 발전하면서 다양한 조화를 이루는 상차림이 요구되고 있다. 또한 세계화의 물결과 첨단 과학의 눈부신 발전으로 동서양의 식생활이 서로 교류되어 음식 문화에서도 융화되고 있는 추세이다.

현대 한국 요리는 조선 시대 왕가나 양반의 식생활을 기본으로 하는 궁중 요리의 특징과 각 지방 특산물을 재료로 하는 그 지방 고유 조리법으로 이루어진 향토 요리가 어우러져 성립되었다. 아울러 조선조의 유교사상 또한 많은 영향을 끼쳤다.

왕조 시대 이후 공간 전개형 상차림의 습속은 현재까지 이어지고 있다. 이런 형태가 유지될 수 있었던 것은 시간에 따라 순차적으로 요리가 전개되는 시계열형 방식의 서양식과 달리 한국 음식은 삶고 찌고 조리는 요리법과 상온에서 먹을 수 있는 요리가 대부분이었기 때문이다. 음식으로서의 품위를 떨어뜨리지 않으면서 한식 고유의 맛과 멋을 살려낼 수 있는 조리 방식 및 식도구의 개발과 서비스 방법의 응용이 향후 한식 상차림이 개선시켜 나가야 할 과제의 하나다.

미래의 식탁은 슬로푸드와 자연친화적인 테마로 발전시킨 식탁이 될 것이다. 현대인의 건강지향적인 사고에 부합하여 보다 건강한 삶을 영위하기 위한 방법으로 정신과 육체의 조화된 균형이 궁극적인 목적이 될 것이며, 최소한의 선을 살리며 최소량을 전개하는 심플주의가 식탁의 데커레이션에 지속적으로 전개될 것이다. 또한 자연 · 건강 · 번영이 화두가 된 내추럴한 식공간 연출이 주류를 이루며, 아시아의 경제성장에 편승하여 베트남, 태국 등의 소품을 이용한 에스닉ethnic 트렌드가 강조되고 다양한 나라들의 토속 문화에 초점을 맞추게 될 것이다. 그리고 양보다는 질적인 면에 있어서의 맛이나 분위기 등을 중시하는 자유선택적 욕구를 최대한 존중하는 식탁이 될 것이다.

상차림의 요소

❖ 상

한국 음식의 상차림은 원칙적으로 외상 차림이다. 또한 반찬의 가짓수나 계절과 상황에 따라 달리 연출할 수 있다.

광복 후 미국 식문화의 영향으로 일반 가정에 입식 식탁이 자리잡음으로써 유교 의식에도 많은 영향을 주어 남존여비 · 남여유별의 식사 습관이 크게 달라졌다. 핵가족이 늘어나고 주거 환경이 아파트 등으로 바뀌면서 한국형 식탁 크기가 만들어졌다.

278 방신영 선생의 현대 교자상 반배도

현대 식탁의 기본적인 크기

(단위 : cm)

구 분		2인용	4인용	6인용
사각형	가 로 세 로 높 이	65~80 75~80 74~80	125~150 75~80 74~80	180~210 80~100 74~80
원 형	지 름 높 이	60~80 74~80	90~120 74~80	130~150 74~80

자료 : 식공간연구회(2007). 테이블 코디네이트. 교문사. p.20.

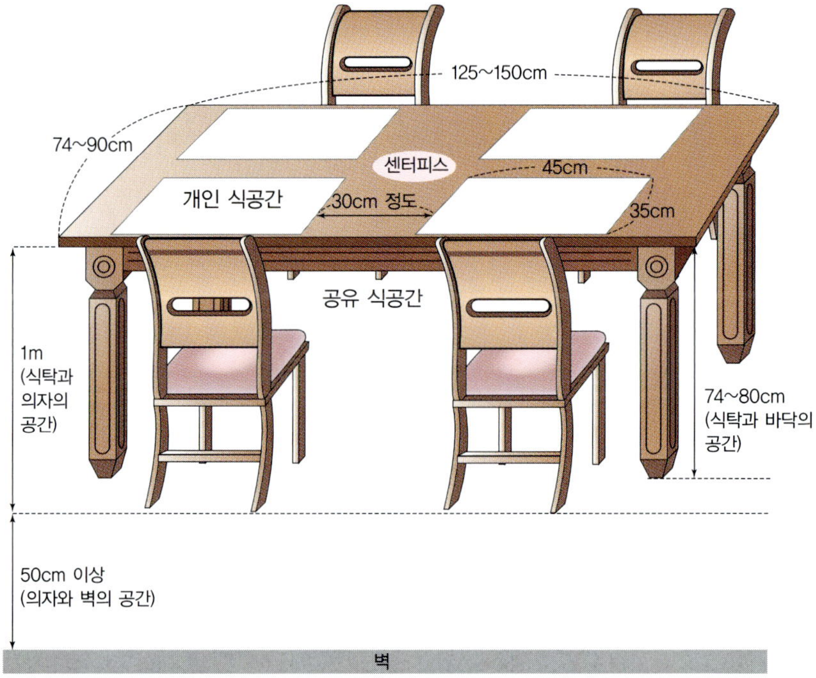

279 공유 식공간에 따른 적정 공간

❖ 식 기

현대에 와서 의식주의 구조적 변화로 부엌이 거실 가까이에 위치하게 되었다. 대표적인 부엌 용구인 식기류는 실용적으로 사용되면서 인테리어 소품으로서의 의미도 갖게 되었다.

일제 치하에서 밀양 제도사(1939), 행남사(1942), 충북 제도사(한국도자기 전신, 1943)가 잇따라 설립되면서 꽃을 피우던 국산 도자기의 발전은 광복과 함께 일본 자본의 대거 퇴각으로 소강상태에 접어들었다가 1953년 행남도자기의 재창업과 함께 자생의 길을 걷게 된다. 1960년대 들어 처음으로 국산 커피잔이 생산된 이후 도자 식기류는 그 문양이나 형태가 복잡하고 다양해졌으며 대량생산이 시작되었는데, 특히 양식기와 탕기류가 많이 제조되었다. 1970년대 이후에는 개인 도자기 공방이 출현, 여주, 이천, 광주 등지를 중심으로 오늘날과 같은 도자기요 집산지가 형성되었다.

280 현대의 식탁

현재 우리나라 식기류로는 한식 반상기, 양식기류, 홈세트 등이 다양하게 생산되고 있고 개인적으로는 도예가나 공방에 의해 현대적 요구에 맞는 반상기 식기류가 생산되고 있다.

식기에 양식기를 부분적으로 사용하고 있지만 정작 메뉴가 크게 변하지 않았기 때문에 디자인적인 다소의 변화를 제외하면 반상기

281 현대의 식기

의 변화 없이 전통과 현대가 공존하고 있는 셈이다. 더구나 식기 사용에 있어서는 놋그릇과 스테인리스, 플라스틱을 거치는 동안 소재의 선택 폭이 적은 것도 문제로 지적되고 있다.

한식기의 경우 한 가지의 소재와 같은 색의 세트로 구성하지 않고 서양 식기와 접목시킨다거나 은기 등 여러 가지 새로운 소재를 적절하게 섞어 사용하는 방안도 제안할 수 있다.

현재 한식기류는 가정에서는 식탁의 변화를 위해서, 외식 산업에서는 전통적인 서비스 방법이 변화하여 인테리어, 신 메뉴 등과의 조화와 아울러 마케팅 전략의 목적으로 엔터테이닝화되고 있다.

한식기는 한국 음식의 변모와 유행에 따라 새로운 기능으로 디자인되고 있다. 서양 식사 문화와 접목된 퓨전 식기, 라이프스타일에 따른 컬러 식기, 다양한 질감의 식기 등이 그 예이다. 따라서 새로운 변화에 대응하기 위해서 다용도의 식기, 입체적인 형태의 식기 등이 개발되어야 할 것이다.

❖ 수 저

오늘날 현대 식탁의 수저는 전통과 달리 크기, 컬러, 재질 등이 다양하게 변화되고 있다. 또한 죽, 떡, 한과, 과일 등을 위한 수저, 포크 등도 개발되고 있으며 테이블 코디에 있어서 메뉴와 식기에 맞는 크기를 선택할 수 있다. 수저의 색감을 포인트로 활용할 수 있으며, 식기의 재질감과 조화시켜 본연의 기능 외에 미적 효과도 낼 수 있다.

❖ 기 타

음식을 대접하는 방법으로는 크게 상 위에 모든 음식을 한꺼번에 다 차려 놓는 방법과 음식의 성격에 따라 순서대로 내는 방식이 있다. 전통적인 상차림 방법과 달리 서양식의 상차림과 절충하여 식탁을 꾸며 본다면 새로운 분위기의 식탁을 연출할 수 있을 것이다.

282 서양의 상차림을 도입한 현대의 한식 상차림

한식은 상 하나에 모두 차리는 것이 일반적이지만 현대에 와서는 코스로 준비하기도 한다. 먼저 깨끗하고 정갈한 테이블클로스를 상 위에 깔고 개인 접시와 수저, 냅킨을 준비한 후 식탁 중심에 꽃이나 초등을 놓는다. 요리를 서빙하는 순서는 서양식의 전채에 해당하는 요리로 시작해서 해물류, 육류의 요리를 내고 밥과 함께 반찬이 될 수 있는 요리와 마지막에 후식을 내는 순서대로 진행된다. 또한 식문화의 중요성도 인식되어 현대에 와서는 식사 예법도 중요시되고 있다.

현대의 바람직한 식단은 안전하고 알뜰하며 영양적으로 균형이 잡힌 식단과 상차림을 말한다. 또한 기본 모형은 음식을 유형별로 분류하고 반찬 가짓수, 적정 제공량, 공급 가능 영양가 등이 주요 구성 내용으로 제시되어야 한다.

국제화 대상 선정 음식으로 불고기구이 정식, 전골 정식, 비빔밥, 생선구이 정식, 냉면, 만둣국, 온면, 잡채 정식, 죽상, 신선로 정식, 3첩 반상, 한정식 등이 있다. 전통적인 식단이라도 담는 식기나 식탁의 연출, 음식 대접의 순서에 따라서 현대의 우리나라 사람들이나 외국인들에게 친숙하게 받아들여 질수 있다.

283 비빔밥

284 신선로

참고문헌

김광오(2004). 푸드 코디네이터의 양식요리에 관한 중요도 평가에 대한 연구. 경기대학교 석사학위논문.

김수인(2004). 푸드코디네이트 개론. 한국외식정보.

식공간연구회(2005). 테이블 코디네이트. 교문사.

식공간연구회(2005). 푸드 코디네이트. 교문사.

신승미 외(2005). 우리 고유의 상차림. 교문사.

안종수(1999). 한국관광. 백산출판사.

원융희(1998). 식생활문화 비교연구. 산업경영논총.

이영혜(2000). 아름다운 우리 상차림. 디자인하우스.

이유주(2004). 식공간 디자인 양식사. 경춘사.

이효지(2005). 한국음식의 맛과 멋. 신광출판사.

정혜경 외(1999). 서울학연구소 교양총서 5-서울의 음식문화. 서울시립대학교부설 서울학연구소.

조은정(2005). 테이블 코디네이션. 도서출판 국제.

진양호(2001). 향토음식의 관광상품화 방안. 문화관광연구학회 제3권 2호.

차용준(2000). 전통문화의 이해 제2권. 전주대학교 출판부.

한국문화재보호협회(1990). 고향음식의 맛과 멋. 세광종합인쇄.

한복진(1997). 한국의 상차림 구성과 식사예법. 제5회 식품과학연구소.

한정혜 외(2005). 정통 테이블 세팅. 백산출판사.

황규선(2007). 테이블 디자인 식탁문화와 새로운 스타일 제안. 교문사.

황규원(2000). 아름다운 식탁. 중앙M&B.

황재선(2003). 푸드 코디네이션. 교문사.

그림출처

277. 한국문화재보호협회(1990). 고향음식의 맛과 멋. 세광.
280. 한정혜 외(2005). 정통 테이블 세팅. 백산출판사. p.34.
281. 식공간연구회(2005). 테이블 & 푸드 코디네이트. 교문사. p.111.
282. 한정혜 외(2005). 정통 테이블 세팅. 백산출판사. p.36.
283. 식공간연구회(2005). 푸드 코디네이트. 교문사. p.257.
284. 식공간연구회(2005). 푸드 코디네이트. 교문사. p.256.

찾 아 보 기

ㅂ

ㅅ

ㅇ

ㅈ

ㅊ

ㅋ

ㅌ

ㅍ

ㅎ

식공간연구회

장혜진
경기대학교 관광전문대학원 출강
경기대학교 관광전문대학원 외식산업경영학과 식공간연출전공 관광학 박사

황지희
청강문화산업대학 푸드스타일리스트과 교수
성신여자대학교 대학원 이학박사

이유주
경기대학교 관광전문대학원 외식산업경영학과 식공간연출전공 관광학 박사

오경화
서울조리전문학교 부학장
경기대학교 관광전문대학원 식공간연출전공 박사과정

류무희
경기대학교 외식조리학과 강사
경기대학교 대학원 외식조리관리학과 박사수료

김광오
호원대학교 식품외식조리학부 교수
경기대학교 관광전문대학원 식공간연출전공 박사수료
프랑스 르 코르동 블루 요리학교 졸업

김지영
한양여자대학 식품영양계열 교수
경기대학교 대학원 관광학 박사

테이블 코디네이트의 역사

2008년 6월 26일 초판 인쇄
2008년 6월 30일 초판 발행

지은이 식공간연구회
펴낸이 류제동
펴낸곳 (주)교 문 사

책임편집 김수진
본문디자인 아트미디어
표지디자인 황옥성
제작 김선형
영업 김재광 · 정용섭 · 송기윤

출력 아트미디어
인쇄 동화인쇄
제본 대영제책사

우편번호 413-756
주소 경기도 파주시 교하읍 문발리 출판문화정보산업단지 536-2
전화 031-955-6111(代)
팩스 031-955-0955
등록번호 1960. 10. 28. 제406-2006-000035호
홈페이지 www.kyomunsa.co.kr
E-mail webmaster@kyomunsa.co.kr
ISBN 978-89-363-0913-8 (93590)

값 23,000원

*잘못된 책은 바꿔 드립니다.
불법복사는 지적 재산을 훔치는 범죄행위입니다.
저작권법 제97조의5(권리의 침해죄)에 따라 위반자는 5년 이하의 징역
또는 5천만 원 이하의 벌금에 처하거나 이를 병과할 수 있습니다.